PHP 5 pour les Nuls

PHP 5 pour LES NULS

Janet Valade

FIRST
Interactive

PHP 5 Pour les Nuls

Titre de l'édition originale : PHP 5 For Dummies

Publié par Wiley Publishing, Inc.
111 River Street
Hoboken, NJ 07030-5774

Edition française publiée en accord avec Wiley Publishing, Inc.

© 2004 Éditions First Interactive

27, rue Cassette

75006 Paris - France

Tél. 01 45 49 60 00

Fax 01 45 49 60 01

E-mail : firstinfo@efirst.com

Web : www.efirst.com

ISBN : 2-84427-607-5

Dépôt légal : 2e trimestre 2004

Collection dirigée par Jean-Pierre Cano

Edition : Pierre Chauvot

Traduction : Geneviève Vassaux

Couverture : Antoine Paolucci

Production : Emmanuelle Clément

Imprimé en France

Sommaire

Troisième partie : Programmation PHP élémentaire 141

Introduction

Si vous vous êtes procuré ce livre, vous devez vous intéresser à PHP pour diverses raisons. Vous souhaitez vous initier à la programmation informatique et avez entendu dire que PHP fait partie des langages les plus faciles à apprendre. C'est vrai. PHP constitue un bon point de départ pour s'initier à la programmation.

Vous envisagez de développer un site Web interactif et avez retenu que PHP s'applique particulièrement bien au développement de sites Web interactifs. C'est vrai. Vous pouvez interagir avec les utilisateurs à tout moment.

Vous devez créer une application dans de brefs délais et l'on vous a dit que PHP est très facile à apprendre. C'est vrai. PHP a été conçu à cette fin.

Vous devez administrer quelque système, manipuler des fichiers ou des données, etc. Vous venez d'apprendre que PHP est capable de gérer toutes ces tâches. Bref, il peut quasiment tout faire, excepté demander une augmentation à votre patron... Mais il *sait envoyer* des messages électroniques...

A propos de ce livre

Ce livre est une introduction à la programmation et à PHP. Vous allez découvrir les bases de PHP, la configuration de son installation (toutes les instructions d'installation sont présentées à l'Annexe A), ainsi que ses fonctionnalités élémentaires illustrées par des exemples d'utilisation. Si vous avez quelque expérience en programmation, sautez cette section.

Dans ce livre, vous apprendrez à écrire des scripts pour des sites Web, à manipuler des fichiers, des bases de données et autres tâches, sans oublier des techniques et astuces pour parer aux erreurs les plus fréquentes. Débutants et experts découvriront comment écrire des scripts pour des applications courantes en très peu de temps à l'aide des informations rassemblées dans la quatrième partie.

Comment utiliser ce livre

Ce livre est conçu comme un manuel de référence. Ce n'est pas un didacticiel. Aussi pouvez-vous le lire sans suivre l'ordre des chapitres et des parties. Vous pouvez commencer par le Chapitre 1, puis passer directement au 8. Consultez le Sommaire et choisissez le sujet qui vous intéresse. Si vous avez besoin de vous reporter aux informations présentées dans un autre chapitre, je vous en indique le numéro.

Ce livre comprend de nombreux exemples d'instructions PHP, de la simple instruction tenant sur une ligne à des programmes plus complexes. Pour cela, j'ai utilisé une typographie particulière comme celle de la ligne suivante :

```
instruction PHP
```

J'ai également recouru à une typographie particulière lorsqu'une instruction PHP est citée dans un paragraphe. Par exemple, `ce texte` fait référence à une instruction PHP.

Dans les exemples, vous rencontrerez des mots en italique. Ils correspondent à des types généraux que vous remplacerez par le nom de vos données. Par exemple :

```
echo nombre1, nombre2
```

indique que vous devez remplacer *`nombre1`* et *`nombre2`* par les nombres que vous utilisez dans votre script. Cet exemple pourrait être remplacé par :

```
echo 3,127
```

En outre, vous pourrez trouver dans un exemple de code une liste qui se termine par trois points de suspension (`...`). Ces points signifient que vous pouvez ajouter autant d'éléments que vous le souhaitez. Par exemple :

```
echo nombre1,nombre2...
```

ne signifie pas que vous devez mettre ces points de suspension dans votre code, mais signale simplement une énumération. Vous pouvez donc ajouter *`nombre3`*, *`nombre4`*, et ainsi de suite :

```
echo nombre1,nombre2,nombre3,nombre4
```

Folles hypothèses

Dans ce livre, je suppose que le vocabulaire informatique n'a plus de secret pour vous et que vous connaissez des termes comme *fichiers*, *répertoires*, *noms de chemin* et autres concepts des systèmes d'exploitation. Je suppose également que vous savez quoi faire lorsque je vous demande de placer un fichier dans un répertoire donné.

Je suppose que vous savez créer et éditer des fichiers en utilisant un éditeur de base comme le Bloc-notes de Windows. Je suppose aussi que vous savez enregistrer, copier et déplacer un fichier.

Je suppose que vous utilisez un système d'exploitation assez puissant pour exécuter PHP, et donc assez récent. Windows 95 est trop vieux tout comme Mac OS 9. Windows 98 date un peu, même si certaines personnes parviennent à exécuter PHP dessus.

Si vous vous servez de PHP pour des applications Web, vous allez utiliser des instructions HTML (HyperText Markup Language). Je suppose que vous connaissez ce langage. Aussi, bien que je l'utilise dans de nombreux exemples, je ne l'expliquerai pas. Si vous ne connaissez pas le HTML, je vous conseille vivement de commencer par lire un livre comme *HTML 4 pour les Nuls*. Testez ensuite vos connaissances en créant quelques pages Web avant de lire ce livre. Toutefois, si vous êtes de nature impatiente, sachez qu'il n'est pas impossible de lire ce livre sans connaître HTML. Vous pourrez glaner de-ci, de-là suffisamment d'informations dans ce livre pour créer votre propre site Web. Si vous décidez de vous passer de HTLM, je vous conseille néanmoins de garder à portée de main un ouvrage de référence que vous pourrez consulter à tout moment lorsque vous rencontrerez quelque code HTML qui n'est pas expliqué dans le livre.

Enfin, je suppose que les utilisateurs de PHP pour le Web ont déjà créé au moins une page statique, si ce n'est plusieurs. Je suppose qu'ils savent également placer les fichiers à l'emplacement approprié en utilisant `copy`, `ftp`, etc.

Je suppose que vous ne connaissez absolument rien des langages de programmation. Ce livre est une initiation qui présente toutes les instructions nécessaires pour débuter dans l'écriture des scripts. Aussi, si avez déjà écrit quelques lignes de code, en C notamment, ce livre vous permettra d'apprendre rapidement la programmation en PHP.

Comment est organisé ce livre

Ce livre est divisé en six parties, de l'introduction aux bases de PHP à des applications courantes.

Première partie : Introduction au langage PHP

Cette partie est une présentation générale de PHP, expliquant son fonctionnement et ses différents usages. Vous apprendrez à configurer votre environnement et créerez votre premier programme PHP.

Deuxième partie : Variables et données

Les variables représentent la fonctionnalité fondamentale de PHP. Dans cette partie, vous découvrirez comment créer et utiliser des variables. Vous apprendrez également quels types de données vous pouvez stocker dans une variable et comment les gérer. Enfin, vous testerez vos connaissances en créant et en utilisant des variables complexes appelées *tableaux*.

Troisième partie : Programmation PHP élémentaire

Dans cette partie, vous apprendrez à programmer des scripts PHP. Vous découvrirez les fonctionnalités de base de PHP et saurez les utiliser pour créer vos propres scripts. Cette partie vous initie également à la programmation orientée objet.

Quatrième partie : Applications PHP courantes

Dans cette partie, vous apprendrez les techniques nécessaires pour écrire des applications PHP courantes : afficher des formulaires HTML ou traiter les informations que les utilisateurs ont entrées dans des formulaires. Vous découvrirez comment utiliser PHP pour interagir avec des bases de données, effectuer des tâches système comme écrire des fichiers sur le disque dur et exécuter des commandes système.

Cinquième partie : Les dix commandements

Dans cette partie, vous trouverez toutes sortes d'informations utiles, comme ce que vous devez faire ou ne pas faire lorsque vous écrivez des scripts, ainsi qu'une liste des ressources PHP.

Sixième partie : Annexes

Dans cette partie, vous trouverez toutes les instructions d'installation de PHP, ainsi que la liste des fonctions PHP.

Icônes utilisées dans ce livre

Les icônes vous permettent d'identifier les différents types d'informations dans ce livre.

Cette icône indique que vous allez trouver des informations supplémentaires sur un point particulier. Lisez attentivement ces paragraphes pour gagner du temps et vous épargner des efforts inutiles.

Cette icône est un pense-bête qui signale des informations que vous devez graver dans votre mémoire.

Lisez attentivement ces icônes d'avertissement. Elles soulignent telle ou telle action que vous devez entreprendre pour éviter de tomber dans un piège.

Cette icône signale des informations plus techniques. Bien qu'elles puissent vous être utiles, vous n'êtes pas tenu de les lire pour comprendre ce livre.

Première partie

Introduction au langage PHP

"Martin, vous êtes un superinformaticien, mais vous n'êtes pas un magicien !"

Dans cette partie...

Dans cette partie, vous découvrirez comment fonctionne PHP et ce dont il a besoin. Vous apprendrez à configurer votre environnement de développement en sélectionnant les options d'accès à PHP et les fonctionnalités requises pour chaque environnement.

Après la description des outils et des options d'environnement de développement, nous vous expliquerons la procédure de développement. Vous apprendrez à écrire votre premier script et ferez la connaissance de quelques instructions de sortie simples.

Chapitre 1

Premier contact avec PHP

Dans ce chapitre :

- Présentation de PHP.
- Comprendre comment fonctionne PHP.
- Découvrir l'aspect "logiciel libre" de PHP.

Vous souhaitez donc découvrir PHP. Il s'agit peut-être de votre première expérience en programmation et vous vous êtes tourné vers PHP car vos amis technophiles vous ont dit que ce langage est l'un des plus simples à apprendre. Bien. Les révélations de vos amis sont exactes, PHP est sans doute l'un des langages de programmation les plus simples d'accès ; c'est du moins à quoi s'emploient sans relâche les créateurs de PHP.

Vous savez peut-être déjà programmer avec un autre langage, mais avez cependant décidé d'apprendre PHP, car il vous semble être le langage correspondant le mieux à vos besoins pour développer votre application Web. PHP est un choix très judicieux, car il est tout particulièrement destiné à la réalisation d'applications Web dynamiques. Mais si PHP est relativement simple à prendre en main pour les débutants, il dispose également de fonctionnalités avancées à l'attention de programmeurs plus expérimentés. Ceux d'entre vous qui connaissent le langage C retrouveront dans PHP (sans doute avec joie) une syntaxe très proche de celle du C.

Dans ce chapitre, je vous présente PHP, ce qu'il est susceptible de faire et comment l'utiliser.

Familiarisez-vous avec PHP

PHP est un *langage de script* très largement utilisé dans diverses applications. C'est un "logiciel libre", destiné à l'origine à la création de site Web. En fait, PHP a débuté sa carrière en tant qu'outil pour "Personal Home Page", pages personnelles sur le Web. Il a été écrit par Rasmus Lerdorf pour faciliter la tâche des créateurs de pages Web. PHP a grandi très rapidement pour devenir le langage complet qu'il est aujourd'hui. On l'a renommé au passage PHP Hypertext Preprocessor (préprocesseur d'hypertexte), afin de souligner sa capacité à traiter le contenu d'une page avant de l'afficher.

La popularité de PHP est en augmentation constante, sans doute grâce à ses nombreux avantages tels que :

- **Sa rapidité :** Comme il est imbriqué dans du code HTML, il bénéficie d'un temps de lecture et de traitement relativement court.
- **Sa gratuité :** PHP nous prouve que qualité et gratuité sont toujours compatibles.
- **Sa facilité :** Sa syntaxe est simple à comprendre et à utiliser, et ce même pour les néophytes. PHP est conçu pour que son code soit facilement intégrable dans un fichier HTML.
- **Sa disponibilité :** PHP est utilisé sur un très grand nombre de systèmes d'exploitation comme Windows, Linux, Mac OS et une grande variété de distributions Unix.
- **Son support technique facile d'accès :** Vous pouvez rejoindre sans aucune difficulté l'un des très nombreux forums de discussion sur `www.php.net`. Ces discussions concernent PHP, PHP sous Windows, PHP et les bases de données. Vous y trouverez de plus une interface Web vous permettant de naviguer ou de rechercher des messages.
- **Sa sécurité :** Tant que vos scripts sont conçus correctement, un utilisateur ne peut pas accéder à votre code PHP.
- **Sa souplesse :** La licence open source (logiciel libre) permet aux programmeurs de modifier le logiciel PHP ou de modifier certains éléments nécessaires à ses besoins.

Diverses utilisations de PHP

PHP est un langage générique pouvant être utilisé pour écrire des scripts génériques. Les *scripts* sont des fichiers informatiques contenant des instructions écrites dans le langage PHP. Ces instructions indiquent à l'ordinateur une série de tâches qu'il devra accomplir. Nous pourrons ainsi lui demander d'afficher `Hello` sur l'écran ou encore d'enregistrer des informations spécifiques dans une base de données. De nombreux scripts contiennent des séries d'instructions permettant de concevoir des pages Web ou de naviguer dans votre système de fichiers. Comme les origines de PHP sont liées au Web, il contient naturellement de nombreuses fonctionnalités particulièrement bien adaptées à la création de pages Web dynamiques. Cependant, son utilisation étant en constante augmentation, il est de plus en plus fréquent de rencontrer des applications PHP ne concernant pas le Web.

Selon le site `www.php.net/usage.php`, plus de 11 millions de domaines utilisent PHP. Yahoo, qui est sans doute l'un des sites Web les plus visités au monde, vient de décider récemment de remplacer son langage propriétaire par PHP.

Utiliser PHP dans une application Web

Au commencement, les pages Web, qui se contentaient de présenter des documents, étaient statiques. Les utilisateurs pouvaient lire les informations de leur choix, mais sur des pages immuables.

Rapidement, les créateurs de pages Web voulurent en faire plus. Ils souhaitaient pouvoir interagir avec un visiteur, en collectant par exemple des informations afin d'être en mesure de proposer une page créée sur mesure pour un visiteur donné. De tous les langages qui furent ainsi créés pour générer des pages dynamiques, PHP fut celui qui rencontra le succès le plus grand et le plus rapide.

PHP est un langage de script côté serveur, ce qui signifie que ces scripts sont exécutés sur le *serveur* (l'ordinateur qui héberge le site Web), à l'opposé de JavaScript qui lui aussi est un langage capable de créer des sites Web dynamiques mais dont les scripts sont exécutés par le navigateur chez le client. Nous discuterons des interactions entre client et serveur un peu plus loin dans ce chapitre. Comme les scripts PHP sont exécutés côté serveur, PHP peut créer dynamiquement du code HTML qui sera à l'origine d'une page Web consultée par un visiteur. Cette page pourra, durant le processus de création, être personnalisée. Les visiteurs consultent donc les pages générées par un script et non le script lui-même.

PHP comporte de nombreuses fonctionnalités conçues spécifiquement pour s'intégrer dans un site Web :

- **Intégration avec les formulaires HTML :** PHP peut afficher un formulaire HTML et traiter les informations qu'il contient.
- **Communiquer avec les bases de données :** PHP peut interagir avec des bases de données afin d'enregistrer des informations concernant un utilisateur ou pour retrouver une information.
- **Générer des pages Web sécurisées :** PHP permet au développeur de créer des pages Web sécurisées qui demanderont aux utilisateurs un nom et un mot de passe connus avant d'afficher quoi que ce soit.

PHP permet de faire tout cela (et beaucoup d'autres tâches encore) très simplement.

PHP n'existe que côté serveur, ce qui signifie qu'il ne peut interagir directement avec l'utilisateur final. Concrètement, PHP ne peut déclencher une action en se basant sur un mouvement de souris ou sur la résolution de l'écran. PHP peut cependant créer seul des effets appréciés tels que des menus déroulants ou des menus dont la couleur change. A l'opposé, les langages de scripts clients tels que JavaScript ne peuvent accéder au serveur pour stocker des informations dans une base de données. Heureusement, vous n'avez pas à choisir entre les deux. Vous pouvez fort bien utiliser JavaScript et PHP conjointement, afin de créer des pages qu'aucun des deux langages n'aurait pu créer seul. Nous verrons au Chapitre 11 comment utiliser ensemble JavaScript et PHP.

Utiliser PHP dans des applications de bases de données

PHP est particulièrement efficace lorsqu'il s'agit d'interagir avec des bases de données. PHP supporte quasiment toutes les bases de données connues et d'autres encore plus nombreuses dont vous n'avez sans doute pas entendu parler. PHP gère les liaisons vers la base de données de telle sorte que vous n'avez pas à vous soucier des détails techniques pour vous connecter à une base ou pour y retrouver des informations. Indiquez simplement où se trouve votre base, son nom, et PHP s'occupe du reste. Il se connecte à la base de données, lui communique vos instructions et vous rapporte les résultats.

Les principales bases de données prises en charge par PHP sont les suivantes :

- dBASE

- Informix
- Ingres
- Microsoft SQL Server
- mSQL
- MySQL
- Oracle
- PostgreSQL
- Sybase

PHP prend en charge d'autres bases de données telles que filePro, FrontBase et InterBase, ainsi que ODBC (Open Database Connectivity), un standard de communication qui vous permet de communiquer avec bien plus de bases de données tel Access ou IBM DB2.

PHP fonctionne à merveille pour les sites construits autour d'accès à une base de données. PHP peut stocker et lire des données depuis l'une des nombreuses bases de données qu'il prend en charge. Cependant, sa capacité en matière de bases de données s'applique aussi bien en dehors d'un environnement purement "Web".

Utiliser PHP avec votre système de fichiers

PHP peut interagir avec votre système de fichiers et de répertoires, qu'il s'agisse de fichiers contenus dans votre ordinateur ou sur un réseau d'ordinateurs qui vous est accessible. PHP peut lire, écrire créer ou supprimer les fichiers de votre système. Il peut également créer des répertoires, copier des fichiers, les renommer, modifier leurs attributs...

De nombreux sites Web nécessitent que l'on puisse interagir directement avec leur système de fichiers. Par exemple, une application Web peut sauver temporairement des informations dans un fichier et non dans une base de données ou peut nécessiter de lire une information dans un fichier particulier à un moment donné.

Les scripts réalisant la maintenance et les tâches administratives d'un site Web ont fréquemment besoin d'interagir avec des fichiers. Vous pourriez ainsi traiter ou sauvegarder des fichiers directement via un script PHP.

Utiliser PHP pour lancer des commandes du système

PHP vous permet d'exécuter des commandes du système. Vous pouvez par exemple exécuter une commande `dir` ou `ls` (pour afficher les fichiers d'un répertoire) depuis PHP et récupérer la liste résultant de l'action de ces commandes `dir/ls`.

Cette capacité à pouvoir exécuter des commandes système est très utile pour les tâches administratives et la maintenance d'un système. Ainsi, par exemple, vous pouvez supprimer des fichiers ayant une extension particulière en utilisant une commande pour récupérer, identifier et supprimer ces derniers.

La capacité d'exécuter des commandes du système inclut celle d'exécuter d'autres programmes du système. Ainsi, vous pouvez lancer des programmes en Perl, en C, en Shell, en scripts qui viendront ajouter leurs fonctionnalités à votre système, et ce sans que vous ayez à les écrire !

Comprendre le fonctionnement de PHP

PHP est un langage de haut niveau, ce qui veut dire qu'il est facilement compréhensible par un humain. Ainsi, pour vous faire comprendre de votre ordinateur, vous allez traduire vos idées du français au PHP, puis l'ordinateur convertira le langage de script en langage machine qu'il pourra directement utiliser. PHP doit sa capacité de traduction en direct à un programme que l'on appelle *interpréteur.*

L'interpréteur de PHP existe en deux versions, l'une fonctionnant depuis un site Web, l'autre en ligne de commande.

PHP, un langage généraliste

Pour utiliser PHP en tant que langage de script généraliste, il vous faut installer CLI, la version de PHP développée à cet effet. Vous accéderez alors à l'interpréteur en ligne de commande et ainsi exécuterez vos scripts. Ce processus est semblable à celui d'autres langages tels que Perl ou C. Reportez-vous au Chapitre 3 pour obtenir de plus amples informations sur l'utilisation des scripts PHP CLI.

PHP pour le Web

Lorsqu'il est utilisé sur votre site Web, PHP travaille en partenariat avec votre serveur Web. Tout site Web nécessite l'emploi d'un serveur Web. Un *serveur Web* est un logiciel qui vous fait parvenir une page Web via Internet. Le logiciel PHP travaille conjointement avec un serveur Web.

Lorsqu'il est utilisé sur le Web, PHP est alors un *langage de script embarqué*. Cela signifie que le code PHP est inclus dans le code HTML. Vous pouvez utiliser des balises HTML pour délimiter le code PHP contenu dans vos pages Web. L'édition et la création de vos pages Web contenant du code PHP se font exactement de la même manière que la création et l'édition d'une page HTML.

Une fois PHP installé, le serveur Web recherchera du code PHP dans les pages ayant une extension particulière telle que `.php` ou `.phtml` (vous pouvez indiquer n'importe quel type d'extension). Lorsque le serveur Web reçoit une requête concernant un fichier ayant une extension associée à PHP, il retourne tel quel le code HTML contenu dans le fichier, mais fait au préalable traiter par PHP le code PHP contenu dans le fichier.

Les sorties correspondant au traitement d'un code PHP se font dans le format HTML. Le code PHP n'est pas inclus dans le fichier HTML envoyé. Aussi, votre code reste-t-il protégé et invisible pour l'utilisateur. Considérons par exemple ce fragment de code PHP :

```
<?php echo "<p>Hello World"; ?>
```

Dans ce fragment de code, `<?php` est la balise d'ouverture et `?>` la balise de fermeture. L'instruction `echo` indique à PHP d'écrire le texte qui suit sous forme de code HTML. Le logiciel PHP traite cette commande et produit le résultat suivant :

```
<p>Hello World
```

C'est cette instruction HTML valide qui sera délivrée au navigateur de l'utilisateur. L'instruction PHP elle-même n'est pas envoyée ; ainsi, l'utilisateur ne voit jamais aucun code PHP.

PHP et le serveur Web doivent travailler étroitement ensemble. Bien que PHP ne soit pas intégré à tous les serveurs Web, il l'est dans les principaux. PHP est développé sous la licence Apache Software Foundation, et en conséquence fonctionne particulièrement bien avec les serveurs Apache. Cependant, il fonctionne également avec des serveurs tels que IIS/PWS de Microsoft ou iPlanet (anciennement Netscape Enterprise Server) et avec bien d'autres encore.

Comment fonctionne le Word Wide Web ?

Il vous sera utile de comprendre un minimum le fonctionnement du Word Wide Web (WWW). Le Web est un réseau d'ordinateurs qui permet de consulter des pages Web. Il existe sur le Web des millions de sites Web. Pour permettre aux utilisateurs d'atteindre la page qu'ils souhaitent visiter, chaque page Web possède une adresse appelée *URL*. Cette URL est composée du nom de domaine du site et d'un nom de fichier tel que `www.masociete.com/bienvenue.html`. Lorsque le visiteur souhaite atteindre une page Web, il tape l'URL correspondante dans son navigateur. Les processus suivants entrent alors en jeu :

1. **Le navigateur Web envoie un message sur le Web pour demander la page Web.**
2. **Le message est acheminé à l'ordinateur correspondant à l'adresse spécifiée par l'URL.**
3. **Le logiciel du serveur Web reçoit le message.**
4. **Le serveur Web recherche le fichier HTML demandé.**
5. **Le serveur envoie le fichier au navigateur qui l'a demandé (s'il ne peut pas trouver le fichier, il retourne un message d'erreur).**
6. **Le navigateur Web affiche la page Web en la construisant à partir du code HTML contenu dans le fichier.**

Sur les traces de PHP

PHP est un logiciel libre. Si vous n'avez jusqu'ici utilisé uniquement que des logiciels publiés par de grandes sociétés telles que Microsoft, Macromedia ou Adobe, vous risquez d'être un peu surpris. Ce type de logiciel est conçu par des programmeurs qui écrivent pour leurs plaisir du code durant leur temps libre et le font gratuitement. Il n'existe donc généralement pas de bureau des réclamations, de support technique ou de revendeur.

Mais cela ne signifie pas forcément qu'il n'y a pas de support pour PHP. En fait, c'est même le contraire. Une source incroyablement riche d'informations est partagée par ses développeurs et ses utilisateurs.

Les serveurs Web

Un logiciel capable d'envoyer une page Web à travers le monde est appelé *serveur Web*. Le serveur Apache est l'un des serveurs les plus utilisés. Approximativement, 60 pour 100 des sites Web utilisent des serveurs Apache (sources `www.netcraft.com` et `www.securityspace.com/s_survey/data/`). Apache est un logiciel open source, gratuit, valable sur de très nombreux systèmes d'exploitation et automatiquement installé avec la plupart des distributions Linux et préinstallé sur Mac OS X. Vous trouverez des informations sur Apache sur `httpd.apache.org`. PHP étant un projet développé par Apache Software Foundation, il fonctionne donc particulièrement bien avec ce serveur.

D'autres serveurs Web sont cependant disponibles. Internet Information Serveur (IIS) se place second derrière Apache en terme de popularité avec 30 pour 100 des sites Web à son actif. IIS est développé par Microsoft et ne fonctionne que sous Windows. IIS est installé par défaut avec les logiciels Windows Server. Les autres serveurs importants sont Zeus, NCSA et Sun ONE.

Les logiciels libres sont plus fréquemment mis à jour que les logiciels commerciaux. Ainsi, si un problème important comme une faille de sécurité est détecté, une version corrigeant le problème peut être réalisée en quelques jours. Vous ne recevrez pas d'annonce publicitaire un an avant la sortie d'une nouvelle version. Si vous ne faites par l'effort de rester informé, vous risquez donc de rater la sortie d'une nouvelle version ou de vous trouver face à des problèmes sérieux concernant la version en cours.

TRUC

Consultez régulièrement le site Web de PHP. Vous aurez sans doute besoin des informations publiées sur ce site. Inscrivez-vous aux listes de diffusion, qui sont des sources d'informations très riches. Vous apprendrez beaucoup en examinant le contenu de leurs messages et vous serez rapidement en mesure d'aider les autres. Si vous ne souhaitez pas rejoindre ces listes, inscrivez-vous au moins à une liste envoyant des messages occasionnels concernant uniquement les nouvelles versions et les problèmes importants des versions en cours.

Avant d'aller plus loin et d'oublier de vous inscrire, allez sur le site Web de PHP, `www.php.net/mailing-lists.php`, et inscrivez-vous à une liste ou deux.

PHP 5

Les changements les plus importants de PHP 5 ne concernent pas la programmation ou l'utilisation de PHP, mais les performances du moteur Zend. Le moteur Zend est un logiciel invisible pour l'utilisateur qui prend en charge toutes les opérations de PHP. Les performances de ce moteur ayant été considérablement améliorées, les scripts sont plus fiables et plus rapides.

La version 5 de PHP est davantage orientée objet que ne l'était PHP 4. La création et l'exécution des objets sont plus rapides et de nombreuses fonctionnalités orientées objet ont été ajoutées dont la gestion des exceptions. De manière générale, les programmeurs habitués au langage orienté objet seront plus à l'aise avec la version 5 de PHP (la programmation orientée objet est abordée au Chapitre 9).

Avec PHP 5, les noms des programmes PHP ont changé. PHP pour le Web devient `php-cgi` et PHP CLI est rebaptisé simplement `php` à la place de `php.exe`. Ces deux programmes se trouvent dans le répertoire où est installé PHP.

PHP 5 prend en charge MySQL 4.1. Toutefois, cette prise en charge n'est pas incluse par défaut. En effet, vous devez spécifier au moment de l'installation de PHP la prise en charge de MySQL 4.0 ou MySQL 4.1.

PHP comporte par défaut la prise en charge de SQLite. SQLite fournit une méthode rapide pour stocker et retrouver des données dans un fichier.

Les précédentes versions de PHP

Vous devez prendre note des modifications importantes des nouvelles moutures de PHP, car certains scripts destinés à d'anciennes versions risquent de rencontrer des problèmes sur la version actuelle, alors que certains scripts créés avec la dernière version risquent de ne pas fonctionner sur des versions antérieures.

Prenez particulièrement garde aux points suivants :

- **Version 4.3.1 :** Règle un problème de sécurité de la version 4.3.0. Il n'est pas prudent de faire fonctionner un site Web avec une version antérieure.

- **Version 4.3.0 :** Apporte une amélioration importante à la version CLI de PHP, laquelle est maintenant générée par défaut lorsque vous compilez le code source de PHP (voir l'Annexe A). Désactivez sa génération dans les options d'installation si vous ne souhaitez pas la générer.

- **Version 4.2.0 :** Le paramètre par défaut de `register_globals` est maintenant `Off`. Les scripts tournant dans les versions précédentes dépendent du paramètre `On` de `register_globals` et risquent de ne pas tourner avec ce nouveau paramètre. Changez le code du script afin qu'il puisse fonctionner avec `register_globals` paramétré à `Off`.

- **Version 4.1.0 :** Introduit les tableaux superglobaux. Les scripts écrits à l'aide de superglobales (voir Chapitre 6) ne s'exécutent pas sur les versions antérieures. Vous devez alors utiliser des tableaux de type `$HTTP_POST_VARS`.

Au moment où vous lisez ces pages, vous avez sans doute mis à jour PHP à la version 5. Toutefois, certains services informatiques et hébergeurs de sites Web ne l'ont peut-être pas fait. Tenez compte des précédentes modifications lorsque vous utilisez d'anciennes versions.

Chapitre 2

Configurer l'environnement

Dans ce chapitre :

- Accéder à PHP via des sociétés d'hébergement Web.
- Construire votre propre site Web de toutes pièces.
- Tester PHP.

Puisque vous êtes résolu à utiliser PHP, vous allez commencer par configurer un environnement de développement PHP. Comme je l'ai dit au Chapitre 1, on utilise généralement PHP pour développer des sites Web dynamiques. Aussi, une grande partie de ce chapitre sera-t-elle consacrée à la configuration de PHP pour un site Web. Si vous envisagez d'utiliser PHP seulement en tant que langage de script, indépendamment du Web, la configuration de votre environnement en sera plus simple. Sautez les sections sur la configuration d'un environnement Web pour passer directement à la section intitulée "Configurer PHP en tant que langage de script".

Définir votre environnement Web

PHP en tant qu'outil de développement Web s'exécute conjointement avec un serveur Web. Par conséquent, un site doit avoir un serveur Web. Pour utiliser PHP dans votre site Web, le serveur Web doit être capable d'échanger des informations avec le logiciel PHP. Vous devez donc installer PHP là où le serveur Web peut y accéder. L'environnement d'un site Web nécessite plus qu'un serveur Web et PHP sur l'ordinateur. Voici quelques recommandations :

- L'ordinateur doit être connecté à Internet.

- L'ordinateur doit disposer de suffisamment de ressources, comme l'espace disque et la mémoire pour gérer le trafic Web prévu.
- D'autres logiciels, comme une base de données, peuvent être requis dans l'environnement.

La configuration de votre propre environnement Web peut ou non vous intéresser. L'installation d'un logiciel est peut-être pour vous un jeu d'enfant ou au contraire un véritable cauchemar. Si vous comptez installer votre propre environnement Web de toutes pièces, faites-le. Vous pouvez même disposer d'un site Web qui tourne sur votre propre machine et vous contenter de lui ajouter des fonctionnalités à l'aide de PHP. Si vous ne voulez pas installer votre propre environnement Web, vous pouvez recourir à un environnement Web installé et maintenu par une tierce personne comme le service informatique de votre travail ou une entreprise d'hébergement Web. Peut-être possédez-vous un site Web géré par un hébergeur et souhaitez-vous qu'il soit plus dynamique ? Vous pouvez dans les deux cas utiliser PHP.

Une autre solution courante consiste à disposer à la fois de son propre environnement Web et d'un autre maintenu par une tierce personne. Autrement dit, les développeurs configurent généralement des environnements Web de test sur leur propre machine où ils écrivent et déboguent des pages Web. Ensuite, lorsque tout fonctionne bien, ils transfèrent leurs pages Web vers des sites Web professionnels, maintenus par leur service informatique ou par un hébergeur.

Voici quelques avantages à recourir à un environnement Web géré par un tiers :

- **Il est plus facile à configurer que le vôtre** : Il vous suffit de copier vos pages Web sur l'ordinateur de l'autre partie et c'est tout. Vous n'avez pas besoin d'installer des logiciels ou du matériel ou de résoudre les problèmes. Une personne s'en charge à votre place.
- **Vous n'avez pas besoin d'avoir des compétences très techniques** : Il vous suffit de comprendre des langages Web tels que HTML et PHP.

Les avantages d'exécuter votre propre environnement Web sont les suivants :

- **Contrôle** : Vous prenez toutes les décisions. Vous configurez votre environnement Web de la manière qui correspond le mieux à vos besoins.
- **Accès** : Vous avez accès à l'ordinateur lorsque vous voulez travailler sur votre site Web.
- **Stabilité** : Vous savez que votre site Web sera à cette adresse tant que vous en aurez besoin. Vous ne vous réveillerez pas un matin pour décou-

vrir que l'hébergeur a fait faillite et qu'il vous reste deux jours pour déménager votre site.

- **Sécurité** : Comme vous contrôlez l'environnement Web, vous êtes la seule personne qui a accès à l'ordinateur. Vous pouvez l'enfermer à double tour. Lorsque vous faites appel à une entreprise d'hébergement, d'autres personnes ont accès à l'ordinateur et certaines d'entre elles peuvent avoir de mauvaises intentions.

Utiliser un environnement Web existant

Lorsque vous utilisez un environnement Web configuré par un tiers, vous n'avez pas besoin de comprendre l'installation et la configuration des logiciels du site. Le service informatique de votre entreprise, un hébergeur Web privé ou votre voisin de palier est responsable de cette opération. C'est son travail de vous fournir un site fonctionnel, avec PHP s'il est requis. Votre tâche consiste simplement à écrire et à installer les fichiers du site Web.

Pour utiliser un environnement Web existant, l'administrateur du site Web doit vous fournir les informations suivantes :

- **L'emplacement des pages Web** : Pour que tout le monde puisse voir vos pages Web, les fichiers les contenant doivent être stockés à un emplacement spécifique sur l'ordinateur. Le serveur Web qui délivre les pages Web est censé trouver les fichiers dans un répertoire spécifique. Vous devez savoir où se trouve ce répertoire et y avoir accès.

- **La procédure d'installation des pages Web** : Vous devez savoir comment installer les fichiers. Généralement, vous allez envoyer les fichiers via FTP vers leur emplacement correct. FTP (File Transfer Protocol) est une méthode de copie d'un fichier d'un ordinateur à l'autre sur un réseau. Dans la plupart des cas, vous allez copier directement les fichiers ou employer d'autres méthodes d'installation de pages Web. Vous devez disposer d'un identifiant et d'un mot de passe pour installer les fichiers.

- **Le nom du fichier par défaut** : Lorsque les utilisateurs pointent leur navigateur sur une URL, un fichier leur est envoyé. Le serveur Web est configuré pour envoyer un fichier par défaut spécifique lorsque l'URL pointe directement sur un répertoire. Très souvent, le fichier par défaut est appelé `index.htm` ou `index.html`, mais il peut également prendre d'autres noms comme `default.htm`. Vous devez connaître le nom de votre fichier par défaut.

- **L'extension du fichier PHP** : Lorsque PHP est installé, le serveur Web doit attendre les instructions PHP dans les fichiers avec des extensions spécifiques. En général, les extensions sont `.php` ou `.phtml`, mais il en existe d'autres. Les instructions PHP dans les fichiers qui n'ont pas les bonnes extensions ne sont pas traitées. Vous devez connaître l'extension de vos scripts PHP.

L'un des inconvénients de faire appel à une entreprise d'hébergement dans un environnement Web existant est que vous n'avez aucun contrôle sur l'environnement de développement. Les administrateurs Web fournissent un environnement qui fonctionne bien selon eux. Par exemple, PHP abonde d'options qui peuvent être activées, désactivées ou avoir diverses valeurs. Les administrateurs décident quelles sont les options à activer en fonction de leurs besoins, besoins qui peuvent ne pas forcément correspondre aux vôtres. Ils configurent sans doute l'environnement en vue de faciliter la maintenance, à faible coût, et un minimum de dysfonctionnements pour le client. Vous ne pouvez pas changer certaines parties de votre environnement. Vous ne pouvez que demander aux administrateurs de le faire à votre place. Ils seront réfractaires à modifier une configuration qui marche, car une modification risque de causer des problèmes sur leur système ou sur ceux d'autres clients.

Choisir un hébergeur

Un hébergeur fournit ce dont vous avez besoin pour ouvrir un site Web, y compris l'espace de stockage et tous les logiciels du site Web. Il vous suffit de créer les fichiers de vos pages Web et de les déplacer vers l'emplacement spécifié par votre hébergeur.

Une foule d'entreprises proposent des services d'hébergement. La plupart se paient par mensualité, dont le montant est souvent raisonnable, d'autres sont même gratuits. Les hébergeurs gratuits vous demandent généralement en contrepartie d'afficher des bannières publicitaires. En général, la mensualité varie en fonction des ressources fournies à votre site Web. Par exemple, un site Web de 2 Mo (mégaoctets) d'espace disque pour des fichiers de pages Web est moins cher qu'un site Web de 10 Mo d'espace disque.

Lorsque vous recherchez un hébergement pour votre site Web, assurez-vous que l'hébergeur offre PHP. Vérifiez également que l'entreprise propose une version récente de PHP. Les hébergeurs n'offrent pas une version qui vient juste de sortir, mais ils peuvent mettre à jour leur version de PHP dès qu'une nouvelle version est sortie.

N'OUBLIEZ PAS

Ne prenez pas au sérieux un hébergeur qui propose PHP 3. PHP 4.3.1 a été mis à jour en février 2003, aussi aucun hébergeur ne devrait fournir une version de

PHP antérieure à la 4.3.1, car les précédentes versions comportaient un problème de sécurité qui a été résolu dans PHP 4.3.1. L'idéal serait que les hébergeurs offrent PHP 5.

Pour choisir un hébergeur, tenez compte de ces autres critères :

- **Fiabilité** : Vous devez impérativement avoir confiance en votre hébergeur et ne pas choisir une entreprise qui risque de faire faillite et de disparaître du jour au lendemain. L'hébergeur doit également disposer de suffisamment de puissance informatique et d'autres ressources pour maintenir votre site Web. Un site Web qui est plus souvent en panne qu'utilisable ne présente pas un grand intérêt. Heureusement, des recherches sur le Web ou les conseils de vos collègues vous permettront de sélectionner les hébergeurs de confiance.

- **Vitesse** : Les pages Web lentes au téléchargement ont tendance à rapidement lasser vos utilisateurs qui iront ailleurs. Cette lenteur est peut-être due à un hébergeur qui a débuté son activité à peu de frais et manque d'un bon équipement. Ou encore, victime de son succès, l'entreprise est saturée par de nouveaux clients et ne dispose pas du matériel suffisant. Quoi qu'il en soit, il est inacceptable que les hébergeurs délivrent des pages Web trop lentement. Dans la mesure du possible, testez la vitesse de téléchargement des pages Web des sites hébergés par des entreprises. Quelquefois, certains hébergeurs Web fournissent des liens vers leurs clients ou le service commercial de l'entreprise vous transmet ces informations.

- **Support technique** : Certains hébergeurs ne proposent aucun service pour répondre aux questions ou problèmes techniques. Généralement, vous contacterez le support technique via une adresse électronique, ce qui peut être acceptable si la réponse est rapide. Quelquefois, vous pourrez tester la qualité du support technique de l'entreprise en appelant un numéro ou en testant le temps de réponse en envoyant un message électronique.

- **Nom de domaine** : Tout site Web a un *nom de domaine* que les navigateurs Web utilisent pour trouver le site sur le Web. Tout nom de domaine est enregistré moyennant des droits d'enregistrement, de telle sorte que seul le site Web peut l'utiliser. Certains hébergeurs Web vous permettent d'utiliser le nom de domaine que vous avez enregistré indépendamment de leur entreprise, d'autres vous aident à enregistrer et à utiliser un nouveau nom de domaine. Supposez, par exemple, que votre entreprise s'appelle "Les bonnes affaires" et que vous souhaitiez baptiser votre site Web "Les bonnes affaires de Jeanne". Certaines entreprises vous permettront d'appeler votre site Web `Lesbonnesaffairesdejeanne.com`, mais d'autres vous demanderont de l'appeler `lesbonnesaffaires-dejeanne.nomdelhebergeurweb.com` ou `nomhebergeurweb.com/~bonnesaf-faires`, ou quelque chose de similaire. En général, votre site Web paraîtra plus professionnel si vous bénéficiez de votre propre nom de domaine.

- **Fonctionnalités** : Vous allez choisir des fonctionnalités selon les besoins de votre site. En général, plus il y a de fonctionnalités, plus cela va vous coûter cher. Tenez compte des fonctionnalités suivantes pour faire votre choix :

  - **Espace disque** : Combien d'espace disque en Mo/Go (gigaoctets) avez-vous besoin ? Les fichiers médias, comme les fichiers d'image et de son, peuvent être très volumineux.

  - **Transfert des données** : Les hébergeurs vous chargent d'envoyer les pages Web aux utilisateurs. Si vous prévoyez un trafic important sur votre site Web, tenez compte de ce coût.

  - **Adresses électroniques** : De nombreux hébergeurs fournissent un certain nombre d'adresses e-mail sur votre site Web. Par exemple, si votre site s'appelle `lesbonnesaffairesdejeanne.com`, vos visiteurs pourront vous envoyer un message à `contact@lesbonnesaffaires-dejeanne.com`.

  - **Logiciels** : Les hébergeurs vous proposent un certain nombre de logiciels de développement Web. Outre PHP, ils peuvent mettre à votre disposition des logiciels de bases de données, tels MySQL ou PostgreSQL, ou d'autres outils de développement comme les extensions de FrontPage, logiciel de carte de crédit, de validation de carte bleue, etc.

  - **Statistiques** : La plupart des hébergeurs vous permettent de rassembler des statistiques sur le trafic de votre site comme le nombre de visiteurs, le temps d'accès, l'accès par page Web, etc.

- **Sauvegardes** : Les *sauvegardes* sont des copies de vos fichiers et de votre base de données qui sont stockées en cas de dommage ou de perte. Vérifiez bien que votre fournisseur effectue régulièrement des copies de sauvegarde de vos applications. Demandez également combien de temps prendra la restauration de votre site.

Ne basez pas votre choix sur les résultats de Google (qui affichera près de 4 millions de liens !). Demandez plutôt des conseils à des personnes qui ont utilisé les services d'un hébergeur. Elles peuvent vous avertir si le service est lent ou si les ordinateurs tombent souvent en panne. Après avoir recueilli quel-

NOTE TECHNIQUE

Noms de domaines

Tout site Web a une adresse unique sur le Web. Cette dernière, utilisée par les ordinateurs pour localiser un site Web, est l'adresse IP. Elle se compose d'une série de quatre chiffres entre 0 et 255, séparés par des points, par exemple `172.17.204.2` ou `192.163.2.33`.

Comme les adresses IP sont composées de nombres et de points, elles sont difficiles à retenir. Heureusement, les adresses IP sont généralement associées à des noms, qui sont plus faciles à mémoriser, comme `amazon.com`, `www.irs.gov` ou `mapetiteentreprise.com`. Un nom, qui est en fait l'adresse d'un site Web, est appelé *nom de domaine*. Un domaine peut représenter un ou plusieurs ordinateurs connectés. Lorsqu'un domaine se réfère à plusieurs ordinateurs, chaque ordinateur de ce domaine a son propre nom. Un nom qui comprend le nom d'un ordinateur personnel, comme `alex.mapetiteentreprise.com`, s'appelle un *sous-domaine* de `mapetiteentreprise.com`.

Le nom de domaine ou de sous-domaine est un composant nécessaire de l'URL, l'adresse qu'un internaute entre dans la fenêtre du navigateur pour identifier le site Web qu'il veut visiter. L'URL contient plus d'éléments qu'un simple nom de domaine, mais souvent le nom de domaine (`amazon.com` par exemple) suffit. Ou encore le nom de sous-domaine est suffisant (`alex.valade.com`). Lorsque seul le nom de domaine est utilisé dans l'URL, le serveur Web envoie le fichier avec le nom de fichier par défaut tel que `index.htm` ou `index.html`. Vous pouvez également inclure un nom de fichier dans l'URL en plus du nom de domaine, comme `alex.valade.com/links.html`.

Tout nom de domaine doit être unique pour servir d'adresse. C'est pourquoi un organisme d'enregistrement des noms de domaines vérifie que deux adresses n'ont pas le même nom de domaine. N'importe qui peut enregistrer un nom de domaine du moment que le nom n'est pas pris. Vous pouvez enregistrer un nom de domaine sur le Web. Commencez par vérifier que le nom de domaine que vous avez choisi n'existe pas. S'il est disponible, enregistrez-le avec le nom de votre entreprise et payez les droits. Ce nom vous appartient et personne d'autre ne pourra l'utiliser. Les droits d'enregistrement s'élèvent généralement à 35 euros par an.

De nombreux sites Web, dont les hébergeurs, vous permettent d'enregistrer votre nom de domaine. Recherchez sur Google (`google.com`) "enregistrement nom de domaine", vous obtiendrez une page de 2 millions de résultats. Comparez les prix. De même, beaucoup de sites Web vous permettent d'entrer un nom de domaine pour savoir s'il est déjà enregistré. Ces sites effectuent une recherche dans une base de données de noms de domaines en utilisant un outil appelé *whois*. Si vous recherchez sur Google "whois nom de domaine", vous obtiendrez une page de 500 000 résultats. Vous pouvez aussi effectuer votre recherche sur Allwhois (`allwhois.com`) et sur Better-Whois (`betterwhois.com`).

ques noms d'hébergeurs de clients satisfaits, vous pouvez réduire votre liste à l'offre de l'hébergeur qui correspond le mieux à vos besoins et à votre porte-monnaie.

Demandez à vos collègues et amis quelques noms. En outre, certains forums sur PHP comportent des messages de conseils et de recommandations sur les hébergeurs. Ces personnes ont expérimenté PHP avec leurs hébergeurs et seront ravies de vous donner conseils et avertissements. Comme beaucoup d'utilisateurs posent cette question, vous trouverez toutes les informations dont vous avez besoin dans les archives sur `marc.theaimsgroup.com/`.

Configurer votre propre environnement Web

Si vous créez un site Web de toutes pièces, vous devez impérativement maîtriser les logiciels de création de site. Vous aurez plusieurs décisions à prendre en tenant compte du matériel et du logiciel. Vous devez également installer un serveur Web et PHP, ainsi que maintenir, administrer et mettre à jour le système. Cette solution exige beaucoup de travail et de solides connaissances. Mais vous avez l'avantage de contrôler totalement l'environnement Web.

Pour configurer l'environnement Web nécessaire pour les activités présentées dans ce livre, vous effectuerez les étapes suivantes :

1. **Configurer l'ordinateur.**

2. **Installer le serveur Web.**

3. **Installer PHP.**

La première étape dépasse le cadre de ce livre. Vous avez sans doute un ordinateur, mais vous envisagez peut-être d'en installer un pour votre site Web. Pour de plus amples informations sur l'achat et la configuration d'ordinateurs, consultez *Acheter un PC pour les Nuls* ou *PC 9 en 1 pour les Nuls*. Les serveurs Web et PHP sont pris en charge sur quasiment tous les matériels et systèmes d'exploitation, y compris Linux et Unix, Windows et Mac OS X.

Installer le serveur Web

Lorsque votre ordinateur est configuré et prêt, il vous faut choisir le serveur Web que vous comptez installer. Apache est généralement la meilleure solution, car il présente les avantages suivants :

- **Il est gratuit** : Que dire d'autre ?

- **Il s'exécute sur la plupart des systèmes d'exploitation** : Windows, Linux, Mac OS, FreeBSD et la plupart des distributions Unix.
- **Il est largement utilisé** : Quasiment 60 pour 100 des sites Web sur Internet utilisent Apache, selon les sondages de `www.netcraft.com/survey` et `www.securityspace.com/s_survey/data`. Ce ne serait pas le cas s'il ne fonctionnait pas bien. Cela signifie aussi qu'un grand nombre d'utilisateurs peuvent vous aider.
- **Il est fiable** : Une fois Apache configuré et lancé, il tourne tant que votre ordinateur reste allumé, et ce sans incident.
- **Il est personnalisable** : La licence open source (code libre) permet aux programmeurs de modifier le logiciel Apache, et d'ajouter ou de modifier des modules si nécessaires pour qu'il s'intègre à leur propre environnement.
- **Il est sécurisé** : Un logiciel gratuit s'exécute avec Apache pour en faire un serveur SSL sécurisé. SSL garantit une sécurité supplémentaire aux sites Web qui doivent protéger des informations importantes. Les informations transmises entre le serveur Web et le navigateur sont cryptées, de telle sorte que personne ne puisse les intercepter et les lire. La sécurité est un élément primordial si vous créez un site de e-commerce.

Apache est automatiquement installé lorsque vous installez la plupart des distributions Linux. Il est aussi préinstallé sur Mac. Quant aux différentes versions d'Unix, vous pouvez télécharger le source d'Apache et le compiler vous-même, bien qu'il existe quelques *codes binaires* (programmes déjà compilés pour des systèmes d'exploitation spécifiques). Pour Windows, installez un fichier binaire, de préférence sur Windows NT/2000/XP, même si Apache s'exécute aussi sur Windows 98/Me.

Au moment de la rédaction de ce livre, Apache 1.3.27 est la version stable. Apache 2 est aussi stable, mais reste à un stade expérimental avec PHP. Consultez le site Web de PHP (`www.php.net`) pour de plus amples informations. Vous trouverez également d'autres renseignements sur Apache, les logiciels à télécharger, de la documentation et des instructions d'installation sur les divers systèmes d'exploitation sur le site Web d'Apache (`http://apache.org`).

Il existe d'autres serveurs Web. Microsoft propose Internet Information Server (ISS), qui est le deuxième serveur Web le plus utilisé sur Internet avec environ 27 % de sites Web. Sun propose iPlanet (jadis Netscape Enterprise Server), qui sert moins de 5% d'Internet. D'autres serveurs sont disponibles, mais sont utilisés dans des sphères très réduites.

Installer PHP

De nombreux systèmes ont PHP déjà installé. La plupart des distributions Linux comprennent PHP. Quelques récentes versions de Mac OS X comportent également PHP. Avant d'installer PHP, vérifiez s'il n'est pas déjà installé en recherchant des fichiers PHP sur votre disque :

- **Linux/Unix/Mac** : A l'invite de commande, entrez :

```
find / -name "php*"
```

- **Windows** : Utilisez la fonction Rechercher (sélectionnez Démarrer/ Rechercher) pour rechercher *php**.

PHP n'est pas installé, si vous ne trouvez pas de fichier PHP. Pour installer PHP, vous devez accéder au serveur Web de votre site. Par exemple, lorsque vous installez PHP avec Apache, éditez le fichier de configuration d'Apache. Vous trouverez toutes les informations et logiciels dont vous avez besoin sur le site Web PHP (`www.php.net`). Reportez-vous à l'Annexe A pour suivre les instructions d'installation.

Si vous avez trouvé des fichiers PHP, PHP est déjà installé et vous n'avez donc pas besoin de le réinstaller. Tenez compte de ces remarques pour déterminer si vous devez ou non réinstaller PHP :

- **Options d'installation** : PHP n'est peut-être pas installé avec les options dont vous avez besoin. Par exemple, PHP ne prend pas en charge les bases de données que vous envisagez d'utiliser. La prise en charge d'OBDC est toujours incluse, mais le support de MySQL, Oracle, MS SQL et autres bases de données doit être spécifié lors de l'installation de PHP. Il prend toujours en charge SQLite, XML, COM, FTP et bien d'autres, mais d'autres médias ne sont pas automatiquement inclus. Si vous comptez utiliser une autre base de données, un autre logiciel ou d'autres fonctionnalités, vous devez réinstaller PHP en ajoutant la prise en charge.

  Vérifiez les options utilisées lorsque PHP a été installé. Suivez les instructions de test PHP décrites dans la section suivante. Si le script de test s'exécute correctement, la table affichée par l'instruction `phpinfo()` affichera tous les supports qui sont inclus dans votre installation PHP. Recherchez le support dont vous avez besoin. S'il n'est pas listé, réinstallez-le. Reportez-vous à l'Annexe A pour suivre les instructions d'installation de PHP.

- **Version** : La version installée n'est pas forcément récente. Vérifiez le numéro de version de votre installation PHP. Pour cela, entrez la ligne de commande :

```
php-cgi -v
```

Pour des versions antérieures à PHP 5, entrez cette ligne de commande :

```
php -v
```

Vous devez être dans le même répertoire que le fichier `php-cgi.exe` (ou `php.exe`) pour exécuter la commande précédente. Vous verrez apparaître une sortie qui affiche la version de PHP :

```
PHP 5.0.0 (cgi-fcgi), Copyright (c) 1997-2003 The PHP Group
Zend Engine v2.0.0, Copyright (c) 1998-2003 Zend Technologies
```

Si la version n'est pas très récente, réinstallez PHP. Pour connaître la version stable la plus récente, reportez-vous à `www.php.net/downloads.php`.

Tester PHP

Une fois que votre hébergeur vous a donné toutes les informations dont vous avez besoin pour utiliser PHP sur votre site Web ou que vous avez installé PHP sur votre propre machine, vous allez le tester pour vérifier qu'il fonctionne bien. Pour cela, effectuez les étapes suivantes :

1. **Recherchez le répertoire dans lequel se trouvent les scripts PHP dont vous avez besoin.**

   Ce répertoire et ses sous-répertoires sont appelés *espace Web*. L'espace Web par défaut d'Apache est `htdocs` dans le répertoire où est installé Apache. Pour IIS, il s'agit de `Inetpub/wwwroot`. Dans Linux, ce peut être `/var/www/html`. Votre espace Web peut avoir différents répertoires une fois le serveur Web installé ; aussi, si une autre personne a installé le serveur Web, demandez-lui dans quel répertoire se trouve l'espace Web. Si vous passez par un hébergeur, il vous fournira le nom du répertoire.

2. **Créez un fichier dans votre espace Web. Nommez-le test.php. Il doit contenir le code suivant :**

```
<html>
<head>
<title>Test PHP </title>
</head>
<body>
<p>Ceci est une ligne HTML
<?php
   echo "<p>Ceci est une ligne PHP </p>";
   phpinfo();
?>
</body>
</html>
```

3. **Pointez votre navigateur sur le fichier test.php créé à l'étape 2 en entrant l'URL du fichier.**

   L'URL prendra le format `http://www.mapetiteentreprise.com/test.php`. Si votre serveur Web, PHP et le fichier test.php sont sur le même ordinateur, entrez `localhost/test.php`.

   Pour que PHP traite le fichier, vous devez accéder au fichier via le serveur Web et non en sélectionnant Fichier/Ouvrir dans votre navigateur Web.

   Si votre serveur Web, PHP et le fichier `test.php` sont sur la même machine, entrez `localhost/test.php`.

   Vous verrez apparaître dans le navigateur Web ce qui suit :

```
Ceci est une ligne HTML
Ceci est une ligne PHP
```

   Ces lignes sont suivies d'un grand tableau affichant toutes les informations associées à PHP dans votre système. Il affiche également des noms de chemins et de fichiers, des valeurs de variables et l'état de diverses options. Par exemple, si vous parcourez le tableau, vous verrez un bloc d'options pour FTP qui indiquent : `FTP support enabled`.

   Ce tableau est généré par la ligne `phpinfo()` dans le script test. Dès que vous vous posez une question sur les paramètres de PHP, utilisez cette instruction `phpinfo()` pour afficher ce tableau et vérifier les paramètres. L'instruction `phpinfo()` sera utilisée tout au long de ce livre.

Si le résultat du fichier test correspond à l'un des suivants, vous avez des problèmes d'installation PHP :

- Seule la ligne `Ceci est une ligne HTML` apparaît. La ligne et le tableau d'informations ne sont pas affichés.
- Apparaît une page vierge.
- Le navigateur affiche une fenêtre de téléchargement au lieu de la page Web.

Si le résultat de votre fichier test fait apparaître un problème et que vous n'êtes pas administrateur, parlez-en à la personne chargée d'installer et de maintenir le logiciel, il peut s'agir d'un membre de l'équipe du service informatique de votre entreprise ou du support technique de votre hébergeur. Ils sont chargés de diagnostiquer votre problème.

Si le résultat du fichier test fait apparaître un problème et que vous avez vous-même installé le logiciel, commencez par vérifier si PHP est bien installé. A la ligne de commande, changez le répertoire où est installé PHP et entrez ce qui suit :

```
Php-cgi -v
```

PHP est installé s'il retourne des informations sur sa version. Assurez-vous que vous avez bien accédé au fichier test comme indiqué à l'étape 3. Relisez bien l'avertissement de cette étape.

Vérifiez que le fichier test est dans un répertoire de votre espace Web, comme indiqué à l'étape 1. Dans Apache, vous pouvez consulter le fichier `httpd.conf` en entrant une ligne semblable à celle qui suit :

```
DocumentRoot "C:/Program Files/Apache Group/Apache/htdocs"
```

Cette ligne indique à Apache où rechercher les fichiers de pages Web.

Assurez-vous de bien avoir saisi le script. Ce script peut être également téléchargé sur le site `www.efirst.com`.

Si vous accédez bien au fichier test et qu'il semble être saisi correctement, vous avez sûrement un problème de configuration. Relisez encore une fois les instructions de configuration PHP à la fin de l'Annexe A et vérifiez que vous les avez bien suivies. Notamment, assurez-vous que :

- Le serveur Web est bien configuré pour les extensions de fichier indiquées. Dans Apache, la ligne ci-dessous doit bien être incluse dans le fichier `httpd.conf` :

```
AddType application/x-httpd-php .php
```

  Cette ligne indique à Apache de rechercher le code PHP dans les fichiers dont l'extension est `.php`. Pour IIS, accédez à la console comme indiqué dans l'Annexe A, puis vérifiez dans l'onglet Extension que l'extension est correctement définie.

- Les autres lignes ont été correctement ajoutées dans le fichier `httpd` d'Apache, comme indiqué dans les sections sur la configuration des systèmes d'exploitation de l'Annexe A. Recherchez toute erreur éventuelle de saisie. Vérifiez également que les lignes ont été ajoutées au bon emplacement.

- Si vous utilisez IIS, recherchez la ligne suivante dans `php.ini` :

```
cgi.force_redirect = 0
```

  Si `php.ini` ne contient pas cette ligne, ajoutez-la. S'il y a un point-virgule en début de ligne, supprimez-le. Si le paramètre de cette ligne vaut 1 au lieu de 0 (zéro), passez-le à 0.

Si, malgré toutes les vérifications que vous avez faites, vous avez encore des problèmes, la configuration de votre ordinateur ou votre serveur Web doit présenter un problème inhabituel. Lisez toute la documentation en ligne sur l'installation du site Web de PHP. Recherchez des informations sur les problèmes d'installation. Vous trouverez une foule de renseignements.

Si vous ne parvenez pas à trouver de réponse, postez votre question sur des forums de discussion. Commencez par rechercher dans les archives de `marc.theaimsgroup.com/`. Une personne a peut-être posé la même question et vous trouverez rapidement la réponse. Dans le cas contraire, postez votre question sur le forum sans oublier d'inclure les éléments suivants :

- Indiquez le nom et la version de votre système d'exploitation.

- Précisez la version de PHP que vous essayez d'installer.
- Copiez le contenu de votre fichier test dans votre message.
- Décrivez la sortie exacte que vous voyez apparaître dans votre page Web.

Les membres de ces forums sont des experts et vous aideront à résoudre votre problème.

Configurer PHP en tant que langage de script

PHP s'exécute tout seul lorsqu'il est utilisé en tant que langage de programmation. Vous n'avez pas besoin de serveur Web, si vous n'utilisez pas PHP avec un site Web. La version en ligne de commande de PHP, PHP CLI, est un programme différent du programme PHP que vous utilisez pour les sites Web. Il doit être installé séparément.

Même si votre machine comporte PHP, PHP CLI n'est pas forcément installé. Vous devez vérifier si PHP est sur votre ordinateur et quelle est sa version. Par défaut, vous trouverez le fichier dans le répertoire où est installé PHP. Le fichier PHP CLI est appelé `php.exe` et le fichier PHP CGI `php-cgi.exe`. (Avant la version PHP 5, ces deux fichiers étaient nommés `php.exe`, mais étaient stockés dans différents sous-répertoires. PHP CLI se trouvait dans le sous-répertoire `/cli`.) PHP CLI peut être également installé à un autre emplacement. Recherchez tous les fichiers PHP sur votre disque dur comme suit :

- **Linux/Unix/Mac** : A l'invite de commande, entrez :

```
find / -name "php*"
```

- **Windows** : Utilisez la fonction Rechercher (sélectionnez Démarrer/ Rechercher) pour rechercher *php**.

Si vous ne trouvez pas de fichiers PHP qui peuvent être PHP CLI, modifiez le répertoire où se trouve le fichier de programme PHP et entrez ce qui suit :

```
php -v
```

La sortie comportera soit `cgi`, soit `cli`, comme ci-dessous :

```
PHP 5.0.0 (cli) (built: Jun 15, 2003 23:07:34)
```

Notez que la sortie comprend (`cli`). S'il ne s'agit pas de la version CLI, elle affichera (`cgi`). La commande précédente permet également de tester le fonctionnement de PHP CLI. Si elle retourne le numéro de version et non un message d'erreur, PHP CLI fonctionne.

Si vous ne trouvez pas PHP CLI, vous devez l'installer avant d'utiliser PHP. Reportez-vous à l'Annexe A pour suivre les instructions d'installation de PHP CLI.

Si vous envisagez d'utiliser PHP à la fois pour les sites Web et pour programmer, vous devez installer les deux programmes : la version site Web et la version PHP CLI. Ces deux programmes doivent être de même version. Autrement dit, si vous installez PHP 5.0.0 pour le Web, assurez-vous de bien utiliser PHP CLI 5.0.0. Lors de la procédure d'installation, supprimez le fichier nommé `php5ts.dll` dans le répertoire système, dans lequel peuvent se trouver les deux programmes PHP pour le Web et PHP CLI (voir l'Annexe A).

Configurer PHP

PHP est très flexible. Les paramètres de configuration définissent quelques comportements de PHP, comme l'affichage des messages d'erreur, et se trouvent dans le fichier `php.ini`. Vous pouvez modifier ces paramètres en éditant `php.ini`.

Une fois PHP installé, le fichier `php.ini` est créé, comme expliqué dans l'Annexe A. Si vous installez PHP vous-même, rappelez-vous où placer `php.ini`, car vous devez le modifier. Si vous utilisez PHP, mais qu'une autre personne est l'administrateur PHP (si vous faites appel à un hébergeur Web), vous n'aurez sans doute pas accès au fichier `php.ini`. Si vous devez effectuer quelque modification des paramètres PHP, vous devrez le demander à l'administrateur. Pour certains paramètres, vous pourrez ajouter des instructions dans vos scripts pour modifier de manière temporaire les paramètres de ce seul script. Tout au long de ce livre, je vous présenterai les instructions spécifiques qui permettent de modifier provisoirement ces paramètres.

Utiliser des outils pour construire des scripts PHP

Les scripts PHP ne sont que de simples fichiers texte. Vous pouvez utiliser votre outil préféré d'édition de fichiers texte pour écrire des scripts PHP comme vi, le Bloc-Notes ou WordPad. Cependant, il existe des outils qui facilitent l'écriture des scripts.

Il vaut mieux évaluer plusieurs éditeurs de programmation et des environnements de développement intégré avant de créer des scripts PHP. Ces outils offrent des fonctionnalités qui peuvent vous faire économiser du temps lors du développement. Aussi, téléchargez quelques démos, testez les logiciels et sélectionnez celui qui correspond le mieux à vos besoins.

Editeurs de programmation

Les éditeurs de programmation offrent beaucoup de fonctionnalités, en particulier pour les programmes d'écriture. La plupart des éditeurs de programmation comportent les fonctionnalités suivantes :

- **Mise en surbrillance par couleur** : Les parties mises en surbrillance du script telles que les balises HTML, les chaînes de texte, les mots clés et les commentaires sont dans différentes couleurs afin de les identifier facilement.
- **Indentation** : Les alinéas à l'intérieur des parenthèses et des accolades sont mis automatiquement pour faciliter la lecture des scripts.
- **Numérotation des lignes** : Ajoute des numéros de ligne, ce qui permet de spécifier la ligne où l'erreur s'est produite dans les messages d'erreur PHP. Compter 872 lignes en début de fichier pour retrouver la ligne dont PHP signale un problème peut s'avérer très fastidieux.
- **Fichiers multiples** : Permet d'ouvrir plusieurs fichiers à la fois.
- **Facilité d'insertion de code :** Des boutons d'insertion de code, comme des balises HTML ou des instructions ou fonctions PHP.
- **Bibliothèque de code** : Enregistrez des bouts de votre propre code que vous insérerez en cliquant sur un bouton.

De nombreux éditeurs de programmation sont disponibles sur Internet, gratuits ou à moindre coût. Les plus utilisés sont entre autres :

- **Arachnophilia** (www.arachnoid.com/arachnophilia/) : Cet éditeur multiplate-forme est écrit en Java. C'est un CareWare (logiciel de bienfaisance), ce qui signifie qu'il ne vous coûte rien.
- **BBEdit** (www.barebones.com/products/bbedit/index.shtml): Cet éditeur est conçu pour les Mac. Il coûte 179 euros. Le développement et la prise en charge ont été abandonnés pour BBEdit Lite, lequel est gratuit. Pour 49 euros, vous pouvez vous procurer TextWrangler, le remplaçant de BBEdit Lite.
- **EditPlus** (www.editplus.com) : Cet éditeur est dédié aux machines tournant sous Windows. C'est un shareware (partagiciel) dont la licence s'élève à 30 euros.
- **Emacs** (www.gnu.org/software/emacs/emacs.html) : Emacs fonctionne sous Windows, Linux et Unix. Il est gratuit.
- **HomeSite** (www.macromedia.com/software/homesite) : HomeSite fonctionne sous Windows et coûte 99 euros.
- **HTML-Kit** (www.chami.com/html-kit/) : C'est un autre éditeur pour Windows, mais cette fois il est gratuit.
- **vim et gvim** (www.vim.org/) : Ces versions gratuites et améliorées de vi peuvent être utilisées sur Windows, Linux, Unix et Mac OS. L'éditeur gvim présente une interface graphique qui mettra à l'aise les utilisateurs de Windows.

Environnement de développement Intégré (IDE, Integrated Development Environment)

Un environnement de développement intégré (IDE) est tout un espace de travail qui permet de développer des applications. Il comprend un éditeur de programmation et bien d'autres fonctionnalités dont :

- **Un débogueur** : Comporte des fonctionnalités intégrées de débogage.
- **Une fenêtre d'aperçu** : Affiche la sortie de la page Web par le script.
- **Test** : Comporte des fonctionnalités pour tester vos scripts.

- **FTP** : Présente la capacité intégrée de se connecter et de charger/télécharger via FTP. Suit les traces des fichiers qui appartiennent à tel site Web et maintient le site Web à jour.
- **Gestion de projet** : Classe les scripts par projet, gère les fichiers d'un projet ; comporte des fonctionnalités de vérification de fichiers et d'enregistrement.
- **Sauvegardes** : Effectue automatiquement des sauvegardes de votre site Web à des intervalles réguliers.

Les IDE sont plus difficiles à maîtriser que les éditeurs de programmation. Certains d'entre eux sont excessivement chers, mais la puissance de leurs fonctionnalités en vaut le prix. Les IDE sont particulièrement utiles à ceux qui écrivent des scripts pour la même application. Un IDE simplifie la coordination d'un projet et rend son code plus compatible.

Les IDE les plus courants sont les suivants :

- **Dreamweaver MX** (`www.macromedia.com/dreamweaver`) : Cet IDE est dédié aux plates-formes Windows et Mac. Il fournit des outils de couche visuelle de telle sorte que vous pouvez créer une page Web en glissant des éléments et en cliquant sur des boutons pour en insérer. Dreamweaver peut écrire du code HTML à votre place. Il inclut l'éditeur HomeSite afin que vous puissiez écrire votre propre code. Il peut également prendre en charge PHP. Dreamweaver coûte 399 euros.
- **Komodo** (`www.activestate.com/Products/Komodo`) : Komodo est dédié aux plates-formes Linux et Windows. Cet IDE est dédié aux langages open source (libre) dont Perl, Python et PHP. Il coûte 29,95 euros pour un usage privé et 295 euros pour un usage commercial.
- **Maguma** (`www.maguma.com`) : Maguma n'est disponible que pour Windows. Cet IDE est dédié à Apache, PHP et MySQL sur Windows. Il présente deux versions à différents prix : Maguma Studio Desktop et Maguma Studio Enterprise, lequel offre des fonctionnalités pour des sites énormes ayant plusieurs serveurs. Maguma Studio pour PHP est une version gratuite qui ne prend en charge que PHP.
- **PHPEdit** (`www.phpedit.net/products/PHPEdit/`) : Cet IDE gratuit est dédié à Windows.
- **Zend Studio** (`www.zend.com/store/products/zend-studio.php`) : Zend Studio est dédié aux plates-formes Linux et Windows. Il a été développé par les auteurs du moteur Zend, moteur de PHP. Ces auteurs connaissent parfaitement bien PHP. Zend Studio coûte 195 euros.

Consultez la page Web décrivant les éditeurs et IDE utiles pour PHP sur phpeditors.linuxbackup.co.uk. 111 éditeurs sont listés.

Chapitre 3

Ecrire son premier script PHP

Dans ce chapitre :

- Ecrire des instructions PHP.
- Ajouter des sections PHP dans des fichiers HTML.
- Ecrire des instructions de sortie PHP.
- Documenter les scripts.

Une instruction PHP indique à PHP d'effectuer une action. Un *script* PHP est une série d'instructions PHP. En théorie, un script peut contenir une instruction, mais, dans la pratique, il est peu vraisemblable qu'un script se compose d'une seule instruction. En général, vous allez écrire des scripts qui contiennent plusieurs instructions sur une rangée. PHP exécute les instructions les unes à la suite des autres jusqu'à la fin du script.

Les scripts vous permettent d'indiquer à PHP ce que vous voulez qu'il fasse. Vous pouvez lui indiquer d'afficher un certain texte sur telle page Web ou de stocker les données qu'un utilisateur a entrées dans un formulaire sur votre page Web. PHP effectue également des tâches qui n'ont aucun rapport avec les sites Web, comme par exemple sauvegarder tous les fichiers d'un répertoire sur votre disque dur. Vous pouvez écrire de simples scripts qui n'afficheront que `Hello` dans un navigateur Web, ou bien des scripts compliqués qui afficheront différentes choses dans le navigateur Web en fonction des visiteurs, ou encore qui demanderont un mot de passe aux internautes et refuseront l'accès à ceux qui n'en ont pas entré un valide. Les applications sont souvent composées de deux ou plusieurs scripts qui fonctionnent ensemble pour accomplir une tâche donnée. Une grande application compliquée, comme une application e-commerce, se compose de plusieurs scripts.

Dans ce chapitre, je vous expliquerai comment écrire votre premier script. Je vous présenterai également les instructions de sortie, qui sont les instructions PHP les plus courantes. Enfin, je vous expliquerai pourquoi il est important de documenter votre script.

Ecrire des instructions PHP

Une instruction PHP indique à PHP de réaliser une action. L'une des instructions les plus courantes est l'instruction `echo`. Elle affiche une sortie. Jetez un œil à l'instruction `echo` suivante :

```
echo "Salut";
```

Une instruction `echo` indique d'afficher tout ce qui se trouve entre les guillemets ("). Aussi, cette instruction indique-t-elle à PHP d'afficher le mot `Salut`.

L'instruction `echo` est une simple instruction. Ce type d'instruction PHP se termine par un point-virgule (;). PHP lit une simple instruction jusqu'au point-virgule (ou la balise de fin PHP présentée plus loin dans ce chapitre). PHP ignore les espaces, tout comme le nombre de lignes. Il ne tient compte ni du contenu ni de la syntaxe d'une instruction. Il se contente de lire jusqu'à ce qu'il trouve un point-virgule, puis interprète tout le contenu comme une simple instruction.

ATTENTION !

L'omission du point-virgule est une erreur courante, générant un message d'erreur comme suit :

```
Parse error: expecting `','' or `';'' in file.php on line 6
```

Remarquez que le message d'erreur vous indique le numéro de ligne où l'erreur s'est produite. En général, l'erreur consiste à oublier le point-virgule dans la ligne avant la ligne indiquée. Dans cet exemple, le point-virgule est sans doute omis à la ligne 5.

TRUC

Utilisez un éditeur qui affiche les numéros de ligne. Vous déboguerez plus facilement vos scripts PHP. Sinon, vous serez contraint de compter les lignes du script pour repérer la ligne contenant l'erreur. Si votre script tient sur six lignes, ce n'est pas grave. Mais s'il contient 533 lignes, cette tâche sera laborieuse. Quelques éditeurs vous indiquent le numéro et vous placent directement à la ligne.

En PHP, tout un script d'instructions simples peut être écrit sur une seule ligne à condition que les instructions soient séparées par des points-virgules. Toutefois, un être humain mettra un temps fou à lire un tel script. C'est pourquoi mettez de simples instructions sur des lignes séparées.

Quelquefois, plusieurs instructions sont combinées en un bloc, lequel est mis entre accolades ({}). Les instructions dans un bloc s'exécutent ensemble. Un bloc permet généralement d'exprimer une instruction conditionnelle où les instructions sont exécutées si, et seulement si, certaines conditions sont remplies. Par exemple, vous pouvez inclure les instructions suivantes :

```
if (heure = minuit)
{
  mettre pyjama;
  se laver dents;
  aller au lit;
}
```

Les instructions sont mises entre accolades pour qu'elles s'exécutent en tant que bloc. S'il est minuit, les trois actions citées dans le bloc se réaliseront. S'il n'est pas minuit, aucune de ces trois instructions ne s'exécutera (ne pas mettre son pyjama, ne pas se laver les dents, ne pas aller au lit).

Les instructions PHP qui utilisent un bloc, telles que les instructions `if`, sont dites *instructions complexes*. PHP lit toute l'instruction complexe sans s'arrêter au premier point-virgule. PHP sait reconnaître un ou plusieurs blocs et recherche l'accolade de fin du dernier bloc. Notez la présence d'un point-virgule avant l'accolade de fin. Ce point-virgule est nécessaire, mais il n'est pas obligatoire d'en mettre un après une accolade de fin.

Remarquez que les instructions à l'intérieur du bloc sont indentées. L'indentation n'est pas nécessaire en PHP. Elle permet simplement une meilleure lisibilité. Vous pouvez indenter les instructions d'un bloc afin que les personnes qui lisent votre script puissent repérer plus facilement le début et la fin du bloc. L'une des erreurs les plus courantes consiste à oublier de mettre l'accolade de fin, notamment si vous écrivez des blocs à l'intérieur de blocs qui sont dans des blocs. Rechercher une accolade manquante est plus facile lorsque les blocs sont indentés.

Construire des scripts

Pour construire un script, vous allez ajouter des instructions PHP l'une après l'autre dans un fichier que vous nommerez avec une extension `.php`. En fait, si vous êtes prudent, vous ferez un brouillon papier de votre script, à moins que le script ne soit très simple ou que vous soyez assez expérimenté. Le brouillon de votre script vous évitera de faire des erreurs.

Si vous écrivez un script pour votre site Web, insérez les instructions PHP dans le fichier qui contient le HTML de vos pages Web. Si vous écrivez un script qui s'exécute indépendamment du Web, entrez vos instructions PHP dans un fichier, puis exécutez le script en utilisant directement PHP. Dans les sections suivantes, je vous explique comment procéder.

Ajouter des instructions PHP dans des pages HTML

Si vous créez votre site Web en PHP, vous allez ajouter le code PHP dans vos pages HTML. Les fichiers HTML qui contiennent le code PHP doivent avoir une extension `.php` afin que le serveur Web puisse interpréter le code PHP du fichier. (En fait, l'administrateur du serveur Web peut avoir spécifié d'autres extensions telles que `.php4` ou `.phtml` pour indiquer que le fichier contient du code PHP. Mais `.php` reste l'extension la plus courante. Dans ce livre, je suppose que l'extension est `.php`.)

Vous allez ajouter le code PHP dans vos pages Web en utilisant des balises similaires, mais non identiques, aux autres balises du fichier HTML. La section de code PHP est encadrée de balises PHP et à la forme suivante :

```
<?php
. . .
instructions PHP
. . .
?>
```

Vous pouvez utiliser une version plus courte des balises PHP. Essayez `<?` et `?>`, sans le `php`. Si les balises courtes sont activées, vous ferez une petite économie de frappe. Activez ou désactivez les balises courtes dans le fichier `php.ini`.

Utiliser des balises courtes n'est pas forcément pertinent. Si vous déplacez votre site sur un serveur où les balises ne sont pas activées, toutes vos balises PHP ne fonctionneront plus. Par conséquent, si vous envisagez un jour de déplacer votre site, mieux vaut utiliser des balises régulières.

Toutes les instructions entre les deux balises PHP sont transmises à PHP par le serveur Web et traitées par le préprocesseur PHP. Après traitement, la section est abandonnée. Si l'instruction PHP produit une sortie, cette dernière est renvoyée au serveur Web, lequel envoie le HTML et la sortie des sections PHP au navigateur. Le navigateur ne voit pas la section PHP, mais seulement sa sortie (s'il y en a une).

Vous pouvez ajouter par exemple la section PHP suivante dans un fichier HTML. N'oubliez pas de donner une extension `.php` au fichier HTML.

```
<?php
   echo "Cette ligne est retournée par PHP";
?>
```

Lorsque le serveur Web récupère le fichier et voit l'extension `.php`, il recherche les balises PHP. Lorsqu'il trouve une balise PHP, il exécute l'instruction PHP `echo` au lieu de l'envoyer au navigateur. Seule la sortie de la section PHP, qui dans cet exemple est `Cette ligne est retournée par PHP`, est envoyée au navigateur. Dans la fenêtre de votre navigateur, vous verrez la sortie là où vous avez ajouté la section PHP dans la page. Même si vous visualisez le source dans le navigateur, vous ne verrez afficher que la sortie et non le code PHP.

N'ouvrez pas directement le fichier PHP dans le navigateur. Autrement dit, ne sélectionnez pas Fichier/Ouvrir/Parcourir dans votre navigateur pour rechercher le fichier et cliquer dessus. Vous devez pointer sur le fichier en entrant son URL, comme expliqué au Chapitre 2. Si vous voyez apparaître du code PHP (et non sa sortie) dans la fenêtre du navigateur, vous n'avez pas pointé sur le fichier en entrant son URL.

Vous pouvez ajouter plusieurs sections PHP dans une page Web. Par exemple, vous pouvez avoir le code suivant :

```
Instructions HTML
<?php
   echo "Cette ligne est retournée par PHP";
?>
instructions HTML
<?php
   echo "Cette ligne est retournée par PHP";
?>
```

Les deux lignes contenant l'instruction `echo` apparaissent dans votre page Web, là où vous avez inséré les sections PHP.

Comment le serveur traite les fichiers PHP

Lorsqu'un navigateur pointe sur un fichier HTML standard dont l'extension est `.htm` ou `.html`, le serveur Web envoie le fichier tel quel au navigateur. Le navigateur traite le fichier et affiche la page Web qui est décrite par les balises HTML dans le fichier. Lorsqu'un navigateur est pointé sur un fichier PHP (un fichier ayant une extension `.php`), le serveur Web recherche les sections PHP dans le fichier, puis les traite au lieu de les envoyer telles quelles au navigateur. Les étapes que suit le serveur Web pour traiter le fichier PHP sont les suivantes :

1. **Le serveur Web commence par analyser le fichier en mode HTML.**

   Il suppose que les instructions sont en HTML et les envoie au navigateur sans les avoir traitées.

2. **Le serveur Web continue son analyse en mode HTML jusqu'à ce qu'il trouve une balise d'ouverture PHP (<?php>).**

3. **Lorsque le serveur Web trouve une balise d'ouverture PHP, il passe en mode PHP.**

   Le serveur Web suppose que toutes les instructions suivantes sont des instructions PHP et les exécute. S'il y a une sortie, le serveur l'envoie au navigateur.

4. **Le serveur Web reste en mode PHP jusqu'à ce qu'il trouve une balise de fin PHP (?>).**

5. **Lorsque le serveur Web rencontre une balise de fin PHP, il retourne en mode HTML.**

Il reprend ensuite l'analyse et recommence tout à l'étape 1.

Utiliser PHP en tant que langage de programmation

Pour utiliser PHP en tant que langage de script, indépendant du Web, vous allez utiliser la version de PHP appelée CLI (Command Line Interface). PHP CLI est une version différente de celle utilisée avec un serveur Web (généralement appelée PHP CGI). PHP CLI est créé séparément lors de l'installation de PHP. Reportez-vous aux instructions sur l'installation de la version CLI de l'Annexe A.

Si vous envisagez d'utiliser la version CLI, votre machine doit sans doute tourner sous Linux ou Unix. Les programmeurs Windows semblent avoir moins besoin d'écrire des scripts PHP génériques, mais ils peuvent le faire. Dans cette section, je vous explique comment procéder sous Linux/Unix, mais la plupart des informations que je vous donne sont également valables pour Windows (à quelques exceptions près ; dans ce cas, je vous l'indique).

Un script PHP épouse la syntaxe suivante :

```
<?php
   echo "Cette ligne est retournée par PHP";
?>
```

Si vous avez un fichier appelé `testcli.php` contenant ce code PHP, vous pouvez l'exécuter en ligne de commande avec le fichier dans le même répertoire que PHP et en tapant ce qui suit :

```
php testcli.php
```

Ou bien entrez le nom entier du chemin vers PHP, comme suit :

```
/usr/local/php/cli/php testcli.php
```

Pour Windows, passez par l'invite de commande. Pour cela, sélectionnez l'entrée appropriée dans votre menu. En général, sélectionnez Démarrer/Programmes/Accessoires/Invite de commandes.

La version CLI de PHP diffère de la version CGI en plusieurs points :

- **Affichage des en-têtes http :** Comme la version CGI envoie sa sortie au serveur Web, puis au navigateur, elle affiche en sortie les en-têtes HTTP (instructions qu'utilisent le serveur et le navigateur Web pour communiquer). Par conséquent, la sortie du script de l'exemple précédent prend la forme suivante lorsque le script est exécuté avec la version CGI :

```
Content-type: text/html
X-Powered-By: PHP/5.0

Cette ligne est retournée par PHP
```

Vous ne verrez pas apparaître les deux en-têtes sur la page Web, mais PHP pour le Web les envoie, car le serveur Web en a besoin. En revanche, la version CLI n'envoie pas automatiquement les en-têtes http,

Lancer des scripts PHP sur Linux/Unix

L'exécution de scripts PHP s'apparente à celle de scripts shell ou Perl sur Linux/Unix. Vous pouvez ajouter une ligne en début de script pour que le script se lance directement avec PHP CLI, sans faire appel manuellement à PHP :

```
#! /usr/bin/php
<?php
   echo "Cette ligne est retournée par PHP";
?>
```

La première ligne indique que le script doit s'exécuter en utilisant le programme qui se trouve dans `/usr/bin/php`. Cette ligne ne fonctionne pas sous Windows et n'aura aucun effet. Cependant, elle fonctionnera mieux sous Unix/Linux.

Exécutez le script en entrant son nom (il doit se situer dans le même répertoire que le programme, à moins qu'il ne soit dans un répertoire sur votre chemin système) ou encore entrez son nom de chemin dans le script PHP. Par exemple, si le script précédent est appelé `test.php`, vous pouvez l'exécuter en entrant ce qui suit :

```
test.php
```

ou encore en entrant le chemin entier :

```
/mesdocs/test.php
```

Vous devez donner l'autorisation d'exécuter le fichier, si vous n'avez pas d'autre script à exécuter directement.

car il n'envoie pas sa sortie au serveur Web. La version CLI sera donc réduite à la sortie suivante :

```
Cette ligne est retournée par PHP
```

- **Formatage des messages d'erreur** : La version CGI formate les messages d'erreur avec des balises HTML, car ces erreurs sont censées être envoyées à un navigateur. La version CLI ne formate pas en HTML les messages d'erreur, mais les affiche en texte.

- **Variables argc et argv par défaut** : Les variables `argc` et `argv` vous permettent de fournir des données au script en ligne de commande (tout comme en C et dans d'autres langages). Vous n'allez sans doute pas transmettre des données dans la version CGI, mais vous le ferez dans la version CLI. Par conséquent, `argv` et `argc` sont disponibles par défaut dans la version CLI et non dans la version CGI. (Les variables `argv` et `argc` intégrées sont présentées au Chapitre 5.)

Lorsque vous exécutez PHP CLI en ligne de commande, vous pouvez utiliser plusieurs options qui affectent le comportement de PHP. Par exemple, l'option `v` affiche la version de PHP que vous allez utiliser. Pour activer cette option, entrez :

```
php -v
```

Le Tableau 3.1 présente les options en ligne de commande les plus utiles de PHP.

Tableau 3.1 : Les options PHP en ligne de commande.

Option	Ce qu'elle fait
`c`	Définit le chemin vers le fichier php.ini à utiliser. Ce fichier peut être différent de celui utilisé par la version CGI. Par exemple, `c /usr/local/php/cli/php.ini`. (Reportez-vous à l'Annexe A pour de plus amples informations sur `php.ini`.)
`f`	Identifie le script à exécuter, comme par exemple `php -f /mesfichiers/testcgi.php`.
`h`	Affiche un fichier d'aide.
`i`	Affiche des informations sur PHP en texte. Ce sont les mêmes informations que `phpinfo()` (présenté au Chapitre 2).
`l`	Recherche les erreurs dans le fichier script, mais n'exécute pas le code.
`m`	Liste les modules qui sont compilés en PHP (reportez-vous au Chapitre 14 pour de plus amples informations sur les modules).
`r`	Exécute le code PHP entré en ligne de commande. Par exemple, `php -r 'print('Hi');'`.
`v`	Affiche le numéro de version de PHP.

Ecrire votre premier script

La tradition veut que le premier programme que l'on écrit dans n'importe quel langage soit le programme `Hello World`. Aussi, avez-vous sans doute écrit votre premier programme HTML `Hello World`. Dans ce cas, le code devait ressembler au fichier HTML suivant :

```
<html>
<head><title>Hello World HTML Program</title></head>
<body>
<p>Hello World!</p>
</body>
</html>
```

Si votre navigateur pointe sur ce programme HTML, vous verrez apparaître dans la fenêtre du navigateur une page Web qui affiche la sortie :

```
Hello World!
```

Votre premier script PHP va faire exactement la même chose. Le script PHP ci-dessous comporte du code HTML et PHP, et affichera `Hello World!` dans la fenêtre du navigateur :

```
<html>
<head><title>Hello World Script</title></head>
<body>
<?php
  echo "<p>Hello World!</p>"
?>
</body>
</html>
```

Si votre navigateur pointe sur ce script, il affichera la même page Web que le script HTML.

N'ouvrez pas ce fichier directement dans votre navigateur. Autrement dit, ne sélectionnez pas Fichier/Ouvrir/Parcourir dans le menu du navigateur pour ouvrir le fichier. Vous devez entrer son URL, comme expliqué au Chapitre 2. Si vous voyez apparaître le code PHP et non sa sortie dans la fenêtre du navigateur, c'est que vous n'avez pas ouvert le fichier en passant par l'URL.

Ce script PHP comporte une section PHP qui se compose du code suivant :

```
<?php
  echo "<p>Hello World!</p>"
?>
```

Les balises PHP encadrent une seule instruction, `echo`, qui exécute la sortie du texte mis entre guillemets.

Une fois cette section PHP traitée, elle est remplacée par la sortie. Dans ce cas, la sortie prend la forme suivante :

```
<p>Hello World!</p>
```

Si vous remplacez la section PHP dans la version HTML de `Hello World` par la sortie précédente, le script ressemblera à un programme HTML. Si votre navigateur pointe sur l'un de ces programmes, vous verrez afficher la même page Web. Si vous examinez le code source que le navigateur lit (dans le navigateur, sélectionnez Affichage/Source), vous verrez apparaître le même code source listant les deux programmes.

Instructions de sortie

Dans le script `Hello World`, créé dans la section précédente, vous avez utilisé l'instruction `echo`, une instruction de sortie. Les instructions de sortie apparaissent dans quasiment tous les scripts PHP. Rares sont les scripts qui effectuent quelque chose sans en afficher la sortie. En fait, un script peut effectuer des tâches en arrière-plan, comme rechercher un certain fichier sur tout votre disque dur. Cependant, cette recherche s'avère vaine, si le script ne vous indique pas qu'il a trouvé le fichier en question. Vous voudrez sans doute savoir ce qu'il examine, quand il a terminé sa recherche et s'il a ou non trouvé le fichier. C'est pourquoi quasiment tous les scripts exécutent des instructions de sortie.

Le format de l'instruction `echo` est le suivant :

```
echo élément1,élément2,élément3, . . .
```

Tenez compte des éléments suivants lorsque vous travaillez avec des instructions `echo` :

- Un *élément* est un nombre ou une chaîne de caractères. Les nombres sont purement numériques comme 1 ou 250. Mais une chaîne de caractères peut inclure des nombres. Reportez-vous à la section sur les types de données du Chapitre 5.
- Mettez entre guillemets ou apostrophes la chaîne de caractères (voir le Chapitre 5).
- Listez autant d'*éléments* que nécessaire.
- Séparez chaque *élément* du suivant par une virgule. Aucun espace entre les éléments.
- Si vous insérez un espace dans votre sortie, ajoutez-le en tant que caractère dans une chaîne de caractères.

Le Tableau 3.2 présente quelques instructions `echo` et leur sortie.

Tableau 3.2 : Instructions echo.

Instruction echo	Sortie
`echo 123;`	`123`
`echo "Hello World!";`	`Hello World!`
`echo "Hello","World!";`	`HelloWorld!`
`echo "Hello"," ","World!";`	`Hello World!`
`echo Hello World!;`	Non valide, car la chaîne n'est pas mise entre guillemets, ce qui génère un message d'erreur.
`echo 'Hello World!';`	`Hello World!`

Traitement des instructions de sortie PHP

Le script `Hello World`, comme quasiment tous les scripts pour le Web, est principalement écrit dans un code de sortie HTML que le navigateur traite et affiche dans votre page Web. Lorsque vous écrivez du code PHP en vue de l'afficher dans un navigateur Web, vous devez impérativement suivre deux étapes :

1. **PHP traite l'instruction PHP et envoie la sortie au serveur Web, lequel envoie la sortie au navigateur.**

PHP ignore le code HTML et envoie tout simplement la sortie en fonction des instructions que vous avez écrites dans l'instruction PHP de sortie.

2. **Le navigateur reçoit la sortie de PHP, l'interprète comme des instructions HTML et affiche une page Web.**

   Le navigateur Web ne comprend que le HTML, et non le code PHP, aussi vérifiez bien que la sortie PHP est compréhensible au navigateur Web.

Prenez l'exemple de l'instruction `echo` dans le script `Hello World` :

```
echo "<p>Hello World!</p>"
```

L'instruction `echo` signale qu'il faut afficher quelque chose qui se situe entre les guillemets (??). Aussi, dans cet exemple :

1. **Lorsque PHP traite l'instruction** `echo`**, il affiche :**

```
<p>Hello World!</p>
```

   PHP ne comprend pas le HTML. Il ne sait pas que `<p>` est une balise HTML et ne traite pas `<p>` comme une instruction. Il affiche l'instruction comme s'il s'agissait d'un texte.

2. **Le navigateur Web reçoit la sortie, reconnaît la balise HTML** `<p>`**, et affiche la sortie dans la page Web en fonction des balises HTML. Vous verrez alors apparaître dans la page Web :**

```
Hello World!
```

   Les balises HTML `<p>` et `</p>` indiquent le début et la fin d'un paragraphe et sont interprétées par le navigateur, mais elles ne sont pas affichées à l'écran. Pour visualiser ce que PHP a envoyé au navigateur, c'est-à-dire le code source, passez par le menu de votre navigateur. Par exemple, dans Internet Explorer 5.5, sélectionnez Affichage/Source. Dans l'exemple de cette page Web, le code source sera :

```
<p>Hello World!</p>
```

Utiliser des caractères spéciaux dans les instructions de sortie

L'instruction echo interprète certains caractères spéciaux qui affectent la sortie. Une combinaison courante de caractères spéciaux est \n, qui insère une nouvelle ligne dans la sortie d'une instruction echo. Par exemple, dans la ligne suivante :

```
echo "<p>Hello\n World!</p>"
```

\n indique à PHP que la sortie doit commencer à une nouvelle ligne. Cependant elle n'affecte pas la page Web. Pour afficher une nouvelle ligne dans la page Web, vous devez envoyer le code HTML de cette nouvelle ligne avec <br>. Par conséquent, pour visualiser la sortie sur deux lignes dans la page Web, utilisez l'instruction suivante :

```
echo ?<p>Hello<br> World!</p>?
```

Le Tableau 3.3 présente les différentes sorties de l'instruction echo à l'étape 1 (étape de la sortie PHP) et à l'étape 2 (étape où le navigateur Web affiche l'instruction). La première colonne contient l'instruction echo utilisée dans un script PHP. La deuxième représente la sortie envoyée par PHP au navigateur. La troisième correspond à la sortie affichée dans la page Web une fois que la sortie PHP a été interprétée par le navigateur comme étant du code HTML.

Tableau 3.3 : Les étapes de l'affichage de la page Web.

Instruction echo	Sortie PHP	Affichage de la page Web
echo"Hello World!";	Hello World !	Hello World
echo "Hello";		
echo "World!";	HelloWorld!	HelloWorld
echo"Hello\nWorld!";	Hello World!	HelloWorld
echo"Hello World!";	Hello World	Hello World
echo"Hello \nWorld!";	Hello World!	Hello World

Notez où sont placés les espaces dans la sortie. La première instruction echo inclut un espace, donc la sortie a un espace. La deuxième ligne comporte deux instructions, mais aucune ne contient d'espace, aussi aucun espace n'apparaît dans la page Web. La troisième ligne affiche un espace dans la page, même si l'instruction echo ne contient aucun espace. Cet espace est ajouté par le navigateur lorsqu'il lit la sortie PHP comme du HTML. Dans le HTML, la nouvelle ligne n'est pas affichée comme une nouvelle ligne, il l'interprète comme un simple espace.

Utilisez \n comme bon vous semble. Autrement, votre code source HTML risque d'être très long. Si votre page ne s'affiche pas correctement, vous devrez résoudre le problème dans le code source de la page Web. Tâche laborieuse ! Utilisez \n pour décomposer le code source HTML en un certain nombre de lignes. Vous gagnerez un temps précieux pour dépanner une page Web en ajoutant ces quelques lignes <br>. En outre, certains navigateurs ne traitent pas très bien des lignes trop longues.

PHP exécute les instructions de sortie comme on le lui dit. Peu importe que la sortie soit destinée au Web ou affichée à l'écran. C'est à vous qu'il incombe de déterminer le type de sortie dont vous avez besoin. Si vous écrivez des scripts PHP pour le Web, insérez la sortie dans des instructions HTML. Si vous écrivez un code pour des scripts indépendants, exécutés à l'extérieur de l'environnement Web, la sortie doit être au format plein texte pour s'afficher à l'écran.

Documenter le script

Les *commentaires* sont la description de votre script, ce qu'il fait et comment. Plus votre code est long et compliqué ou plus il est particulier, plus vous devez le commenter. Au bout d'une vingtaine d'heures passées dans la journée sur un script, vous supposez qu'il est bien gravé dans votre mémoire. Mais, croyez-moi, si vous relisez un script écrit il y a deux ans, vous risquez de ne pas le reconnaître et en conclure qu'il a été écrit par un autre. Il est d'ailleurs parfaitement possible qu'au bout de deux ans une autre personne l'ait retouché.

Les *commentaires* sont des notes imbriquées dans le script lui-même. PHP ignore les commentaires ; ils sont destinés aux programmeurs. Vous pouvez insérer n'importe où des commentaires à partir du moment où vous indiquez à PHP que ce sont des commentaires. Les commentaires prennent le format suivant :

```
/*  texte de commentaire
plus de commentaires */
```

Vos commentaires peuvent être aussi longs ou courts que vous le voulez. Lorsque PHP lit du code qui indique le début d'un commentaire (/*), il ignore tout ce qu'il contient entre le début et la fin du commentaire (*/).

Il est d'usage et utile de placer un bloc de commentaires en haut d'un script expliquant ce que fait le script. Voici un exemple de commentaires en haut d'un script :

```
/*  nom:         hello.php
    description: Affiche "Hello World!" sur une page Web.
    auteur:  Joe Programmer
    créé:     2/1/03
    modifié:    3/15/03
*/
```

PHP dispose également d'un format court de commentaire. Vous pouvez spécifier qu'une seule ligne est un commentaire à l'aide du # ou de deux barres obliques (//), comme suit :

```
# Ceci est la ligne de commentaire 1
// Ceci est la ligne de commentaire 2
```

Vous pouvez également insérer # ou // au milieu d'une ligne pour signaler le début d'un commentaire. PHP ignorera tout ce qui se trouve entre le # ou // et la fin de la ligne. Cette solution est pratique pour commenter une instruction particulière, comme :

```
echo "Hello";  // ceci est ma première instruction de sortie
```

Les commentaires en PHP ne sont pas intégrés dans le code HTML envoyé au navigateur de l'utilisateur. L'utilisateur ne peut donc pas les voir.

Des commentaires descriptifs comme le titre des sections du code sont utiles :

```
/* Vérifie si le client a plus de 18 ans */
/* Stocke l'information dans la base de données */
/* Recherche le nom de fichier sélectionné */
```

Si vous souhaitez souligner un commentaire, utilisez le format suivant :

```
#########################################
## Vérifiez deux fois cette section ##
#########################################
```

Les commentaires permettent de clarifier les scripts. Toutefois, n'en faites pas trop. Ne commentez pas toutes les lignes ou tout ce que vous faites dans votre script. Si votre script abonde de commentaires, tous les commentaires les plus importants seront noyés dans la masse. Mettez des commentaires pour donner des titres aux sections et pour expliquer du code qui semble sortir de l'ordinaire ou compliqué, et non du code qui semble évident. Par exemple, le commentaire précédent qui portait sur l'instruction `echo` n'était pas des plus utiles. Le code était clair en lui-même, un commentaire n'était pas utile.

Faites attention à ne pas mélanger vos commentaires. Par exemple, si vous imbriquez un commentaire d'une section dans une autre, PHP ne le traitera pas. Un commentaire comme celui ci-dessous ne fonctionne pas :

```
/* Ceci est le premier commentaire.
   /* Ce commentaire est imbriqué dans le précédent */
*/
```

PHP détecte l'ouverture `/*` du premier commentaire et ignore tout ce qui se trouve entre l'ouverture et le premier `*/`. Il va donc ignorer le second `/*`, car il le considère comme faisant partie du premier commentaire. Le commentaire se termine après le premier `*/`. PHP va générer un message d'erreur lorsqu'il atteindra le second `*/`. Il ne le reconnaîtra pas comme une fin de commentaire, car il n'est pas en mode commentaire.

Deuxième partie

Variables et données

"Désolée, mais les noms de domaines "tootoo", "oua-oua" sont déjà enregistrés. Que pensez-vous de "meuh", "coin-coin" ?"

Dans cette partie...

Cette partie est consacrée aux variables dans PHP. Je vous explique comment les créer et les utiliser. Je vous présente également les types de données qui peuvent être stockés dans ces variables et vous montre comment stocker ces différents types. Enfin, je vous explique comment stocker des données associées dans des variables complexes appelées *tableaux*.

Chapitre 4

Utiliser des variables dans des scripts PHP

Dans ce chapitre :

- Nommer les variables.
- Attribuer des valeurs aux variables.
- Supprimer des variables.
- Utiliser des constantes.
- Gérer les erreurs.

Les *variables* sont des conteneurs qui stockent des informations. Pour utiliser des variables, vous devez leur donner un nom, puis placer des informations à l'intérieur. Par exemple, vous pouvez nommer une variable `$age` et y stocker le nombre `21`.

Lorsque vous utilisez PHP dans une application Web, les variables vous permettent d'enregistrer des informations, comme par exemple le nom que les utilisateurs entrent dans un formulaire HTML. Vous pouvez ensuite utiliser les variables plus loin dans le script pour personnaliser une page Web en affichant le nom de l'utilisateur, comme `Bienvenue Pierre Martin`.

Dans ce chapitre, vous allez découvrir comment créer des variables, les nommer et y stocker des informations. Vous allez également apprendre à gérer des erreurs.

Nommer des variables

Les noms de variables ou *identifieurs* doivent être très descriptifs. Ne nommez pas vos variables `$var1`, `$var2`, `$var3`, et ainsi de suite. Ce type de nom peut sembler assez simple, mais, au bout de deux ans, vous risquez d'avoir complètement oublié le type d'information que contiennent ces variables. PHP ne s'en préoccupe pas, mais des utilisateurs mettront un temps considérable à comprendre le script. Essayez de simplifier autant que possible vos scripts en donnant des noms descriptifs à vos variables tels que `$Prénom`, `$nom-répertoire` ou `$DatedeNaissance`.

Pour nommer des variables, respectez les règles suivantes :

- **Tous les noms de variables commencent par un signe dollar ($).** Ce signe indique à PHP qu'il s'agit d'un nom de variable.
- **Le nom de variable peut être de n'importe quelle longueur**.
- **Un nom de variable peut comporter des lettres, des chiffres et des underscores.**
- **Un nom de variable doit commencer par une lettre ou un underscore. Il ne peut pas commencer par un chiffre**.
- **Les lettres en majuscules et en minuscules ne sont pas considérées comme identiques.** `$villepréférée` et `$Villepréférée` ne sont pas les mêmes variables. Si vous stockez des informations dans `$Villepréférée`, vous ne pourrez pas les récupérer dans le script si vous utilisez le nom de variable `$villepréférée`.

Les noms de variables suivants sont valides :

```
$_nom
$prénom
$nom3
$nom_3
```

Les noms de variables ci-dessous génèrent des messages d'erreur :

```
nom
$nom?
$prénom+
$prénom.
```

Le premier nom n'est pas valide, car il ne commence ni par une lettre ni par un underscore. Les trois derniers exemples ne sont pas valides, car ils contiennent des caractères autres que des chiffres, des lettres et des underscores.

Vous pouvez donner des noms descriptifs à vos variables en associant deux mots avec un underscore ou en mettant une majuscule pour signaler le début de nouveaux mots (généralement appelés *camel caps*, littéralement "bosses de chameau", terme qui n'a pas d'équivalent actuellement en français), comme suit :

```
$nom_famille
$nomFamille
```

Cette manière de nommer les variables facilite la lecture de vos scripts pour les autres programmeurs. En règle générale, un nom de variable commence par une minuscule. Choisissez le style que vous préférez et appliquez-le au reste de votre script par souci de cohérence.

Attribuer des valeurs aux variables et afficher ces valeurs

Les variables peuvent contenir aussi bien des nombres que des chaînes de caractères. Une variable peut ou non être définie, de même qu'elle peut ou non contenir des informations. Même si une variable ne contient effectivement aucune information, elle peut toujours être définie. Evidemment, si une variable contient des informations, elle est définie.

Dans les sections suivantes, je vais vous expliquer comment créer des variables, leur affecter des valeurs et afficher ces valeurs.

Créer des variables

Vous créez une variable en y stockant des informations.

Pour enregistrer des informations dans une variable, utilisez le signe égal (=). Par exemple, les quatre instructions PHP ci-dessous attribuent des informations à des variables :

```
age = 21;
$prix = 20.52;
$temperature = -5;
$nom = "Clark Kent";
```

Dans ces exemples, notez que les nombres ne sont pas mis entre guillemets, contrairement aux noms qui sont des chaînes de caractères. Les guillemets indiquent à PHP que les caractères correspondent à une chaîne que PHP traite comme une unité. Sans les guillemets, PHP ne reconnaît pas les caractères en tant que chaîne et ne les traitera pas correctement. Reportez-vous au Chapitre 5 pour de plus amples informations sur les différents types de données et leur utilisation.

Si vous placez des informations dans une variable qui n'était pas définie précédemment, vous créez cette variable. Supposez que vous mettiez les instructions PHP suivantes au début de votre script :

```
$couleur = "bleu";
$couleur = "rouge";
```

Si vous mentionnez pour la première fois la variable `$couleur` dans la première instruction, cette instruction crée la variable et le paramètre à `bleu`. L'instruction suivante passe la valeur de `$couleur` à `rouge`.

Vous pouvez stocker la valeur d'une variable dans une autre, comme dans les instructions suivantes :

```
$nom1 = "Sally";
$nom2 = "Susan";
$nom_préféré = $nom2;
```

Une fois ces instructions exécutées, la variable `$nom_préféré` contient la valeur `"Susan"`.

Vous pouvez créer une variable sans enregistrer d'informations. Par exemple, l'instruction ci-dessous crée une variable !

```
$ville = "";
```

Cette variable est définie, mais ne contient aucune valeur. Reportez-vous au Chapitre 5 pour de plus amples informations sur les différents types de données que l'on peut stocker dans une variable.

Afficher les valeurs d'une variable

L'instruction `print_r` vous permet d'afficher la valeur d'une variable comme suit :

```
$jour = "dimanche";
print_r($jour);
```

La sortie de ces instructions est `dimanche`.

Vous pouvez également afficher la valeur à l'aide de l'instruction `echo`. Si vous insérez les instructions PHP suivantes dans une section PHP :

```
$age = 21;
echo $age;
```

la sortie sera 21.

L'utilisation d'une instruction `echo` avec une seule variable génère la même sortie de base qu'une instruction `print_r`. Toutefois, l'instruction `echo` vous permet d'effectuer la sortie de plusieurs éléments, dont les nombres et les chaînes. Supposez que la variable `$nom` contienne la valeur Clark Kent et que vous insériez dans un fichier HTML la ligne suivante :

```
<p>Bienvenue <?php echo $nom ?></p>
```

La page Web affichera :

```
Bienvenue Clark Kent
```

Si vous utilisez une variable qui n'est pas définie, vous récupérerez un message d'erreur. Supposez que vous comptez afficher `$age`, mais que vous avez malencontreusement tapé :

```
echo $aeg;
```

Vous verrez apparaître une notification de type :

```
Notice: Undefined variable: aeg in c:\testvar.php on line 5
```

Cette notification vous indique que vous utilisez une variable qui n'a pas encore de valeur. Elle s'avère très utile, car elle repère immédiatement votre erreur de frappe. Cependant, dans certains cas, vous n'allez pas faire d'erreur de frappe. Par exemple, vous pouvez utiliser délibérément une variable dans une instruction conditionnelle (voir Chapitre 7). Le script peut très bien fonctionner, le seul problème sera cette notification. Vous pouvez alors empêcher l'affichage de ladite notification en plaçant un arobas (@) devant le nom de la variable. Si vous ne souhaitez pas voir apparaître de notification, utilisez l'instruction suivante :

```
echo @$aeg;
```

Comme l'arobas @ désactive le message d'erreur et que la variable n'est pas définie, l'instruction echo n'affiche rien.

ATTENTION !

Ne désactivez aucun message d'erreur que vous ne comprenez pas. Assurez-vous de bien comprendre l'erreur et vérifiez qu'elle n'affectera pas votre programme avant de désactiver son message. Le message peut très bien signifier que votre script présente un problème que vous devez résoudre, tel qu'une erreur de frappe dans le nom de la variable de l'exemple précédent.

NOTE TECHNIQUE

De nombreux programmes exigent que vous créiez une variable avant de l'utiliser. Ne vous aventurez pas à utiliser une variable sans l'avoir préalablement définie, au risque de voir votre script arrêter de fonctionner. Toutefois, PHP ne présente pas une telle exigence, ce qui peut semer la confusion auprès de ceux qui ont une expérience en C ou en Java.

Ecrire un premier script qui utilise des variables

Au Chapitre 3, le script `Hello World` affiche `Hello World !` sur une page Web à l'aide d'une simple instruction `echo`. Dans cette section, vous allez écrire un script qui affiche également `Hello World !`, mais cette fois à l'aide d'une variable. Dans le script du Chapitre 3, la section PHP ci-dessous permet d'afficher la sortie :

```
<?php
   echo "<p>Hello World!</p>";
?>
```

Le script complet suivant contient une section PHP qui utilise une variable pour afficher `Hello World !` :

```
<html>
<head><title>Script Hello World utilisant une variable</title></head>
<body>
<?php
  $salutation = "Hello World!";
  echo "<p>$salutation</p>";
?>
</body>
</html>
```

Si vous indiquez à votre navigateur d'accéder à ce script en entrant l'URL dans le navigateur, la sortie suivante est affichée sur la page Web :

```
Hello World !
```

Une variable conserve ses informations tout au long du script et non pour une seule section PHP. Si une variable est paramétrée à 5 au début du script, elle restera toujours à 5 à la fin du script (à moins que vous ne lui donniez une autre valeur). Par exemple, le script ci-dessous comporte deux sections PHP distinctes :

```
<html>
<head><title>Script Hello World</title></head>
<body>
<?php
  $salutation = "Hello World!";
  echo "<p>$salutation</p>";
?>
<p>section HTML </p>
<?php
  echo "<p>$salutation again</p>";
?>
</body>
</html>
```

Si vous indiquez à votre navigateur d'accéder à ce script en entrant l'URL dans votre navigateur, la sortie suivante apparaîtra sur la page Web :

```
Hello World!

section HTML

Hello World! again
```

Les instructions de sortie avec des variables

Au Chapitre 3, vous avez appris que les instructions echo avaient le format suivant :

```
echo elementdesortie1,elementdesortie2,elementdesortie3,...
```

Vous pouvez utiliser une variable pour tout élément de sortie. Supposez que vous écriviez la section PHP suivante :

```
<?php
   $prenom = "Clark";
   $nom_famille = "Kent";
   echo "Je m'appelle ",$prenom," ",$nom_famille;
?>
```

La sortie de cette section sera :

```
Je m'appelle Clark Kent
```

Notez l'espace compris entre `$prenom` et `$nom_famille`. Si cet espace n'est pas ajouté, la sortie de ces deux variables se fera en une seule fois :

```
Je m'appelle ClarkKent.
```

Les instructions contenant plusieurs variables doivent suivre quelques règles de formatage pour générer la sortie escomptée. Le Tableau 4.1 présente quelques instructions echo contenant des variables et leur sortie. Les variables qui suivent sont paramétrées pour être utilisées dans les instructions echo du Tableau 4.1.

```
$nombre = 123;
$mot1 = "Hello";
$mot2 = "World!";
```

Tableau 4.1 : Instructions echo avec variables.

Instructions echo	Sortie
`Echo $nombre`	`123`
`Echo $mot1,$mot2 ;`	`HelloWorld !`
`Echo $mot1," ",$mot2;`	`Hello World !`
`Echo $mot1 $mot2`	Non valide, car il n'y a pas de virgule séparant les variables ; génère un message d'erreur.
`echo "$mot1 $mot2 now";`	`Hello World! Now`

Remarquez qu'à la deuxième ligne du tableau il n'y a pas d'espace entre les deux noms de variables, et donc qu'il n'y en a pas dans la sortie. A la troisième ligne, l'instruction `echo` comporte un espace entre les deux noms de variables.

Pour certaines instructions `echo`, PHP ne définit pas le nom de la variable à partir de l'information qu'elle contient. Pour éviter toute confusion, mettez entre accolades le nom de la variable. Supposez que vous utilisiez les instructions suivantes :

```
$type = "oiseau";
echo "Gardez la $typecage propre";
```

A la place de la sortie désirée, vous obtiendrez le message suivant :

```
Notice: Undefined variable: typecage in testvar.php on line 6
```

Une fois le problème signalé, la sortie est affichée :

```
Gardez la propre
```

Pour que ce code fonctionne correctement, utilisez l'instruction echo ci-dessous :

```
echo "Gardez la {$type}cage propre";
```

La sortie sera alors la suivante :

```
Gardez la cage de l'oiseau propre
```

Utiliser des variables de variable

PHP vous permet d'utiliser des noms de variables dynamiques, appelées *variables de variable*. Vous pouvez nommer une variable à l'aide de la valeur stockée dans une autre variable. Autrement dit, une variable contient le nom d'une autre variable. Supposez, par exemple, que vous souhaitiez créer une variable nommée $ville ayant la valeur Los Angeles. Vous utiliserez l'instruction :

```
$nom_de_la_variable = "ville";
```

Cette instruction crée une variable qui contient le nom de la variable. Vous allez utiliser les instructions suivantes :

```
$$nom_de_la_variable = "Los Angeles";
```

Remarquez le signe dollar ($) supplémentaire au début du nom de la variable. Il indique une variable de variable. Cette instruction crée une nouvelle variable dont le nom est la valeur contenue dans $nom_de_la_variable, générée dans :

```
$ville = "Los Angeles";
```

La valeur de $nom_de_la_variable ne change pas.

L'exemple suivant vous explique le fonctionnement de cette fonctionnalité. Dans sa forme actuelle, l'instruction du script peut vous paraître inutile. Vous trouverez sans doute de meilleurs moyens pour programmer cette tâche. La véritable valeur des variables de variable sera plus claire lorsque vous les utiliserez dans des tableaux et des boucles (voir Chapitres 6 et 7).

Supposez maintenant que vous souhaitiez nommer une série de variables avec des noms de villes dont la valeur est le nombre d'habitants. Vous pouvez reprendre ce code :

```
$Reno= 360000;
$Pasadena = 138000;
$nomville = "Reno";
echo "La taille de $nomville est ${$nomville}";
$nomville = "Pasadena";
echo "La taille de $nomville est ${$nomville}";
```

La sortie sera :

```
La taille de Reno est 360000
La taille de Pasadena est 138000
```

Remarquez que vous devez mettre entre accolades le nom de la variable dans l'instruction `echo` afin que PHP puisse repérer où il se trouve. Si vous utilisez cette instruction sans accolades, la sortie sera :

```
La taille de Reno est $Reno.
```

Si `$$nomville` n'est pas entre accolades, PHP convertit `$nomville` à sa valeur et la fait précéder du signe `$` supplémentaire, comme si elle faisait partie de la chaîne précédente.

Supprimer des variables

Vous pouvez également supprimer les informations contenues dans une variable comme dans l'instruction suivante :

```
$age = "";
```

Cette instruction supprime l'information contenue dans la variable `$age`. Elle n'a maintenant aucune valeur. Cela ne signifie pas pour autant que `$age` vaut 0, mais que, pour l'instant, elle ne stocke aucune information. Techniquement parlant, cela signifie que `$age` stocke une chaîne de caractères zéro. Si vous l'insérez dans une instruction `echo`, vous n'obtiendrez ni message d'erreur ni notification, mais une simple instruction echo qui n'affiche rien, une instruction vierge.

Vous pouvez même aller plus loin en ne créant pas de variable, comme suit :

```
unset($age);
```

Une fois cette instruction exécutée, la variable $age n'est plus définie. Si vous essayez de l'insérer dans une instruction echo, vous récupèrerez une notification "undefined variable" (variable non définie). Pour supprimer plusieurs variables en une seule fois, exécutez :

```
unset($age,$nom,$adresse);
```

Les constantes

Une *constante* est identique à une variable. Elle a un nom donné et stocke des valeurs. Toutefois, les constantes sont... *constantes :* elles ne peuvent pas être modifiées par un script. Une fois que vous avez défini la valeur d'une constante, elle reste la même. Si vous utilisez une constante pour un bulletin météorologique dont la valeur est "Ensoleillé", sa valeur ne peut être modifiée. Que faire les jours de mauvais temps ?

Créer des constantes

Les constantes sont définies à l'aide de l'instruction define dont le format est le suivant :

```
define("nomconstante","valeurconstante");
```

Par exemple, pour définir une constante pour le temps, vous utiliserez l'instruction :

```
define("METEO","Ensoleillé");
```

Cette instruction crée une constante appelée METEO dont la valeur est "Ensoleillé".

A l'instar des variables, donnez des noms descriptifs aux constantes. Toutefois, le nom d'une constante ne commence pas par un signe dollar ($), contrairement aux variables. Par convention, les constantes sont des noms donnés dont les lettres sont toutes en majuscules afin de les identifier plus facilement. Néanmoins, PHP accepte les minuscules.

Une constante peut contenir aussi bien une chaîne qu'un nombre. L'instruction suivante définit une constante nommée `INTERET` et lui attribue une valeur de `.01` :

```
define ("INTERET",.01);
```

Les constantes ne doivent pas correspondre à des mots clés PHP. Les *mots clés* sont des mots qui ont une signification particulière pour PHP, comme `echo`. Ils ne peuvent pas servir de noms de constantes, car PHP les traitera comme la fonctionnalité PHP portant le même nom. PHP vous permet de définir une constante `ECHO` sans retourner de message d'erreur, mais il aura quelque problème pour l'exécuter. Par exemple, si vous utilisez l'instruction suivante :

```
echo ECHO;
```

PHP ne comprendra pas et affichera un message d'erreur. Il considérera la constante comme étant le début d'une autre instruction `echo`, et ne trouvera pas tout ce qui compose la fin de la première instruction `echo`.

Voici quelques mots clés PHP :

and	default	for	or
as	die	foreach	print
break	do	function	require
case	echo	global	return
class	else	if	switch
const	empty	include	use
continue	eval	list	var
declare	exit	new	while

TRUC

Si vous ne parvenez pas à comprendre pourquoi un code qui semble correct refuse toujours de fonctionner malgré vos diverses modifications, changez le nom d'une constante. Il est tout à fait possible que vous ayez donné à cette constante le nom d'un obscur mot clé.

Bien que vous puissiez donner le nom d'un mot clé à des variables, car elles commencent par un $, ce qui indique à PHP qu'il s'agit d'une variable, évitez-le. Cela risque de semer la confusion auprès des utilisateurs de votre script.

Quand utiliser des constantes ?

Si vous savez que la valeur d'une donnée ne changera pas tout au long de votre script, utilisez des constantes. Choisissez un nom descriptif qui simplifiera le script comme `PRIX_PRODUIT` qui est bien plus clair que `20,50`.

Une constante vous permet de définir une valeur une seule fois au début du script. Si cette valeur doit être modifiée, les constantes vous permettent de le faire à un seul endroit, et vous évitent de rechercher et de modifier la valeur à 20 emplacements différents dans le script. Vous y gagnerez en temps et en somme de travail tout en ne risquant pas d'oublier un emplacement.

L'utilisation d'une constante vous assure que la valeur donnée ne sera pas accidentellement modifiée quelque part dans le script.

Supposez que vous disposiez d'un script qui convertit une monnaie en une autre en multipliant la somme en dollars par le taux de change. Si le taux de change du dollar américain en dollar canadien est de 1,52, vous allez écrire le script suivant :

```
<?php
   $US_dollars = 20.00;
   $CA_dollars = $US_dollars * 1.52;
?>
```

Supposez maintenant que votre script compte 40 000 lignes de code et que vous deviez convertir des dollars US en dollars canadiens à 50 endroits différents dans le script. Vous allez devoir exécuter le code précédent dans 50 endroits différents. Vous réalisez ensuite que le taux de change varie toutes les semaines. Vous devrez donc modifier ce script toutes les semaines, manuellement, aux 50 emplacements différents. Cela fait beaucoup de travail !

Une meilleure solution consisterait à placer le taux de change dans une variable afin de modifier cette variable une seule fois. Exécutez le script suivant :

```
<?php
   $taux = 1.52;

   $US_dollars = 20.00;
   $CA_dollars = $US_dollars * $taux;
?>
```

Définissez `$taux` au début du script pour pouvoir ensuite utiliser ces deux lignes qui convertiront la monnaie dans les 50 emplacements du script. Cette option est la plus simple. Lorsque le taux changera, vous le modifierez à un seul endroit. Par exemple, si le taux de change passe à 1,53 la semaine suivante, il vous suffira de modifier la première ligne du script comme suit :

```
$taux = 1.53;
```

Cela devrait marcher. Toutefois, `$taux` n'est pas un nom très descriptif. N'oubliez pas que le script tient sur 40 000 lignes de code et que ces deux lignes convertissent la monnaie à 50 endroits différents. Supposez que vous deviez ajouter au milieu de votre script du code pour calculer l'intérêt, mais que vous ayez par mégarde écrit le code suivant :

```
$taux_interet = 20;
$taux = $taux_interet-1;
$somme = $principal * $taux;
```

`taux` aura une valeur différente à tous les endroits après ce code. Le 1,52 que vous aviez défini au début de votre script sera remplacé par 19. Vous pouvez éviter cette erreur en donnant des noms plus descriptifs à vos variables. Une meilleure solution consisterait à utiliser une constante comme dans le script suivant :

```
<?php
   define("TAUX",1.52);

   $US_dollars = 20;
   $CA_dollars = $US_dollars * RATE;
?>
```

Avec une constante, `TAUX` ne changera pas. Si vous ajoutez la ligne :

```
TAUX = 20;
```

au milieu de votre script, PHP ne l'autorisera pas. Ainsi, vous ne risquerez pas de faire la même erreur avec les variables.

La semaine suivante, lorsque le taux de change passera à 1,53, vous n'aurez plus qu'à modifier votre script, comme suit :

```
<?php
define("TAUX",1.53);
$US_dollars = 20;
$CA_dollars = $US_dollars * RATE;
?>
```

Naturellement, le mieux serait de donner un nom plus descriptif, comme suit :

```
define("US_TO_CA",1.52);
```

N'oubliez pas qu'une erreur qui semble impossible à commettre lorsque vous examinez un script de 10 lignes est tout à fait possible lorsque vous passez à des scripts qui comptent des milliers de lignes, notamment des scripts écrits par plusieurs programmeurs.

Si vous savez que la valeur d'une donnée ne changera pas tout au long du script, utilisez une constante. Si vous devez manipuler une valeur quelque part dans le script, utilisez une variable.

Afficher des constantes

Vous pouvez déterminer la valeur d'une constante à l'aide de `print_r`, comme suit :

```
print_r(US_TO_CA);
```

Vous pouvez également insérer une constante dans une instruction `echo` :

```
echo US_TO_CA;
```

Lorsque vous insérez une constante dans une instruction echo, ne la mettez pas entre guillemets, car l'instruction retournerait le nom de la constante et non sa valeur. Vous pouvez générer la sortie de la constante comme dans l'exemple précédent ou bien la mettre entre parenthèses. Vous pouvez aussi créer des instructions plus compliquées en utilisant des virgules, comme suit :

```
echo "Le taux de change canadien est $",US_TO_CA;
```

La sortie de cette instruction sera :

```
Le taux de change canadien est $1.52.
```

Notez que le signe dollar se trouve à l'intérieur de la chaîne entre guillemets dans la première chaîne de sortie et non dans le second élément de sortie qui est le nom de la constante.

Utiliser des constantes PHP intégrées

PHP comporte de nombreuses constantes intégrées que vous pouvez utiliser dans vos scripts. Par exemple, la valeur de la constante `__LINE__` correspond au numéro de la ligne dans laquelle elle est utilisée ; la valeur de la constante `__FILE__` correspond au nom du fichier dans lequel elle est utilisée. (Ces constantes commencent et se terminent par deux underscores.) Par exemple, l'instruction suivante :

```
echo __FILE__;
```

aura une sortie de type :

```
c:\program files\apache group\apache\htdocs\testvar2.php
```

PHP comporte bien d'autres constantes intégrées. Par exemple, les constantes E_ALL et E_ERROR vous permettent d'indiquer à PHP comment gérer les erreurs. Je vous les présente dans la prochaine section.

Gérer des messages d'erreur

PHP retourne des messages d'erreur lorsqu'une erreur se produit. Ces messages sont du type suivant :

- **Message d'erreur** : Vous recevez ce type de message lorsque le script rencontre un problème suffisamment important pour empêcher son exécution. Le message contient le plus d'informations possible pour identifier le problème. L'un des messages les plus fréquents est :

```
Parse error: parse error in c:\test.php on line 6
```

  En général, vous verrez apparaître ce type de message lorsque vous aurez oublié un point-virgule, une parenthèse ou une accolade.

- **Message d'avertissement** : Vous verrez s'afficher un message d'avertissement lorsque le script détecte un problème qui n'empêche pas son exécution. Ce type de message signale que PHP a repéré quelque chose d'anormal. Une fois la source du problème identifiée, vous déciderez s'il faut ou non le résoudre. Par exemple, le message suivant s'affichera si vous n'avez pas inséré un nom de variable dans l'instruction `print_r()` au lieu de `print_r($nomvar)`.

```
Warning: print_r() expects at least 1 parameter, 0 given in d: test1.php on
line 9
```

  Comme il s'agit d'un avertissement et non d'une erreur, le script exécute les instructions situées après l'instruction `print_r`. Toutefois, un message d'avertissement signale généralement un problème plus sérieux qu'une notification. Dans ce cas, vous devez résoudre le problème.

- **Notification** : Vous verrez apparaître une notification lorsque PHP détecte une condition qui peut être fausse ou correcte. L'une des conditions les plus courantes est l'insertion d'une variable non définie dans une instruction `echo` :

```
Notice: Undefined variable: age in testing.php on line 9
```

Les messages d'erreur, d'avertissement ou les notifications indiquent tous le nom du fichier et le numéro de la ligne où s'est produite l'erreur.

Ces types de messages s'affichent en fonction des niveaux d'erreur définis par PHP. Vous verrez apparaître tous les types de messages, mais peut-être ne souhaitez-vous pas faire s'afficher tous les messages d'avertissement et les notifications ? (En général, les notifications ont l'inconvénient d'être indésirables ; le code fonctionne bien.) Ou bien souhaitez-vous voir s'afficher ces messages d'avertissement et ces notifications pendant le développement et non lors de l'utilisation par vos clients de l'application. Ou encore préférerez-vous envoyer tous ces messages d'erreur dans un fichier journal et non les voir apparaître sur les écrans de vos clients ?

Dans les sections suivantes, je vous explique comment configurer PHP pour qu'il retourne les messages que vous voulez.

Modifier le niveau d'erreur de votre site Web

Le niveau d'erreur de votre site Web est défini dans le fichier `php.ini`. Vous pouvez modifier le niveau d'erreur si vous êtes administrateur PHP et que vous avez accès au fichier `php.ini`. Si vous n'êtes pas administrateur (et que vous passez par un hébergeur), vous pouvez modifier le niveau d'erreur de chaque script, comme indiqué dans la section suivante (reportez-vous à l'Annexe A pour obtenir de plus amples informations sur le fichier `php.ini`).

Pour connaître le niveau d'erreur, ouvrez le fichier `php.ini` dans un éditeur et recherchez une ligne semblable à celle-ci :

```
error_reporting  = E_ALL; display all errors, warnings and notices
```

Cette instruction génère l'affichage de tous les messages d'erreur et d'avertissement, et toutes les notifications. Ce paramètre s'avère utile lorsque vous développez un script, mais une fois ce dernier publié, vous ne souhaiterez sans doute pas que ces messages apparaissent sur les écrans de vos utilisateurs.

Dans l'exemple précédent, notez la présence du point-virgule (`;`) après `E_ALL` et non en début de ligne. Il signale un commentaire dans le fichier `php.ini`. Par conséquent, le texte situé juste après le point-virgule est un commentaire et non la suite de l'instruction. Si le point-virgule avait été placé en début de ligne, toute la ligne aurait été un commentaire et l'instruction n'aurait pu être exécutée.

TRUC

Lorsque vous examinez le fichier `php.ini`, vous allez probablement y trouver plusieurs instructions comme la ligne précédente, excepté que les lignes sont précédées de points-virgules. Ces instructions sont des exemples et non des instructions qui s'exécutent. Recherchez l'instruction non précédée d'un point-virgule pour vérifier quelle instruction est effectivement active.

`E_ALL` indique à PHP d'afficher tous les messages d'erreur et d'avertissement, et toutes les notifications. Cependant, le second terme `E_NOTICE` indique à PHP de ne pas afficher les notifications. Seuls les messages d'erreur et d'avertissement seront donc affichés. Cette méthode, qui consiste à spécifier les messages d'erreur à afficher, est plus courte que de lister tous les types d'erreurs que vous voulez afficher.

Les instructions `E_ALL` et `E_NOTICE` sont généralement les plus courantes, mais vous pouvez utiliser d'autres constantes pour spécifier les niveaux d'erreur. Vous trouverez la liste de toutes les constantes dans le fichier `php.ini`. Pour une présentation complète des niveaux d'erreur, reportez-vous au manuel en ligne de PHP.

Vous pouvez désactiver tous les rapports d'erreur afin que vos utilisateurs ne puissent pas voir apparaître les messages d'avertissement ou d'erreur générés par PHP, car ces rapports peuvent contenir des informations confidentielles. Vous allez plutôt enregistrer ces messages d'erreur dans un fichier journal, comme expliqué plus loin dans la section "Envoyer des messages dans un fichier journal".

Pour désactiver les rapports d'erreur, recherchez la ligne qui indique `display_errors =On` dans le fichier `php.ini`, puis passez sa valeur de `On` à `Off`.

N'OUBLIEZ PAS

Redémarrez votre serveur Web afin que toutes les modifications que vous avez apportées au fichier `php.ini` prennent effet.

Changer le niveau d'erreur d'un script

Si vous voulez définir le niveau d'erreur d'un script particulier, ajoutez au début de votre script une instruction comme celle-ci :

```
error_reporting(OPTIONS);
```

Les `OPTIONS` de l'instruction sont les constantes intégrées présentées dans la section précédente. Vous pouvez par exemple faire apparaître tous les messages d'erreur et d'avertissement et toutes les notifications de script en ajoutant l'instruction suivante :

```
error_reporting(E_ALL);
```

Vous pouvez définir les rapports d'erreur afin qu'aucun message n'apparaisse à l'aide de cette instruction :

```
error_reporting(0);
```

Dans certains cas, vous allez désactiver les messages d'erreur et d'avertissement une fois les scripts publiés. Vous ne voulez pas que vos utilisateurs voient apparaître les messages d'erreur que PHP envoie pour des raisons de sécurité, mais vous aimeriez les consulter. Vous pouvez désactiver le rapport d'erreur en passant zéro en paramètre, tout en enregistrant dans un fichier journal tous les messages d'erreur. Les utilisateurs ne les verront pas, contrairement à vous.

Envoyer des messages dans un fichier journal

Vous pouvez envoyer les messages d'erreur et d'avertissement de PHP dans un fichier journal. Vous disposez ainsi d'un enregistrement des erreurs.

Vous pouvez configurer un fichier journal de messages d'erreur dédié à tout votre site à l'aide des paramètres contenus dans le fichier `php.ini`. Ouvrez ce fichier et recherchez la ligne suivante :

```
log_errors = Off
```

Passez `Off` à `On`. Indiquez également à PHP où envoyer les messages d'erreur. Pour cela, recherchez la ligne :

```
;error_log = filename
```

Supprimez le point-virgule en début de ligne. Cette ligne de commentaire devient une instruction. Remplacez `filename` par le chemin du fichier dans lequel vous allez enregistrer les messages. Vous pourriez utiliser cette instruction :

```
error_log = c:\temp\php_error_log
```

Le répertoire (appelé *dossier* dans Windows) doit être présent. Pour cette instruction, vous devez créer le répertoire `c:\temp` avant l'enregistrement des fichiers dans un journal. Vous n'avez pas besoin de créer ce fichier. PHP s'en charge dans la mesure où il sait où se trouve le répertoire.

Redémarrez votre serveur Web afin que toutes les modifications que vous avez apportées au fichier `php.ini` prennent effet.

Gestion avancée des erreurs

Dans cette section, je vais vous présenter la gestion avancée des erreurs. Débutants, sautez cette section. Vous vous y reporterez quand vous aurez testé les techniques de programmation présentées tout au long de ce livre.

Les erreurs PHP et messages d'erreur standards peuvent ne pas être suffisants. Par exemple, vous pouvez très bien détecter une erreur dans votre script alors que PHP n'a rien vu. Supposez que vous écriviez un script pour construire une maison. Si `$hauteur_porte` est plus grande que `$hauteur_maison`, vous savez que quelque chose ne va pas, mais PHP, lui, ne le remarque pas. Pour que PHP détecte cette erreur dans le script, écrivez l'instruction suivante :

```
If ($hauteur_de_porte > $hauteur_de_maison)
{
    trigger_error("Impossible condition",E_USER_ERROR);
}
```

Je vous présente en détail les instructions `if` au Chapitre 7.

`E_USER_ERROR` dans l'instruction indique à PHP que la condition est une erreur. La chaîne `Impossible condition` correspond au message à afficher lorsque l'erreur se produit. Si la condition est vraie, le message suivant est affiché :

```
Fatal error: Impossible condition in d:\testerr.php on line 9
```

Ce script arrête son exécution, car vous venez d'indiquer à PHP qu'il s'agit d'une erreur et non d'un avertissement ou d'une notification. Vous pouvez utiliser `E_USER_WARNING` ou `E_USER_NOTICE` à la place de `E_USER_ERROR` afin que PHP traite la condition en tant que message d'avertissement ou notification.

Si vous préférez gérer vous-même les erreurs au lieu de passer par les procédures d'erreur standards de PHP, écrivez vos propres instructions pour effectuer différentes actions comme envoyer un message, enregistrer un message dans un fichier journal, envoyer un courrier électronique ou arrêter l'exécution du script. Vous pouvez, par exemple, simplement retourner un message d'erreur à l'utilisateur et arrêter l'exécution du script, comme suit :

```
If ($hauteur_de_porte > $hauteur_de_maison)
{
    echo "Ceci est impossible<br>";
    exit();
}
```

Si `$hauteur_porte` est plus grande que `$hauteur_maison`, l'instruction retournera un message d'erreur et `exit()` arrêtera l'exécution du script.

Vous pouvez également envoyer un message d'erreur dans un fichier journal PHP lorsque cette condition est remplie à l'aide d'une instruction de type :

```
error_log(message,3,logfilename);
```

Par exemple, si vous utilisez le bloc `if` suivant :

```
If ($hauteur_de_porte > $hauteur_de_maison)
{
   error_log("La porte est plus grande",3,"/temp/err_log");
   exit();
}
```

une fois l'instruction exécutée, si `$hauteur_porte` est plus grande que `$hauteur_maison`, le message `La porte est plus grande que la maison` est enregistré dans le fichier journal `/temp/err_log`. Le `3` dans l'instruction indique à PHP de stocker le message dans un fichier journal spécifique. Le répertoire `/temp` existe déjà, mais PHP peut le créer s'il ne l'est pas.

Une autre solution consiste à vous envoyer un message électronique dès que l'erreur est produite. Pour cela, utilisez l'instruction `error_log`. Le `1` dans l'instruction `error_log` ci-dessous indique à PHP d'envoyer un message sous forme de courrier électronique à une adresse e-mail précise :

```
error_log("La porte est plus grande que la maison",1,"moi@monmail.com");
```

Cette instruction suppose que cette adresse électronique est accessible via PHP. Reportez-vous au Chapitre 13 pour de plus amples informations sur PHP et le courrier électronique.

D'un autre côté, vous acceptez les erreurs définies dans PHP, mais souhaitez qu'il adopte un autre comportement en cas d'erreur. Vous souhaitez par exemple que PHP affiche un message que vous avez rédigé ou exécute une instruction de votre cru. Par exemple, être informé par courrier électronique des messages d'erreur ou des fichiers qui étaient ouverts ou fermés avant l'arrêt de l'exécution du script.

Vous pouvez écrire votre propre code pour gérer des erreurs, code que PHP lancera en cas d'erreur. Pour cela, écrivez votre propre code de gestion d'erreur et enregistrez-le en tant que fonction. (Reportez-vous aux instructions sur l'écriture des fonctions du Chapitre 8.) Indiquez à PHP d'utiliser votre fonction à la place de sa propre procédure à l'aide de l'instruction suivante :

```
set_error_handler(nomfonction);
```

Vous pouvez par exemple utiliser ce qui suit :

```
set_error_handler(mon_traitement_erreur);
```

Reportez-vous au Chapitre 8 pour obtenir de plus amples informations sur l'écriture de `mon_traitement_erreur`.

Une autre méthode pour gérer les erreurs reconnues par PHP consiste à utiliser l'instruction `die` pour afficher un message lorsque la fonction échoue. L'instruction `die` est également abordée au Chapitre 8.

Chapitre 5

Travailler avec les données

Dans ce chapitre :

- Présentation des types de données.
- Faire des calculs arithmétiques.
- Manipuler les chaînes de caractères.
- Utiliser les dates et heures.

Vous pouvez stocker différents types de données dans les variables qui peuvent effectuer diverses tâches. Par exemple, vous pouvez ajouter des variables dont les valeurs sont des chiffres (1+2), mais additionner des caractères (a+b) n'a pas vraiment de sens. Dans ce chapitre, vous allez découvrir les différents types de données et apprendre à les utiliser.

Les types de données

Vous pouvez enregistrer les données suivantes dans des variables PHP :

- **Entier** : Un nombre entier (sans décimale) comme 43, 0, 1, 27 ou 5348. La plage de valeurs autorisée varie en fonction de votre système d'exploitation, mais en général vous pouvez utiliser n'importe quel nombre compris entre – un milliard et + un milliard.

- **Nombre à virgule flottante** : Un nombre (non entier) qui comprend des décimales comme 5,24 ou 123,456789. On l'appelle généralement *nombre réel* ou *flottant*.

- **Chaîne de caractères** : Une suite de simples caractères telle que `hello`. La longueur d'une chaîne n'est pas limitée.
- **Booléen** : Une valeur TRUE ou FALSE. Reportez-vous à l'encadré ci-dessous pour de plus amples informations.

Vrai ou faux ? Les valeurs booléennes

Les types de données booléennes correspondent à deux états possibles : TRUE ou FALSE. On les utilise principalement pour comparer des conditions dans des instructions conditionnelles. Par exemple, PHP évalue une expression comme `$a > $b` dont la sortie vaudra soit TRUE, soit FALSE.

PHP considère les valeurs FALSE suivantes :

- La chaîne FALSE (en majuscules ou minuscules)
- L'entier 0
- Le flottant 0.0
- Une chaîne vide
- Une chaîne composée d'un seul caractère 0
- La constante NULL

Toutes les autres valeurs stockées dans une variable booléenne sont considérées TRUE. Si vous insérez une variable booléenne dans une instruction `echo`, la valeur FALSE apparaît sous la forme d'une chaîne vide ; la valeur TRUE sous forme de 1. Les fonctions retournent souvent une valeur booléenne que vous pouvez tester pour vérifier si la fonction a réussi ou échoué. Reportez-vous au Chapitre 8 pour de plus amples informations sur les variables booléennes dans des fonctions.

Attribuer les types de données

La plupart des autres langages de programmation nécessitent l'initialisation de la variable avant de l'utiliser, en spécifiant le type de données qu'elle doit contenir. PHP est moins formel. Vous n'avez pas besoin de lui spécifier le type des données stockées dans la variable. Il évalue les données lorsque vous les stockez et se charge de donner à la variable le type approprié. Ce système est très utile.

PHP peut également convertir des données, si besoin est. Examinez les exemples d'instructions suivants ; PHP convertit les types de données sans problème :

```
$PremierNombre = 1;     # PHP le stocke comme un entier
$secondNombre = 1.1;   # PHP le stocke comme un flottant
$somme = $PremierNombre + $secondNombre;
```

Techniquement parlant, la troisième instruction n'est pas possible, car les données additionnées sont de différents types. Toutefois, PHP convertit l'entier en flottant pour calculer l'opération. Il le fait automatiquement et en arrière-plan.

Conversion de type

Il arrive que PHP ne vous permette pas de faire quelques opérations avec une variable, car le type de la donnée n'est pas correct. Dans ce cas, spécifiez comment PHP doit stocker la donnée. Cette opération s'appelle *conversion de type*. Pour spécifier un type particulier de donnée, utilisez l'une des instructions suivantes :

```
$nouvent = (int) $var1;
$nouvflot = (float) $var1;
$nouvchaine = (string) $var1;
```

La valeur de la variable à droite du signe égal est stockée dans la variable de gauche comme étant le type spécifié. La valeur de `$var1` est stockée dans `$nouvent` en tant qu'entier, comme le précise `(int)`.

Soyez particulièrement prudent lorsque vous convertissez des types. Vous risquez d'obtenir des résultats imprévus. Par exemple, si vous convertissez un flottant en un entier, il perd ses décimales. Pour cela, PHP arrondit la virgule au-dessus de 0. Si $nombre=1,8 et que vous le convertissez en entier, `$nouveaunombre =(int)` et `$nouveaunombre` sera égal à 1.

Vous pouvez déterminer le type de donnée d'une variable à l'aide d'une instruction semblable à celle-ci :

```
var_dump($mavariable);
```

L'instruction suivante vérifie le type de donnée de `$verifvar` :

```
var_dump($verifvar);
```

La sortie de cette instruction est `int(27)`, ce qui vous indique que `$verifvar` contient l'entier 27.

Manipuler des nombres

Les types de données flottant et entier sont tous deux des nombres. Vous pouvez les stocker dans les variables comme suit :

```
$entvar = 3;
$flotvar = 9.3;
```

PHP stocke automatiquement les valeurs au bon type de donnée.

Faire des calculs arithmétiques

PHP vous permet de faire des calculs. Vous indiquez l'opération arithmétique en utilisant deux nombres et un opérateur mathématique. Si l'opérateur est le signe plus (+), vous spécifiez l'opération mathématique comme suit :

```
1 + 2
```

Vous pouvez également additionner des variables :

```
$var1 + $var2
```

Si vous comptez faire des calculs arithmétiques, ne mettez pas entre guillemets les nombres lorsque vous les affectez à des variables, car les nombres définis comme chaînes de caractères ne peuvent être utilisés dans des calculs arithmétiques. Cependant, PHP, contrairement à la plupart des autres langages de programmation, convertira les chaînes en nombres, si nécessaire. Considérez les instructions suivantes :

```
$var1 = "1";
$var2 = 2;
$total = $var1 + $var2;
```

Techniquement parlant, vous ne pouvez pas additionner ces nombres, car `$var1` est une chaîne de caractères, mais PHP convertira automatiquement la chaîne 1 en nombre 1 lorsqu'il atteindra la troisième instruction, puis additionnera les nombres.

Si vous utilisez les instructions suivantes, PHP convertit aussi la chaîne pour additionner les nombres, mais le résultat n'est pas évident :

```
$var1 = "x";
$var2 = 2;
$total = $var1 + $var2;
```

Comme PHP ne peut pas convertir "x", car ce n'est pas un nombre, il le remplace par 0. Le résultat `$total` sera de 2. Dans la plupart des cas, la fonctionnalité de conversion automatique ne correspondra pas à ce dont vous avez besoin. Certes, elle est utile et vous épargne de la saisie, mais elle ne donnera pas toujours le résultat escompté, comme dans l'exemple précédent.

PHP risque de ne pas déterminer correctement ce que vous entrez, car il ne comprend pas certaines notations. Les exemples d'instructions ci-dessous peuvent induire en erreur PHP :

```
$var1 = "2,000";
$var2 = 2;
$total = $var1 + $var2;
```

Même si les êtres humains comprennent la signification d'une virgule dans un nombre, PHP considère que 2,000 se termine après la virgule. Ces instructions exécutées, `$total` est égal à 4.

Le Tableau 5.1 liste les opérateurs arithmétiques que vous pouvez utiliser.

Tableau 5.1 : Opérateurs arithmétiques.

Opérateur	Description
+	Addition
-	Soustraction
*	Multiplication
/	Division
%	Modulo. Recherche le reste de la division du premier nombre par le second. Par exemple, `$a = 13 % 4` fait 4

L'ordre des opérations

Vous pouvez effectuer plusieurs opérations arithmétiques en une seule fois. Par exemple, l'instruction suivante effectue trois opérations :

```
$total = 1 + 2 * 3 + 1;
```

Les opérations suivent un ordre précis. Ainsi, vous pouvez obtenir différents résultats en fonction de la première opération réalisée. PHP commence par les multiplications et divisions, puis passe aux additions et soustractions. Si d'autres facteurs entrent en jeu, PHP lit de gauche à droite. Par conséquent, dans l'instruction précédente, `$total` contient la valeur 8 suite à l'enchaînement suivant :

```
$total = 1 + 2 * 3 + 1 #commence par la multiplication
$total = 1 + 6 + 1     #puis calcule l'addition la plus à gauche
$total = 7 + 1         #puis le reste de l'addition
$total = 8
```

Vous pouvez modifier l'ordre d'exécution des opérations avec des parenthèses. L'opération mise entre parenthèses sera calculée en premier. Si vous écrivez l'instruction précédente avec des parenthèses, comme suit :

```
$total = (1 + 2) * 3 + 1;
```

le résultat de `$total` sera de 10, les opérations se calculant dans cet ordre :

```
$total = (1 + 2) * 3 + 1 #commence par l'addition entre parenthèses
$total = 3 * 3 + 1       #puis la multiplication
$result = 9 + 1          #puis l'addition
$result = 10
```

Lorsqu'il y a plusieurs opérations, l'opération entre parenthèses est prioritaire. Dans cet exemple, l'addition est calculée en premier. Vous pouvez mettre des parenthèses à l'intérieur des parenthèses pour modifier l'ordre.

Deux précautions valent mieux qu'une ! Mettez des parenthèses si vous calculez plus d'une opération.

Incrémenter et décrémenter

PHP fournit un raccourci pour ajouter 1 à une variable. Pour cela, exécutez une instruction de type :

```
$compteur=$compteur+1;
```

PHP permet également d'écrire une instruction plus courte qui calcule la même opération :

```
$compteur++;
```

Vous pouvez par exemple utiliser les instructions suivantes :

```
$compteur=0;
$compteur++;
echo $compteur;
```

Cette instruction `echo` retourne `1`, car `++` ajoute 1 à la valeur courante de `$compteur`. Vous pouvez également soustraire 1 à l'aide de l'instruction ci-dessous :

```
$compteur--;
```

Un autre raccourci possible pour ajouter un chiffre à une variable définie est `+=1`, ce qui ajoute 1 à la variable. Ce raccourci vous permet d'ajouter n'importe quel nombre à une variable et d'effectuer toute autre opération comme la soustraction, la division ou la multiplication. Les instructions suivantes sont dans ce format raccourci :

```
$compteur+=2;
$compteur-=3;
$compteur*=2;
$compteur/=3;
```

La première instruction ajoute 2 à `$compteur`, la deuxième soustrait 3, la troisième multiplie `$compteur` par 2 et la quatrième le divise par 3.

Utiliser des fonctions de calcul avancées intégrées

PHP fournit des fonctions pour effectuer des calculs plus complexes. (Reportez-vous au Chapitre 8 pour une présentation détaillée de ces fonctions.) Par exemple, si vous devez calculer une racine carrée, vous n'avez pas besoin d'écrire le code qui permet d'effectuer ce calcul. PHP s'en charge à votre place. Il vous suffit d'exécuter l'une des instructions de type :

```
$racinecarree = sqrt(91);
$racinecarree = sqrt($number);
```

La première instruction calcule la racine carrée d'un nombre, la seconde la racine carrée de la valeur d'une variable.

Vous pouvez utiliser une instruction similaire pour arrondir à l'entier supérieur, comme suit :

```
$nombresup = ceil(27.63);
```

Le résultat est 28. Vous pouvez également arrondir à un nombre inférieur à l'aide du format suivant :

```
$nombreinf = floor(27.63);
```

Le résultat de ce segment est 27.

PHP comporte de nombreuses fonctions pour effectuer des calculs simples, comme maximum, minimum, nombres aléatoires, et des calculs avancés, comme sinus, tangente, conversion d'un nombre binaire en octal. Reportez-vous à l'Annexe A pour rechercher une fonction particulière.

Format de sortie des nombres

Vous allez sans doute afficher un nombre dans un format connu, comme le prix d'un article en euros à deux décimales. Mais PHP stocke et affiche les nombres dans un format plus adéquat. Si le nombre est 10,00, il affiche 10. Par conséquent, vous devez indiquer à PHP comment afficher les nombres.

L'instruction `number_format` de PHP s'en charge. Elle épouse généralement la syntaxe suivante :

```
number_format(number,decimals,"decimalsep","thousandsep")
```

Dans ce format, chaque élément d'entrée a une signification :

- *number* est le nombre à formater. Il doit toujours être spécifié.
- *decimals* correspond au nombre de décimales. Si *decimals* n'est pas spécifié, le nombre de décimales par défaut vaut 0 et le nombre est arrondi à l'entier le plus proche. Si vous incluez *thousandsep* et *decimalsep*, vous devez spécifier *decimals*.
- *decimalsep* correspond au caractère qui sépare les décimales de l'entier. Par défaut, c'est un point. Si vous le spécifiez, vous devez également inclure *thousandsep*.
- *thousandsep* correspond au caractère qui sépare les milliers, comme le font les Américains. Le caractère par défaut est une virgule (l'usage, en France, est un espace insécable). Si vous spécifiez ce paramètre, vous devez inclure *decimalsep*.

Le Tableau 5.2 présente quelques instructions `number_format` et leur sortie.

Tableau 5.2 : Instructions number_format.

$number	Format	Sortie
12321	number_format($number)	12,321
12321.66	number_format($number,2)	12,321.66
12321.66	number_format($number)	12,322
12321.6	number_format($number,3)	12,321.600

Tableau 5.2 : Instructions number_format. (*suite*)

12321	number_format($number,0,".",".")	12.321
12321.66	number_format($number,2,".","")	12321.66

ATTENTION !

Une fois formaté, le nombre est converti en un type de donnée chaîne, aussi n'effectuez pas de calcul avec ce nombre avant de le formater.

Si vous utilisez un format plus compliqué, PHP met à votre disposition les instructions `printf` et `sprintf` :

- `printf` retourne directement le nombre formaté.
- `sprintf` permet de stocker le nombre formaté dans une variable.

Les instructions de formatage `printf` et `sprintf` servent aussi bien à formater des chaînes de caractères que des nombres, et ce dans la même instruction de sortie. Pour obtenir de plus amples informations sur ces instructions, reportez-vous à la section "Formater des chaînes de sortie", plus loin dans ce chapitre.

Les chaînes de caractères

Les *caractères* sont les lettres, les nombres et les signes de ponctuation. Une *chaîne de caractères* se compose d'une série de caractères. Si vous utilisez un nombre comme un caractère, il sera considéré comme un simple caractère enregistré, une lettre et vous ne pourrez pas l'utiliser dans un calcul. Par exemple, vous allez stocker des numéros de téléphone sous forme de chaînes de caractères et non comme des nombres, car vous n'avez pas besoin de les additionner ou de les multiplier. Vous ne devez que les enregistrer.

Pour stocker une chaîne de caractères dans une variable, mettez-la entre guillemets ou entre apostrophes pour indiquer à PHP où commence et où finit la chaîne, comme dans les deux instructions suivantes :

```
$chaîne = ?Hello World!?;
$chaîne = 'Hello World!';
```

NOTE TECHNIQUE

Stocker des chaînes très longues

PHP comporte une fonctionnalité appelée heredoc qui permet d'affecter des valeurs à des chaînes très longues qui tiennent sur plusieurs lignes. Une heredoc indique à PHP où commence et où finit une chaîne. Cette instruction épouse la syntaxe suivante :

```
$varnom = <<<ENDSTRING
text
ENDSTRING;
```

ENDSTRING correspond à n'importe quelle chaîne que vous comptez utiliser. Vous encadrez le texte que vous allez stocker dans la variable $varnom en entrant ENDSTRING, au début et à la fin. Lorsque PHP interprète l'instruction heredoc, il commence par lire ENDSTRING ce qui lui permet de savoir où commence la lecture du texte dans $varnom. Il poursuit sa lecture de $varnom jusqu'à ce qu'il atteigne le même ENDSTRING qui termine la chaîne.

La chaîne créée par une instruction heredoc évalue des variables et des caractères spéciaux de la même manière qu'une chaîne entre guillemets. (Pour de plus amples informations sur les chaînes mises entre guillemets, reportez-vous à la section "Comparer des chaînes entre apostrophes et entre guillemets", plus loin dans ce chapitre.) Les instructions suivantes créent une chaîne en appliquant la méthode heredoc :

```
$distance = 10;
$herevariable = <<<ENDOFTEXT
La distance entre
Los Angeles et Pasadena
est $distance miles.
ENDOFTEXT;
echo $herevariable;
```

La sortie de l'instruction echo est la suivante :

```
La distance entre Los Angeles et Pasadena est de 10 miles.
```

Mais attention ! PHP est pointilleux sur la syntaxe de ENDSTRING. Dans cet exemple, ENDOFTEXT (ENDSTRING) doit être placé à la fin de la première ligne, sans espace, sans rien d'autre. A la dernière ligne, ENDSTRING doit être au début de la ligne, sans rien d'autre, sans espace, et suivi uniquement d'un point-virgule. PHP ne reconnaît pas la chaîne de fin et poursuivra sa recherche dans tout le reste du script. Il peut éventuellement afficher un message d'erreur indiquant le numéro de la dernière ligne du script.

Utiliser des caractères spéciaux dans des chaînes

Vous pouvez utiliser dans des chaînes les caractères spéciaux `\n` et `\t` inclus dans PHP. `\n` vous permet de commencer une nouvelle ligne dans une chaîne comme dans les instructions suivantes :

```
$chaîne = "Hello \nWorld";
echo $chaîne;
```

La sortie se fait sur deux lignes :

```
Hello
World
```

`\t` vous permet d'insérer une tabulation comme suit :

```
$chaîne = "Ligne 1 \n\tLigne 2";
echo $chaîne;
```

La seconde ligne de la sortie est alors indentée :

```
Ligne 1
     Ligne 2
```

N'insérez des caractères spéciaux que dans des chaînes entre guillemets. Dans une chaîne entre apostrophes, les caractères spéciaux n'ont aucune signification particulière, leur sortie est identique à celle de n'importe quel autre caractère. Reportez-vous à la section suivante pour obtenir davantage d'informations sur la différence entre apostrophes et guillemets.

Comparer des chaînes entre apostrophes et entre guillemets

Les chaînes entre apostrophes et entre guillemets ne sont pas traitées de la même manière :

- Les chaînes entre apostrophes sont stockées telles quelles, excepté avec _' qui est enregistré comme une apostrophe. (Pour de plus amples informations sur _', reportez-vous à la section ci-après, "Caractères d'échappement".)
- Dans les chaînes entre guillemets, variables et caractères spéciaux sont évalués avant l'enregistrement de la chaîne.

Les exemples suivants illustrent la différence de sortie produite par des chaînes entre apostrophes et entre guillemets.

Si vous mettez une variable entre guillemets, PHP utilise la valeur de la variable ; mais si vous mettez une variable entre apostrophes, PHP se sert littéralement de son nom. Dans les instructions ci-dessous, une variable est mise entre apostrophes et entre guillemets :

```
$nom = "Sam";
$sortie1 = ?$nom?;
$sortie2 = '$nom';
echo $sortie1;
echo $sortie2;
```

La sortie de ces instructions echo sera la suivante :

```
Sam
$nom
```

Si vous utilisez des caractères spéciaux dans une chaîne mise entre guillemets, PHP retourne la chaîne après avoir évalué les caractères spéciaux. Toutefois, si vous la mettez entre apostrophes, PHP retourne les caractères spéciaux tels quels. Dans les instructions suivantes, les deux méthodes sont utilisées pour ajouter une nouvelle ligne avec \n et une tabulation avec \t :

```
$chaîne1 = "Chaîne entre \n\tguillemets";
$chaîne2 = 'Chaîne entre \n\tapostrophes';
```

Lorsque $chaîne1 est affichée, vous obtenez :

```
Chaîne entre
     guillemets
```

Lorsque `$chaîne2` est affichée, vous obtenez :

```
Chaîne entre \n\tapostrophes
```

Les guillemets qui encadrent la chaîne déterminent le traitement des variables et des caractères spéciaux, et ce malgré la présence éventuelle d'apostrophes dans la chaîne. Considérez les instructions suivantes :

```
$nombre = 10;
$chaîne1 = "Il y a '$nombre' personnes en ligne.";
$chaîne2 = 'Il y a "$nombre" personnes en attente.';
echo $chaîne1,"\n";
echo $chaîne2;
```

dont la sortie est :

```
Il y a '10' personnes en ligne.
Il y a "$nombre" personnes en attente.
```

Notez que, malgré la présence des apostrophes qui encadrent `$nombre` dans la `$chaîne1`, les parenthèses qui encadrent la chaîne retournent la valeur de la variable et non le nom de cette dernière. De même, malgré la présence des guillemets qui encadrent `$nombre` dans la `$chaîne2`, les apostrophes qui encadrent l'intégralité de la chaîne retournent le nom de la variable et non sa valeur.

Caractères d'échappement

Vous souhaiterez sans doute qu'un caractère mis entre guillemets soit traité tel quel et non comme un caractère spécial, même s'il a une signification particulière. Supposez que vous vouliez retourner un signe dollar sous forme de signe dollar et non qu'il soit traité comme le premier caractère d'un nom de variable. Vous allez indiquer les caractères de sortie à PHP, en les faisant précéder d'une barre oblique inverse (\) appelée *caractère d'échappement*. Par exemple, les deux chaînes suivantes produisent la même sortie :

```
$chaîne = 'Le nom de variable est $var1';
$chaîne = "Le nom de variable est \$var1";
```

La sortie de ces chaînes est la suivante :

```
Le nom de variable est $var1
```

Supposez maintenant que vous stockiez une chaîne comme suit :

```
$chaîne = 'Où est la maison d'Emmanuelle';
echo $chaîne;
```

Ces instructions ne fonctionnent pas, car PHP interprète l'apostrophe (') comme la fin de la chaîne et affiche donc :

```
Où est la maison d
```

Vous devez indiquer à PHP de considérer l'apostrophe comme un caractère typographique et non comme la fin d'une chaîne. Pour cela, vous allez mettre une barre oblique inverse (\) devant l'apostrophe. Elle indique à PHP que l'apostrophe n'a pas de signification particulière, qu'il s'agit d'une simple apostrophe. Pour afficher correctement la chaîne, exécutez l'instruction suivante :

```
$chaîne = 'Où est la maison d\'Emmanuelle';
```

Lorsque vous mettez une chaîne entre guillemets, vous devez aussi placer une barre oblique inverse devant les guillemets à l'intérieur de la chaîne.

Concaténer des chaînes

Vous pouvez réunir des chaînes, processus appelé *concaténation*, à l'aide d'un point (.). Par exemple, vous pouvez regrouper `$chaîne1` et `$chaîne2` comme suit :

```
$chaîne1 = 'Hello';
$chaîne2 = 'World!';
$touteschaînes = $chaîne1.$chaîne2;
echo $touteschaînes;
```

L'instruction `echo` retourne la sortie d'une seule chaîne :

```
HelloWorld!
```

Remarquez qu'il n'y a aucun espace entre `Hello` et `World!`, car il n'y a pas d'espace entre les deux chaînes réunies. Vous pouvez ajouter un espace entre les deux mots en regroupant trois chaînes : les deux variables et une chaîne qui contient un seul espace :

```
$touteschaînes = $chaîne1. " ".$chaîne2;
```

Vous pouvez ajouter les caractères `.=` dans la chaîne définie. Par exemple, au lieu d'exécuter les instructions précédentes, vous utiliserez ce qui suit :

```
$touteschaînes = "Hello";
$touteschaînes .= " World!";
echo $touteschaînes;
```

La sortie de l'instruction `echo` sera :

```
Hello World!
```

Manipuler des chaînes

PHP fournit des fonctions intégrées pour manipuler des chaînes (voir Chapitre 8). L'utilisation des fonctions PHP vous permettra de rechercher des sous-chaînes ou des caractères, de remplacer une partie d'une chaîne par différents caractères, de compter la longueur d'une chaîne et d'effectuer bien d'autres manipulations.

En général, vous allez supprimer les espaces vides avant ou après une chaîne. Effacez les espaces avant ou après à l'aide des instructions suivantes :

```
$chaîne = trim($chaîne)  # supprime espaces devant & derrière
$chaîne = ltrim($chaîne) # supprime espaces devant
$chaîne = rtrim($chaîne) # supprime espaces derrière
```

PHP vous permet de décomposer une chaîne en mots, ce qui est assez pratique. Cette fonction épouse la syntaxe générale suivante :

```
str_word_count("chaîne",format)
```

Dans cette expression, `format` peut être 1, ce qui signifie qu'elle retournera les mots sous forme numérique, ou 2, ce qui signifie que les mots seront retournés sous forme de tableau où la clé correspond au premier caractère du mot. (Reportez-vous au Chapitre 6 qui est consacré aux tableaux.) Si vous n'incluez pas le format, la fonction retourne le nombre de mots. Les exemples ci-dessous illustrent l'emploi de `str_word_count` :

```
$chaîne = "Compter mots";
$nombredeMots = str_word_count($chaîne);
$mot1 = str_word_count($chaîne,1);
$mot2 = str_word_count($chaîne,2);
```

Après l'exécution des instructions, les variables suivantes sont définies :

```
$nombredemots = 2
$mot1[0] = Compter
$mot1[1] = Mots
$mot2[0] = Compter
$mot2[9] = Mots
```

Notez que le premier mot commence à la position 0 (et non à la position 1) et que le mot suivant commence à la position 9. Je vous explique en détail les tableaux au Chapitre 6.

Le Tableau 5.3 présente des exemples d'utilisation d'autres instructions de manipulation de chaîne. En l'examinant, n'oubliez pas que la première position d'une chaîne est 0 et non 1.

Tableau 5.3 : Manipulation de chaîne.

Format de la fonction	Ce qu'elle fait	Exemple	Résultat
`str_repeat("str",n)`	Répète x fois `str n`	`$x=str_repeat("x",5);`	`$x=xxxxx`
`str_replace("a","b", "str")`	Remplace tous les *a* par des *b* dans `str`	`$a="abc abc";$s=str_ replace("b","i",$a);`	`$s=aic aic`
`strchr("string","char");`	Retourne `string` dans `char` pour terminer	`$str="aBc abc"; $sub=strchr($str,"b");`	`$sub=bc`

Tableau 5.3 : Manipulation de chaîne. (*suite*)

Format de la fonction	Ce qu'elle fait	Exemple	Résultat
`stristr("string", "char");`	Identique à `strchr`, mais n'est pas sensible à la casse	`$str="aBc abc";` `$sub=stristr($str,"b");`	`$sub=Bc abc`
`strlen("string")`	Retourne la longueur de `string`	`$n=strlen("hello");`	`$n=5`
`strpos("string", "substr")`	Retourne la position du début du premier `substr`	`$str="hello";` `$n=strpos($str,"ll");`	`$n=2`
`strrchr("string", "char");`	Identique à `strchr`, excepté qu'il ne trouve que la dernière instance de `char`	`$str="abc abc";` `$sub=strrchr($str,"b");`	`$sub=bc`
`strrev("string")`	Inverse `string`	`$n=strrev("abcde");`	`$n =edcba`
`strrpos("string", "substr")`	Retourne la position de la dernière instance de `substr`	`$str="abc abc";` `$n=strrpos($str,"bc");`	`$n=5`
`strtolower("string")`	Retourne une version en minuscules de `string`	`$str=strtolower("YES");`	`$str=yes`
`strtoupper("string")`	Retourne une version en majuscules de string	`$str=strtoupper("yes");`	`$str=YES`
`strtr("string","str1", "str2")`	Remplace toutes les `str1` par des `str2` dans `string`	`$str="aa bb cc";` `$new=strtr($str,"bb","xx");`	`$new=aa xx cc`
`substr("string",n1,n2)`	Retourne `string` entre `n1` et `n2`	`$sstr=substr("hello",2,4);`	`$sstr=llo`
`substr_count("str", "sub")`	Retourne le nombre d'occurrences de `sub` dans `str`	`$str="abc ab abc";` `$s="bc";` `$n=substr_count($str,$s);`	`$n=2`

Tableau 5.3 : Manipulation de chaîne. (*suite*)

Format de la fonction	Ce qu'elle fait	Exemple	Résultat
`substr_replace("s","r",n,l)`	Remplace `r` dans `s` en commençant par `n` pour `l`	`$s="abc abc"; $t=substr_replace($s,"x",2,3);`	`$t=abxbc`
`ucfirst("string")`	Met en majuscule la première lettre de `string`	`str="a B c"; $str2=ucfirst($str);`	`$str2=A B c`
`ucwords("string")`	Met en majuscule tous les mots de `string`	`$str="aa Bb cc"; $str2=ucwords($str);`	`$str2=Aa Bb Cc`

Formater les chaînes de sortie

La sortie générée par PHP est toujours au format de chaînes. Autrement dit, la sortie de l'instruction `echo` est une chaîne, même si l'instruction de sortie comporte une variable dont la valeur est un nombre. Une instruction de sortie épouse la syntaxe suivante :

```
$nombre = 4;
echo "Sophie a $nombre enfants.";
```

La sortie sera :

```
Sophie a 4 enfants.
```

La sortie est une chaîne, même si `4` était un nombre quand il était stocké dans la variable nommée `$nombre`. L'instruction `echo` retourne 4 comme s'il s'agissait d'une partie de la chaîne de caractères.

Le formatage de sortie représente une part importante de l'écriture des scripts. L'instruction `echo` vous offre une certaine souplesse dans le formatage de sortie. Dans la section "Format de sortie des nombres" ci-avant, nous avons vu le formatage des nombres au moyen de l'instruction `number_format`. PHP fournit des instructions supplémentaires pour formater des chaînes de sortie. Les instructions `printf` et `sprintf` vous permettent de formater des chaînes, des nombres et un mélange des deux.

Le format général est le suivant :

```
printf("format",$varnom1,$varnom2,. . .);
$newvar = sprintf("format",$varnom1,$varnom2,. . .);
```

L'instruction `printf` retourne des chaînes formatées ; `sprintf` stocke la sortie formatée dans une variable. Vous pouvez formater des chaînes, des nombres ou les deux à la fois, y compris des valeurs de variable. Les informations contenues dans `format` sont les instructions de formatage et `$varnom` contient la ou les valeurs à formater. Aussi l'instruction suivante est-elle valide :

```
$newvar = sprintf("Hello World!");
```

Cette instruction retourne la chaîne telle quelle, car elle ne spécifie aucun format. La chaîne `"Hello World!"` est maintenant attribuée à la variable `$newvar`. Toutefois, vous pouvez combiner des variables avec des littérales à l'aide des instructions suivantes :

```
$ngars = 3;
$nfilles = 2;
printf("%s garçons et %s filles",$ngars,$nfilles);
```

Le `%s` est une instruction de formatage qui indique à `printf` d'insérer la valeur de la variable en tant que chaîne. Par conséquent, la sortie est 3 garçons et 2 filles. Le caractère `%` signale à `printf` que l'instruction de formatage commence ici. L'instruction de formatage prend le format suivant :

```
%pad-width.dectype
```

Les instructions de formatage sont composées de :

- `%` : Signale le début de l'instruction de formatage.
- *pad* : Un caractère de remplissage permet de remplir la chaîne lorsque la valeur à formater est plus petite que la taille attribuée (voir *width*, plus loin dans la liste). Si vous ne spécifiez pas de caractère, on utilise un espace. *pad* peut être un espace, un 0 ou tout autre caractère précédé d'une apostrophe ('). Les nombres de remplissage de 0 sont souvent 01 ou 0001.

- - : Symbole indiquant de justifier les caractères à gauche. S'il n'est pas spécifié, les caractères sont justifiés à droite.
- *width* : Le nombre de caractères à utiliser dans cette valeur. Si la valeur ne remplit pas la largeur, le caractère de remplissage est utilisé pour remplir la valeur. Par exemple, si la largeur est 5, le caractère de remplissage 0 et la valeur 1, la sortie sera 000001.
- *.dec* : Le nombre de décimales après le point.
- *type* : Le type de la valeur. Utilisez s (string) pour la plupart des valeurs et f (flottant) pour les nombres décimaux.

Voici des exemples d'instructions sprintf :

```
$prix = 30;
$animal = "chaton";
$new = sprintf("$%03.2f est le %s.\n",$prix,$animal);
$new2 = sprintf("%'.-20s%3.2f",$animal,$prix);
echo $new;
echo $new2;
```

La sortie de ces instructions sera :

```
$030.00 est le prix d'un chaton.
chaton.............. 30.00
```

Notez que le format de $prix est 3.2f (3 chiffres et 2 décimales), que ce soit pour $new ou $new2. Mais dans $new le format est rempli par un 0 alors que dans $new2 il n'est pas rempli ; aussi 30 sera-t-il précédé d'un espace.

Quant à $new2, le format de $animal est '.20. Le 20 équivaut à 20 caractères de long pour $animal. La valeur chaton occupe 6 caractères. Le format '. indique à sprintf de remplir l'espace avec des points, ce qui génère 14 points. Le format - indique de justifier à gauche chaton, qui est suivi des caractères de remplissage. S'il n'y a pas de -, chaton sera justifié à droite par défaut.

En général, les scripts affichent des colonnes de nombres. Si vous avez trois nombres, tels que 12.3, 1 et 234.55, et exécutez une instruction echo, ils s'afficheront comme suit :

```
12.3
1
234.55
```

Même si vous utilisez `number_format` pour spécifier deux décimales, ils s'afficheront comme suit :

```
12.30
1.00
234.55
```

Vous pouvez également les faire apparaître en ordre en utilisant `printf` comme suit :

```
printf("%5.2f\n",$number1);
printf("%5.2f\n",$number2);
printf("%5.2f\n",$number3);
```

La sortie sera alors :

```
12.30
  1.00
234.55
```

Dans les précédentes instructions, le format `%5.2f\n` indiquait à PHP comment formater le nombre en sortie :

- `%` : Indique à PHP que les chiffres qui suivent sont une instruction de formatage.
- `5` : La taille, c'est-à-dire le nombre de caractères maximal. Si ce nombre est inférieur à 5, il est alors justifié à droite. Le paramètre par défaut est Justifier à droite.
- `.2` : Signifie que le nombre à afficher à deux décimales.
- `f` : Indique à PHP d'afficher le nombre comme un flottant.
- `\n` : Indique à PHP de commencer une nouvelle ligne.

Pour bien mettre en forme des dollars, utilisez `sprintf` comme dans l'instruction suivante qui formate un nombre en une somme de dollars :

```
$nomnouvellevariable = sprintf("$%.2f", $nomanciennevariable);
```

Cette instruction reformate le nombre dans `$nomanciennevariable` et le stocke dans un nouveau format dans `$nomnouvellevariable`. Par exemple, les instructions suivantes affichent le prix dans un format correct :

```
$prix = 25;
printf("$%.2f",$prix);
```

Vous verrez apparaître la sortie suivante :

```
5.00
```

Dates et heures

La date et l'heure représentent des éléments très importants dans un script. PHP a la capacité de reconnaître les dates et heures et de les traiter autrement que les chaînes de caractères. L'ordinateur stocke la date et l'heure au format appelé *horodatage*, qui est exprimé en secondes. Cependant, comme ce format est illisible pour l'être humain, PHP le convertit sous diverses formes pour le rendre aisément compréhensible aux humains et aux ordinateurs.

Le format de l'horodatage est un TIMESTAMP Unix, un entier qui représente le nombre de secondes depuis le 1er janvier 1970 à 0 heure en temps universel (GMT). Ce format permet de calculer les heures passées entre deux dates ; il suffit de soustraire un horodatage de l'autre.

Formater les dates

La fonction la plus utilisée pour formater les dates est `date`. Elle convertit une date ou une heure d'un format d'horodatage en un autre que vous avez spécifié. Sa syntaxe est la suivante :

```
$madate = date("format",$timestamp);
```

`$timestamp` est une variable qui contient un horodatage. Vous pouvez, comme expliqué dans la section suivante, stocker un horodatage dans la variable à l'aide de `time` ou `mktime`. Si `$timestamp` n'est pas spécifié, PHP stockera l'heure en cours du système d'exploitation. Par conséquent, vous récupérerez la date du jour via l'instruction suivante :

```
$today = date("Y/m/d");
```

Si la date du jour est le 10 mars 2004, l'instruction retournera :

```
2004/03/10
```

Le format est une chaîne qui spécifie le format de la date que vous allez stocker dans la variable. Par exemple, le format "a-m-j" retournera 04-3-10 et "M.d.Y." retournera Mars.10.2004. Le Tableau 5.4 présente la liste de quelques symboles que vous pouvez utiliser dans le format. (Récupérez la liste complète des symboles sur `www.php.net`.) Les parties de la date peuvent être séparées par des tirets (-), des points (.), des barres obliques (/) ou encore des espaces.

Tableau 5.4 : Symboles utilisés dans le format date.

Symbole	Signification	Exemple
`M`	Abréviation du mois en anglais	`Jan`
`F`	Mois en toutes lettres en anglais	`January`
`m`	Numéro du mois	`01` ou `12`
`n`	Numéro du mois	`1` ou `12`
`d`	Jour dans le mois	`01` ou `14`
`j`	Jour dans le mois	`3` ou `30`
`l`	Jour de la semaine en toutes lettres en anglais	`Friday`
`D`	Abréviation du jour de la semaine en anglais	`Fri`
`w`	Numéro du jour de la semaine de `0` (Dimanche) à `6` (Samedi)	`5`
`Y`	Année en quatre chiffres	`2004`
`y`	Année en deux chiffres	`04`

Tableau 5.4 : Symboles utilisés dans le format date. (*suite*)

Symbole	Signification	Exemple
`g`	Heure entre 0 et 12	`2` ou `10`
`G`	Heure entre 0 et 24	`2` ou `15`
`h`	Heure entre 0 et 12	`01` ou `10`
`H`	heure entre 0 et 24	`01` ou `23`
`i`	Minutes	`00` ou `59`
`s`	Secondes	`00` ou `59`
`a`	am ou pm	`am`
`A`	AM ou PM	`AM`
`U`	Secondes Unix	`1056244941`

Insérer un horodatage dans une variable

Vous pouvez affecter un horodatage contenant la date et l'heure en cours dans une variable, comme suit :

```
$aujourdhui = time();
```

Vous pouvez aussi exécuter l'instruction suivante :

```
$aujourdhui = strtotime("today");
```

Vous pouvez également stocker une date et une heure données sous forme d'horodatage à l'aide de la fonction `mktime` :

```
$importantDate = mktime(h,m,s,mo,d,y);
```

où `h` représente les heures, `m` les minutes, `s` les secondes, `mo` les mois, `d` le jour et `y` l'année. Vous pouvez par exemple enregistrer la date du 15 janvier 2003 comme suit :

```
$importantDate = mktime(0,0,0,1,15,2003);
```

Vous pouvez également stocker des horodatages spécifiques au moyen de `strtotime`, conjointement à divers mots clés et abréviations. Par exemple, vous pouvez créer l'horodatage du 15 janvier 2003 comme suit :

```
$importantDate = strtotime("January 15 2003");
```

`strtotime` reconnaît les mots et abréviations suivants :

- **Les mois** : Les 12 mois de l'année et leur abréviation (en anglais).
- **Les jours de la semaine** : Les 7 jours de la semaine et leur abréviation (en anglais).
- **Unités de temps** : Année, mois, semaine, jour, heure, minute, seconde, am et pm.
- **Quelques mots anglais utiles** : ago, now, last, next, this, tomorrow, yesterday.
- **Plus ou moins** : + ou -.
- **Tous les nombres.**
- **Les fuseaux horaires** : GMT (Greenwich Mean Time), pdt (Pacific Daylight Time).

Vous pouvez combiner mots et abréviations de diverses manières comme dans les exemples suivants :

```
$importantDate = strtotime("tomorrow");    #24 hours from now
$importantDate = strtotime("now + 24 hours");
$importantDate = strtotime("last saturday");
$importantDate = strtotime("8pm + 3 days");
$importantDate = strtotime("2 weeks ago"); # at current time
$importantDate = strtotime("next year gmt"); #1 year from now
$importantDate = strtotime("tomorrow 4am");
```

Vous pouvez calculer la différence entre des horodatages en les soustrayant. Par exemple, si vous souhaitez savoir combien de temps s'est écoulé entre `$importantDate` et `$aujourdhui` :

```
$tempsecoule = $aujourdhui - $importantDate;
```

ce qui vous donne le nombre de secondes entre la date importante et aujourd'hui.

Vous pouvez également exécuter l'instruction suivante pour déterminer le nombre d'heures de labeur que vous avez vécu depuis cette date importante :

```
$tempsecoule =(($aujourdhui - $importantDate)/60)/60;
```

Chapitre 6

Réunir des données sous forme de tableaux

Dans ce chapitre :

- Créer des tableaux.
- Assigner des valeurs aux tableaux.
- Trier les tableaux.
- Utiliser les valeurs contenues dans un tableau.
- Créer des tableaux multidimensionnels.

Les *tableaux* sont des variables complexes capables de contenir plusieurs valeurs. Un tableau est particulièrement pratique pour stocker des valeurs ayant des rapports entre elles. Vous pouvez par exemple stocker des informations sur une voiture, son modèle, sa couleur, son prix dans un seul tableau nommé `$VoitureInfo`. Les informations contenues dans un tableau sont simples à obtenir et à modifier. Ainsi, PHP fournit de nombreuses méthodes pour trier les informations contenues dans un tableau. Nous allons étudier dans ce chapitre la manière de créer, de modifier, de copier et d'utiliser un tableau.

Créer et utiliser un tableau

Les tableaux sont des éléments importants de la programmation en PHP. Cette section décrit la manière de les créer, de les modifier et de les supprimer.

Créer un tableau

Pour créer une variable, il suffit de lui assigner une valeur. Il en va de même pour les tableaux : la méthode la plus simple pour en créer un est de lui assigner une valeur. Ainsi, en supposant que vous n'ayez pas référencé `$Client` en amont dans le script, le fragment de code suivant va créer un tableau nommé `$Client` :

```
$Client[1] = "Piotr Chovo";
```

Nous avons ici créé un tableau nommé `$Client`. Ce tableau ne contient qu'une seule valeur pour le moment. Examinons le fragment de code suivant :

```
$customers[2] = "Stéphane Vatemps";
$customers[3] = "Geneviève Bonssaux";
```

A présent, notre tableau `$Client` contient trois valeurs : Piotr Chovo, Stéphane Vatemps et Geneviève Bonssaux.

Un tableau peut être décrit comme une liste clé/valeur stockée comme suit :

```
$nomdutableau['clef1'] = valeur1;
$nomdutableau['clef2'] = valeur2;
$nomdutableau['clef3'] = valeur3;
```

et ainsi de suite tant qu'il reste des éléments à ajouter au tableau.

La clé est donc une sorte d'index.

Les tableaux peuvent utiliser des numéros ou des chaînes de caractères pour définir leur index. Le fragment de code suivant va créer un tableau contenant des noms de pays et leurs capitales :

```
$capitale['FR']= "Paris";
$capitale['UK']= "Londres";
$capitale['IT']= "Rome";
```

Vous pouvez également omettre d'indiquer explicitement l'index d'une entrée de tableau. Ainsi, les entrées suivantes du tableau :

```
$rue[]="Rue de Paris.";
$rue[]="Avenue de Rome.";
$rue[]="Place de Londres.";
```

seront automatiquement indexées en partant du numéro 0. Ou encore, si vous lancez le script suivant :

```
echo "$rue[0]";
```

la sortie sera :

```
Rue de Paris.
```

L'index numérique d'un tableau commence à 0, à moins que vous n'indiquiez explicitement un numéro de départ. Une erreur classique est de penser que le tableau commence à 1 au lieu de 0.

Ainsi, le fragment de code suivant :

```
$rue = array ( "Rue de Paris."," Avenue de Rome. "," Place de Londres.");
```

créera un tableau identique à celui que nous avons vu précédemment. Si vous souhaitez que ce tableau commence avec l'indice 12 à la place de 0, vous pouvez utiliser la syntaxe suivante :

```
$rue= array ( 12=> "Rue de Paris."," Avenue de Rome. "," Place de Londres.");
```

qui créera le tableau suivant :

```
$rue[12] = Rue de Paris.
$rue[13] = Avenue de Rome.
$rue[14] = Place de Londres.
```

Vous pouvez également utiliser une syntaxe voisine pour créer des tableaux ayant des mots pour index. Le fragment de code suivant crée un tableau contenant des capitales :

```
$capitales = array ( "FR" => "Paris",
                     "IT" => "Rome",
                     "UK" => "Londres" );
```

TRUC

Remarquez la structure de ce code. PHP ne prête aucune importance aux espaces ou aux nouvelles lignes. Ce fragment de code aurait pu être écrit sur une seule ligne, mais nous avons, pour des raisons de lisibilité, préféré ici l'écrire sur plusieurs.

Vous pouvez également créer un tableau contenant une plage de valeurs en utilisant la syntaxe suivante :

```
$annees = range(2001, 2010);
```

Le tableau résultant aura l'aspect suivant :

```
$annees [0] = 2001
$annees [1] = 2002
. . .
$annees [8] = 2009
$annees[9] = 2010
```

De même, vous pouvez aussi employer la syntaxe ci-dessous :

```
$inverse_alphabet = range("z", "a");
```

qui créera un tableau contenant 26 éléments :

```
$ inverse_alphabet [0]=z
$ inverse_alphabet [1]=y
. . .
$ inverse_alphabet [24]=b
$ inverse_alphabet [25]=a
```

Afficher les tableaux

Vous pouvez obtenir la structure et les valeurs de n'importe quel tableau en utilisant l'instruction `var_dump` ou l'instruction `print_r`. L'instruction `print_r()`

fournit cependant un peu moins d'informations. Pour afficher le tableau `$clients`, utilisez la syntaxe suivante :

```
print_r($clients);
```

L'instruction `print_r` génère la sortie ci-dessous :

```
Array
(
    [1] => Piotr Chovo    [2] => Stephane Vatemps
    [3] => Geneviève Bonssaux
)
```

Cette sortie contient la clef et la valeur de chaque élément du tableau. Pour obtenir plus d'informations, utilisez l'instruction suivante :

```
var_dump($clients);
```

Cette instruction génère la sortie ci-dessous :

```
array(3) {
  [1]=>
  string(11) " Piotr Chovo "
  [2]=>
  string(16) " Stephane Vatemps "
  [3]=>
  string(18) " Geneviève Bonssaux "
}
```

Cette sortie affiche le type de donnée de chaque élément. On apprend ainsi que le tableau contient des chaînes de 11, 16 et 18 caractères en plus d'obtenir les valeurs et les clefs. Un tableau contenant le nom et l'âge des clients serait affiché comme ci-dessous :

```
array(2) {
  ["nom"]=>
  string(9) " Piotr Chovo "
  ["age"]=>
  int(12)
}
```

Il est indiqué ici que la variable age est un entier (int) valant 12. Le client est ici une personne âgée de 12 ans.

N'oubliez pas que cette sortie est envoyée par PHP. Si vous utilisez PHP pour le Web, la sortie affichée sera une page Web au format HTML, ce qui signifie que cette dernière se fera sur une seule ligne. Pour obtenir une sortie en HTML, utilisez une balise indiquant au navigateur d'afficher le texte sans le modifier en utilisant les instructions suivantes :

```
echo "<pre>";
var_dump($client);
echo "</pre>";
```

Modifier des tableaux

Tout comme les variables, les tableaux peuvent être modifiés à tout moment dans un script. Les valeurs individuelles peuvent être modifiées, les éléments peuvent être ajoutés, supprimés ou réorganisés. Ainsi, par exemple, si vous avez un tableau nommé $capitales, vous pouvez utiliser l'instruction suivante pour changer la valeur d'un élément :

```
$capitales['FR'] = "Bruxelles";
```

Cette affectation modifie la valeur de l'élément FR contenu dans le tableau $capitales. Certains souhaiteront sans doute mettre un peu d'ordre dans tout cela. Vous pouvez à cet effet ajouter un enregistrement comme celui-ci :

```
$capitales['BE'] = "Bruxelles";
```

Nous ajoutons ici un nouvel élément au tableau en laissant tous les éléments existants tels quels.

Supposez qu'un tableau défini au début d'un script possède les entrées suivantes :

```
$client [1] = Piotr Chovo
$client [2] = Stephane Vatemps
$client [3] = Geneviève Bonssaux
```

Vous pouvez utiliser l'instruction ci-après plus loin dans le script :

```
$client [] = "Juan Cano Lopez ";
```

`$client` est à présent composé de quatre éléments :

```
$client [1] = Piotr Chovo
$client [2] = Stephane Vatemps
$client [3] = Geneviéve Bonssaux
$client [4] = Juan Cano Lopez
```

Si vous souhaitez copier l'intégralité du tableau dans un nouveau tableau, utilisez la syntaxe suivante :

```
$clientcopie = $client;
```

Supprimer des valeurs dans un tableau

Il est parfois nécessaire de supprimer complètement toutes les valeurs contenues dans un tableau. Supposez par exemple que vous ayez le tableau suivant :

```
$couleurs = array ( "rouge", "vert", "bleu", "rose", "jaune" );
```

Ce tableau compte cinq valeurs. Si vous décidez à présent que la couleur rose n'a plus sa place dans votre tableau, vous pouvez la supprimer ainsi :

```
$couleurs [3] = "";
```

Cependant, bien que cette syntaxe affecte la valeur nulle à `$couleurs[3]`, la clef n'est pas supprimée du tableau. En d'autres termes, votre tableau possède toujours cinq valeurs dont une nulle. Pour supprimer totalement un élément du tableau, vous devez utiliser l'instruction `unset`, comme ceci :

```
unset($couleurs[3]);
```

Votre tableau ne contient plus à présent que quatre valeurs :

```
$couleurs[0] = rouge
$couleurs[1] = vert
$couleurs[2] = bleu
$couleurs[4] = jaune
```

Notez que les autres entrées ne changent pas lorsque l'élément 3 est supprimé.

Lorsqu'un tableau a été créé, il ne disparaît pas, à moins que l'on indique explicitement que l'on souhaite le supprimer. La suppression de toutes les valeurs d'un tableau ne supprime pas le tableau lui-même. Pour supprimer un tableau, il faut utiliser la syntaxe suivante :

```
unset($couleurs);
```

Trier les tableaux

L'une des fonctionnalités les plus utiles de PHP concernant les tableaux est sans doute sa capacité à trier ces derniers. PHP stocke initialement les éléments d'un tableau dans l'ordre où vous les avez créés. Ainsi, si vous affichez un tableau sans modifier l'ordre des éléments, vous obtiendrez les éléments dans l'ordre où vous les avez créés. Il est cependant très utile de pouvoir modifier cet ordre. Par exemple, vous pourriez souhaiter afficher un tableau trié par ordre alphabétique ou par numéro de clef.

PHP peut trier les tableaux de nombreuses manières. Pour trier un tableau dont les clefs sont sous forme de nombres, utilisez l'instruction suivante :

```
sort($nomdutableau);
```

Cette instruction trie les tableaux par valeurs. Les éléments des tableaux sont triés par numéros en premier, puis dans l'ordre alphabétique de leurs lettres majuscules, puis selon l'ordre alphabétique de leurs minuscules. Examinons par exemple le tableau `$rue` :

```
$rue[0]="Rue de Paris.";
$rue[1]="Avenue de Rome.";
$rue[2]="7 Place de Londres.";
```

En entrant l'instruction suivante :

```
sort($rue);
```

le tableau deviendra :

```
$rue[0]="7 Place de Londres.";
$rue[1]="Avenue de Rome.";
$rue[2]="Rue de Paris.";
```

Si vous utilisez l'instruction `sort()` pour trier un tableau dont les clefs contiennent des mots, les mots seront transformés en valeurs.

Pour trier un tableau dont les clefs contiennent des mots, utilisez la fonction `asort`,comme ceci :

```
asort($capitales);
```

Cette instruction trie les capitales par valeurs et conserve les clefs originales de chaque valeur. Ainsi, le tableau contenant les noms des capitales que nous avons utilisé plus tôt :

```
$capitales['FR'] = "Paris";
$capitales['IT'] = "Rome";
$capitales['UK] = "Londres";
```

Lorsque l'on utilise l'instruction `asort` :

```
asort($capitales);
```

le tableau devient :

```
$capitales['UK'] = Londres
$capitales['FR'] = Paris
$capitales['IT'] = Rome
```

Notez que les clefs restent associées à leurs valeurs, même une fois triées. Les éléments sont maintenant triés par ordre alphabétique, sans que la correspondance clef/valeur soit altérée. Si les clefs avaient été des nombres, leurs numéros eussent été modifiés. Ainsi, supposez que le tableau original ait été le suivant :

```
$capitales[1] = "Paris";
$capitales[2] = "Rome";
$capitales[3] = "Londres";
```

le tableau serait devenu, après l'emploi de la fonction `asort` :

```
$capitales[2] = Paris
$capitales[1] = Londres
$capitales[3] = Rome
```

Il existe de nombreux autres moyens pour trier les tableaux. Le Tableau 6.1 récapitule toutes les fonctions de tri disponibles :

Tableau 6.1 : Types de tri.

Fonction de tri	Action
`sort($arrayname)`	Tri par valeurs. Assigne de nouvelles valeurs aux clefs.
`asort($arrayname)`	Tri par valeurs. Assigne de nouvelles valeurs aux clefs.
`rsort($arrayname)`	Tri par valeurs dans l'ordre décroissant. Assigne de nouvelles valeurs aux clefs.
`arsort($arrayname)`	Tri dans l'ordre décroissant. Conserve les mêmes clefs.
`ksort($arrayname)`	Tri par clefs.
`krsort($arrayname)`	Tri par clefs dans l'ordre décroissant.
`usort($arrayname,functionname)`	Tri par fonctions (reportez-vous au Chapitre 8 pour de plus amples informations sur les fonctions).
`natsort($arrayname)`	Tri mixte chaîne/nombre dans l'ordre croissant. Prenons l'exemple d'un tableau contenant les valeurs suivantes : jour1, jour5, jour11, jour2. Le tableau deviendra avec cette fonction jour1, jour2, jour5, jour11, alors qu'il serait devenu jour1, jour11, jour2, jour5 avec les fonctions précédentes.

Utiliser les tableaux avec les fonctions

Les tableaux peuvent être utilisés avec des fonctions, exactement comme des variables.

Vous pouvez donc accéder à n'importe quelle valeur contenue dans un tableau de la manière suivante :

```
$FRcapitale = $capitales['FR'];
echo $FRcapitale ;
```

Ce code va générer la sortie suivante :

```
Paris
```

Si vous indiquez dans votre code un élément de tableau qui n'existe pas, vous obtiendrez la notification :

```
Notice: Undefined index: FRx in d:\testarray.php on line 9
```

Une notification n'arrête pas le script. Les instructions venant ensuite seront exécutées. Cependant, comme aucune valeur n'a été affectée à `$capitale`, tous les appels à la fonction `echo` produiront une sortie vide. Pour éviter qu'une notification ne soit affichée, utilisez le symbole @, comme ceci :

```
@$CAcapitale = $capitales['CAx'];
```

Utiliser les tableaux avec la fonction echo

Vous pouvez afficher le contenu d'un tableau comme ceci :

```
echo $capitales['FR'];
```

Ce qui produira le résultat suivant :

```
Paris
```

Si vous souhaitez inclure un tableau dans une instruction echo, vous devez ajouter des accolades ouvrante et fermante, comme ceci :

```
echo "La capitale de la France est {$capitales['FR']}";
```

La sortie sera la suivante :

```
La capitale de la France est Paris
```

Utiliser les tableaux dans des listes

Vous pouvez obtenir plusieurs valeurs à la fois en recherchant dans un tableau avec l'instruction list. Supposez que vous ayez créé le tableau suivant :

```
$InfoChaussure = array("mocassin", "noir", 44.00);
```

Vous pouvez afficher le tableau comme ceci :

```
print_r($InfoChaussure);
```

La sortie sera la suivante :

```
Array
(
    [0] => mocassin
    [1] => noir    [2] => 44
)
```

La ligne suivante vous indique comment utiliser l'instruction list avec un tel tableau :

```
list($premier,$second) = $InfoChaussure;
echo $premier," ",$second;
```

L'instruction list crée ici deux variables nommées $premier et $second et copie les deux premières valeurs issues de $InfoChaussure dans ces nouvelles variables. Exactement comme si vous aviez écrit les instructions suivantes :

```
$premier=$InfoChaussure[0];
$second=$InfoChaussure[1];
```

La troisième valeur de `$InfoChaussure` n'est pas copiée dans une variable, car l'instruction `list` ne contient que deux variables. La sortie de l'instruction `echo` est la suivante :

```
mocassin noir
```

Dans certains cas, vous souhaiterez retrouver la clef d'un élément à la place de sa valeur. Supposez que l'élément suivant soit le premier élément d'un tableau :

```
$InfoChaussure ['style'] = mocassin ;
```

L'instruction suivante obtient la clef via la valeur et l'affiche :

```
$valeur = $InfoChaussure['style'];
$clef = key($InfoChaussure);
echo "$clef: $valeur";
```

La sortie de cette ligne d'instruction est la suivante :

```
Style: mocassin
```

La première ligne renseigne la variable `$valeur` avec la valeur contenue dans le tableau (ici mocassin). La seconde ligne récupère la clef et la stocke dans la variable `$clef`. Dans ce cas, nous retrouvons la clef à partir du premier élément, car c'est l'élément en cours. Nous pourrions récupérer n'importe quel élément de cette manière en parcourant le tableau.

Parcourir un tableau

Vous aurez fréquemment besoin de traiter tous les éléments d'un tableau. Vous pourriez en afficher toutes les valeurs ou encore les enregistrer dans une base de données. Nous allons dans cette partie étudier deux moyens d'y parvenir.

- **En parcourant un tableau manuellement :** En utilisant pour cela un pointeur pour passer d'une valeur à l'autre.

- **En utilisant foreach :** Afin de parcourir automatiquement un tableau du début à la fin, une valeur à la suite de l'autre.

Parcourir un tableau manuellement

Vous pouvez parcourir un tableau manuellement en utilisant un pointeur. Pour cela, imaginez que votre tableau soit une liste. Imaginez à présent un pointeur pointant sur une valeur de cette liste. Le pointeur demeure sur la valeur jusqu'à ce que vous le déplaciez. Vous pouvez déplacer un pointeur comme suit :

- current($*nomtableau*) : Renvoie la valeur courante associée au pointeur.
- next($*nomtableau*) : Déplace le pointeur jusqu'à la valeur suivante.
- previous($*nomtableau*) : Déplace le pointeur vers la valeur précédant la position courante.
- end($*nomtableau*) : Déplace le pointeur sur la dernière valeur du tableau.
- reset($*nomtableau*) : Déplace le pointeur sur la première valeur du tableau.

Les instructions permettent de parcourir manuellement le tableau contenant les noms de capitales :

```
$valeur = current ($capitales);
echo "$valeur<br>";
$valeur = next ($capitales);
echo "$valeur<br>";
$valeur = next ($capitales);
echo "$valeur<br>";
```

Si vous n'êtes pas certain de la position du pointeur dans le tableau, utilisez l'instruction `reset` pour positionner le pointeur sur la première valeur contenue dans le tableau :

```
reset($capitales);
```

Avec ce type de parcours de tableau, vous devez assigner et afficher chaque valeur contenue dans le tableau.

Cette méthode est très souple. Vous pouvez vous déplacer dans le tableau comme bon vous semble, vous rendre directement du début à la fin, sauter des valeurs, aller en arrière... Cependant, si vous souhaitez simplement parcourir une à une, du début à la fin, les valeurs contenues dans un tableau, PHP vous propose une méthode plus pratique : l'instruction `foreach`.

Utiliser foreach pour parcourir un tableau

Vous pouvez utiliser `foreach` pour parcourir un tableau et traiter une à une les valeurs qu'il contient :

```
foreach ( $nomtableau as $nomclef => $nomvaleur  )
{
    traitement;
}
```

Il vous faudra pour cela fournir les informations suivantes :

- *nomtableau* : Le nom du tableau que vous souhaitez parcourir.
- *nomclef* : Le nom de la variable dans laquelle vous souhaitez stocker les clefs. La variable *nomclef* est optionnelle. Si vous ne l'indiquez pas, seules les valeurs stockées dans *nomvaleur* seront retournées.
- *nomvaleur* : Le nom de la variable dans laquelle vous souhaitez stocker les valeurs.

Par exemple, l'instruction `foreach` suivante parcourt un tableau contenant le nombre d'habitants par pays et affiche le résultat sous forme de liste :

```
$population_pays = array ( "FR" => 58258000,
                           "UK" => 59210400,
                           "IT" => 55120025);
ksort($etat_population);
foreach($etat_population as $etat => $population )
{
    $population = number_format($population);
    echo "$etat: $population.<br>";
}
```

A la place du précédent bloc `foreach`, vous auriez aussi pu écrire :

```
foreach ( $etat_population as $population )
```

Les clefs n'auraient plus été retournées, seule l'information concernant la population aurait été disponible.

L'instruction `foreach` commence toujours au début d'un tableau, il n'est pas nécessaire d'utiliser la fonction `reset` pour positionner le pointeur au départ.

Connaître la taille d'un tableau

Pour afficher la structure ou les valeurs d'un tableau, vous pouvez utiliser `var_dump` et `print_r` (fonctions présentées plus tôt dans ce chapitre). Cependant, si vous souhaitez simplement connaître la taille de votre tableau sans vous soucier de ce qu'il contient, vous pouvez utiliser les fonctions `count` et `sizeof`, comme suit :

```
$n = count($nomtableau);
$n = sizeof($nomtableau);
```

Après un appel à l'une de ces fonctions, la variable `$n` aura pour valeur le nombre d'éléments contenus dans le tableau `$nomtableau`.

Convertir un tableau en chaîne de caractères (et vice versa)

Il est parfois pratique de réaliser une opération qui nécessite un type particulier d'information. Par exemple, si vous souhaitez afficher chaque mot d'une phrase sur une ligne différente, une façon d'y parvenir consiste à ajouter le caractère `\n` avant l'affichage de chaque mot. Si votre phrase existe sous forme de tableau, cette opération sera très simple à réaliser avec l'instruction `foreach`.

Il est possible de créer un tableau à partir d'une chaîne de caractères, de la manière suivante :

```
$nomtableau = explode("s",string);
```

Le premier élément entre parenthèses est le caractère qui servira à découper la chaîne de caractères. Le second élément est la chaîne elle-même. Par exemple, le code suivant crée un tableau à partir d'une chaîne :

```
$chaine1 = "Voici :notre: nouvelle :maison de campagne";
$tableautest = explode(":",$chaine1);
print_r($tableautest);
```

La fonction `explode` indique ici à PHP de découper la chaîne à chaque (:) et de créer un tableau contenant les chaînes résultantes. La sortie sera la suivante :

```
Array
(
    [0] => Voici
    [1] => notre
    [2] =>  nouvelle
    [3] => maison de campagne
)
```

`$chaine1` n'est pas modifiée.

Inversement, vous pouvez convertir un tableau en chaîne, comme ceci :

```
$resChaine = implode("s",$tableau);
```

Le code ci-dessus demande à PHP de créer une chaîne contenant tous les éléments de `$tableau`, avec *s* comme séparateur, et de stocker cette dernière dans la variable `$resChaine`.

```
$tableau = array( "rouge", "bleu", "vert");
$chaine = implode(":",$tableau);
echo $chaine;
```

La sortie de la fonction `implode` est stockée dans `$chaine`. La fonction `implode` n'affecte pas `$tableau`.

La ligne ci-dessous correspond à la sortie du code précédent :

```
rouge;bleu;vert
```

Il n'y a pas d'espace entre les éléments de la chaîne, car aucun espace n'est spécifié dans la fonction `implode`. Pour obtenir des espaces entre les éléments de la chaîne, il suffit d'en ajouter un dans le paramètre de séparateur de la fonction `implode` :

```
$chaine = implode("; ",$tableau);
```

Ce qui générera la sortie suivante :

```
rouge; bleu; vert
```

Convertir des variables en tableaux (et vice versa)

Certaines instructions de PHP n'utilisent pas les tableaux, il est alors nécessaire de les convertir en variables. D'autres fois, vous aurez besoin d'exploiter les informations contenues dans plusieurs variables sous forme de tableau.

Ainsi, en utilisant l'instruction `extract`, vous obtiendrez toutes les valeurs contenues dans un tableau et insérerez ces dernières dans des variables ayant pour nom la clef du tableau correspondante. Le code suivant récupère toutes les informations contenues dans un tableau et les affiche :

```
$tableau_test = array( "rose"=>"le lys", "rouge"=>"la rose");
extract($tableau_test);
echo "Ma fleur rouge favorite est $rouge.\n";
echo "Ma fleur rose favorite est $rose.";
```

La sortie générée par ce code est la suivante :

```
Ma fleur rouge favorite est la rose.
Ma fleur rose favorite est le lys.
```

Inversement, vous pouvez convertir un groupe de variables sous forme de tableau en utilisant l'instruction `compact`. Cette instruction copie les valeurs contenues dans des variables spécifiées dans un élément de tableau :

```
$couleur1 = "rouge";
$couleur2 = "bleu";
$a = "violet";
$b = "orange";
$tableau_src = array("a","b");
$tableau_dst = compact("couleur1","couleur2",$tableau_src);
```

Le résultat est le tableau ci-dessous :

```
$tableau_dst[couleur1] = rouge
$tableau_dst[couleur2] = bleu
$tableau_dst[a] = violet
$tableau_dst[b] = orange
```

Comme vous pouvez le constater, les noms de variables sont utilisés en tant que clefs.

Notez ici les deux différentes manières de spécifier à l'instruction `compact` les variables qui composent le tableau :

- **Première méthode** : Vous pouvez utiliser directement les noms de variables comme s'il s'agissait de chaînes. Les variables `couleur1` et `couleur2` emploient cette méthode.
- **Seconde méthode** : Utilisez un tableau qui contient le nom des variables. Dans l'exemple précédent, `$tableau_src` contient les noms des variables `a` et `b`. Le nom du tableau est utilisé ici pour ajouter les variables.

Ces deux méthodes ont chacune leur utilité. Si vous n'avez que quelques variables à compacter sous forme de tableau, la première méthode est sans doute la mieux adaptée. En revanche, si vous avez un grand nombre de variables à ajouter, il vous sera sans doute plus facile d'ajouter leurs noms dans un tableau, puis d'utiliser ce tableau avec l'instruction `compact`.

Grouper ou dissocier des tableaux

Il est souvent nécessaire de pouvoir grouper ou dissocier des tableaux. Par exemple, supposez que vous ayez deux classes d'élèves dont les noms sont stockés dans deux tableaux distincts. Si les deux classes doivent être réunies, il vous sera utile de pouvoir associer leurs tableaux, puis de les dissocier le moment venu.

Pour dissocier un tableau, vous pouvez créer un nouveau tableau qui contiendra le sous-ensemble d'un tableau existant. Utilisez pour cela la syntaxe suivante :

```
$sous_tableau = array_slice($nomtableau,n1,n2);
```

où `n1` est l'indice de départ dans le tableau de référence et `n2` le nombre d'éléments de ce nouveau tableau. Par exemple :

```
$tableau_test = array( "rouge", "vert", "bleu","rose");
$sous_tableau = array_slice($tableau_test,1,2);
```

Le nouveau tableau `$sous_tableau` contiendra les éléments suivants :

```
[0] => vert
[1] => bleu
```

N'OUBLIEZ PAS

A moins que vous ne l'explicitiez, un tableau commence à la valeur `0` et non à la valeur `1`.

Vous pouvez associer deux tableaux ou plus en utilisant l'instruction suivante :

```
$grand_tableau = array_merge($tableau1,$tableau2,...);
```

Ainsi, par exemple, vous pouvez utiliser le fragment de code suivant pour grouper deux tableaux :

```
$tableau1 = array("rouge","bleu");
$tableau2 = array("vert","jaune");
$grand_tableau = array_merge($tableau1,$tableau2);
```

qui remplira le tableau `$grand_tableau`, comme ceci :

```
$grand_tableau[0] = rouge
$grand_tableau[1] = bleu
$grand_tableau[2] = vert
$grand_tableau[3] = jaune
```

Vous pouvez associer des tableaux dont les clefs sont des mots ou des nombres. Cependant, si deux ou plusieurs éléments ont le même nom, seul le dernier sera pris en compte, écrasant les précédents. Supposez par exemple que vous groupiez les tableaux suivants :

```
$tableau1 = array("couleur1"=>"rouge","couleur2"=>"bleu");
$tableau2 = array("couleur1"=>"vert","couleur3"=>"jaune");
$grand_tableau = array_merge($tableau1,$tableau2);
```

Le tableau résultant sera :

```
$grand_tableau [couleur1] = vert
$grand_tableau [couleur2] = bleu
$grand_tableau [couleur3] = jaune
```

Si vous devez grouper des tableaux ayant des clefs identiques, vous pouvez utiliser l'instruction `array_merge_recursive` à la place de `array_merge`. L'instruction `array_merge_recursive` crée en effet un tableau multidimensionnel lorsque les clefs sont identiques et évite ainsi d'écraser la valeur. Les tableaux multidimensionnels sont abordés dans la section "Tableaux multidimensionnels" plus bas dans ce chapitre.

Comparer des tableaux

Il vous sera parfois utile de savoir si les contenus de deux tableaux sont identiques. Ou encore d'identifier les éléments différents de deux tableaux. Pour savoir si deux éléments sont différents, utilisez l'instruction suivante :

```
$tableau_diff = array_diff($tableau1,$tableau2,...);
```

Une fois ce code exécuté, `$tableau_diff` contient les éléments de `$tableau1` qui n'apparaissent dans aucun des autres tableaux passés en paramètres. Les éléments conservent leurs clefs. Considérez l'exemple suivant :

```
$tableau1 = array( "a"=>"pomme","b"=>"orange","c"=>"banane");
$tableau2 = array( "prune", "orange", "banane" );
$tableau_diff = array_diff($tableau1,$tableau2);
```

Une fois ce code exécuté, le contenu `$tableau_diff` sera le suivant :

```
$tableau_diff[a] = pomme;
```

L'élément pomme est dans le tableau, car pomme est dans $tableau1 mais pas dans $tableau2.

L'ordre dans lequel vous indiquez les tableaux a une importance. Par exemple, si nous avions utilisé l'instruction suivante à la place de la précédente :

```
$tableau_diff = array_diff($tableau2,$tableau1);
```

nous aurions obtenu :

```
$tableau_diff[0] = prune;
```

car $tableau2 est indiqué en premier dans l'instruction. En effet, prune se trouve dans $tableau2 et non dans $tableau1.

Si vous souhaitez obtenir les éléments dont les clefs sont différentes entre deux tableaux, utilisez l'instruction suivante :

```
$tableau_diff = array_diff_assoc($tableau1,$tableau2);
```

Avec les tableaux $tableau1 et $tableau2 de l'exemple précédent, nous obtenons :

```
$tableau_diff[a] = pomme
$tableau_diff[b] = orange
$tableau_diff[c] = banane
```

Dans ce cas, aucun des éléments de $tableau1 n'apparaît dans $tableau2, car tous les éléments sont différents.

Nous pouvons également créer des tableaux contenant les mêmes éléments en utilisant l'instruction suivante :

```
$tableau_sim = array_intersect($tableau1,$tableau2,. . .);
```

En reprenant les tableaux précédents, l'instruction ci-dessous :

```
$tableau_sim = array_intersect($tableau1,$tableau2);
```

retournera le résultat suivant :

```
$tableau_sim[b] = orange
$tableau_sim[c] = banane
```

L'instruction `array_intersect` ajoute un élément pour chaque nouvelle valeur qu'elle rencontre dans les tableaux listés en paramètres. Si vous souhaitez comparer les valeurs et les clefs, utilisez l'instruction :

```
$tableau_sim = array_intersect_assoc($tableau1,$tableau2);
```

qui vérifie que la valeur et la clef de chaque élément sont identiques avant de les copier dans `$tableau_sim`.

Utiliser les autres instructions de tableaux

La section ci-après aborde les opérations suivantes sur les tableaux :

- Additionner les valeurs d'un tableau.
- Supprimer les éléments redondants d'un tableau.
- Intervertir clefs et valeurs dans un tableau.

Sommer des tableaux

Pour faire la somme de toutes les valeurs contenues dans un tableau, utilisez l'instruction ci-dessous :

```
$somme = array_sum($tableau);
```

Par exemple, le code suivant :

```
$tableau_somme = array(3,3,3);
$somme = array_sum($tableau_somme);
echo $somme;
```

retournera la valeur `9`.

La somme ne concerne bien sûr que les éléments numériques contenus dans le tableau. Comme il est dit au Chapitre 5, PHP convertira les chaînes en valeur 0 avant de les sommer.

Supprimer des éléments redondants

Il est parfois nécessaire de supprimer les éléments redondants contenus dans un tableau. Ainsi, si vous souhaitez imprimer la liste des noms de vos clients contenue dans un tableau, vous allez également souhaiter les afficher chacun une seule fois. Pour cela, utilisez l'instruction suivante :

```
$noms = array( "Marie", "Sylvie", "Sylvie","Samuel");
$noms2 = array_unique($noms);
```

Le tableau `$noms2` contiendra les enregistrements suivants :

```
$noms2[0] => Marie
$noms2[1] => Sylvie
$noms2[3] => Samuel
```

Comme vous pouvez le constater, les éléments redondants ont été supprimés.

Intervertir clefs et valeurs

Vous pouvez intervertir les clefs et les valeurs d'un tableau. Considérez le tableau suivant :

```
$tableau_test['rose'] = rouge
$tableau_test['iris'] = violet
```

Pour échanger leurs valeurs, utilisez l'instruction ci-dessous :

```
$tableau_interverti = array_flip($tableau_test);
```

Le tableau `$tableau_interverti` contient maintenant :

```
$tableau_interverti['rouge'] = rose
$tableau_interverti['violet'] = iris
```

Tableaux multidimensionnels

Dans les sections précédentes de ce chapitre, nous avons décrit des tableaux composés d'une liste unique de paires clef/valeur. Mais il est parfois utile de pouvoir stocker des valeurs sur plusieurs clefs. Supposez que vous souhaitiez stocker dans une seule variable les prix suivants :

- oignon, 0.50
- pomme, 2.50
- orange, 2.00
- bacon, 3.50
- patate, 1.00
- jambon, 5.00

Nous pouvons stocker ces prix dans un tableau, comme ci-dessous :

```
$prix_nourriture['oignon'] = 0.50;
$prix_nourriture['pomme'] = 2.50;
$prix_nourriture['orange'] = 2.00;
$prix_nourriture['bacon'] = 3.50;
$prix_nourriture['patate'] = 1.00;
$prix_nourriture['jambon'] = 5.00;
```

Votre script peut facilement parcourir ce tableau pour y retrouver le prix d'un élément. Supposez cependant que ce tableau soit composé de 3 000 produits. Votre script devra alors parcourir toutes les clefs afin d'extraire les éléments relatifs aux oignons ou au jambon.

Notez que nous pouvons ici classer les prix de la nourriture selon trois catégories : légume, fruit, viande. Si nous classons les prix selon ces catégories, le script n'aura à parcourir que les éléments inclus que dans une seule catégorie. Ce classement est bien plus efficace. Nous pouvons donc classer les prix en les rangeant selon leur type de produit, de la manière suivante :

```
$prix_nourriture['legume]['oignon'] = 0.50;
$prix_nourriture['legume']['patate'] = 1.00;
$prix_nourriture['fruit']['pomme'] = 2.50;
$prix_nourriture['fruit']['orange'] = 2.00;
$prix_nourriture['viande']['bacon'] = 3.50;
$prix_nourriture['viande']['jambon'] = 5.00;
```

Ce type de tableau est appelé tableau *multidimensionnel*, car il se comporte comme un tableau de tableau. La Figure 6.1 illustre la structure de `$prix_nourriture` qui est un tableau de tableau. La figure indique que `$prix_nourriture` possède trois paires de clef/valeur. La valeur de chaque clef est un tableau composé également d'une clef et d'une valeur. Par exemple, la valeur pour la clef *viande* est un tableau contenant deux clef/valeur : *bacon/3.50* et *jambon/5.00*.

$prix-nourriture	**clé**	**valeur**	
		clé	*valeur*
	légume	oignon	0,5
		patate	1,00
	fruit	orange	2,00
		pomme	2,50
	viande	bacon	3,50
		jambon	5,00

Figure 6.1 La structure de `$prix_nourriture` est un tableau de tableau.

`$prix_nourriture` est un tableau à deux dimensions. PHP peut créer des tableaux ayant quatre, six ou plus dimensions. Cependant, vous risquez un bon mal de crâne si vous essayez de travailler avec un tableau ayant plus de trois dimensions.

Créer des tableaux multidimensionnels

Vous pouvez créer des tableaux multidimensionnels de la même manière que vous créeriez des tableaux à une dimension. Ainsi, vous pouvez les créer en employant la syntaxe ci-dessous :

```
$prix_nourriture['legume']['patate'] = 1.00;
$prix_nourriture['fruit']['pomme'] = 2.50;
```

Vous pouvez aussi laisser PHP choisir les clefs à votre place :

```
$transport['voiture'][] = "Ford";
$transport['voiture'][] = "Jeep";
```

PHP assignera alors des clefs aux éléments :

```
$transport[voiture][0] = Ford;
$transport[voiture][1] = Jeep;
```

Vous pouvez également créer un tableau multidimensionnel au moyen d'un tableau :

```
$prix_nourriture = array(
          "legume"=>array("patate"=>1.00,"oignon"=>.50),
          "fruit"=>array("pomme"=>2.50,"orange"=>2.00));
```

Notez que `$prix_nourriture` est un tableau créé via un tableau. Le premier tableau assigne deux éléments : légume et fruit. Les valeurs de ces deux éléments sont elles-mêmes contenues dans un tableau, créant ainsi un tableau de tableau. Notre exemple crée le tableau suivant :

```
$prix_nourriture[legume][patate] = 1.00
$prix_nourriture[legume][oignon] = .50
$prix_nourriture[fruit][pomme] = 2.50
$prix_nourriture[fruit][orange] = 2.00
```

Afficher des tableaux multidimensionnels

Pour voir le contenu d'un tableau multidimensionnel, il suffit de l'afficher comme un simple tableau. Nous pouvons pour cela utiliser les fonctions `print_r` ou `var_dump`. La sortie avec `var_dump` se fera comme suit :

```
array(2) {
  ["legume"]=>
  array(2) {
    ["patate"]=>
    float(1)
    ["oignon"]=>
    float(0.5)
  }
  ["fruit"]=>
  array(2) {
    ["pomme"]=>
    float(2.5)
    ["orange"]=>
    float(2)
  }
}
```

La première ligne identifie le premier tableau et indique qu'il contient deux éléments. Le premier de ces éléments, dont la clef est `legume`, contient un tableau de deux éléments. Le premier a pour clef `patate` associée à la valeur 1 de type flottant, le second une clef oignon dont la valeur de type flottant vaut 0.5. Le second élément du premier tableau dont la clef est `fruit` contient également un tableau de deux éléments.

Utiliser les tableaux multidimensionnels avec des instructions

Vous pouvez récupérer les valeurs d'un tableau multidimensionnel comme vous le faites avec un tableau à une dimension. Vous pouvez par exemple accéder directement au contenu d'un tableau de la manière suivante :

```
$prix_viande = $prix_nourriture['viande']['jambon'];
```

et afficher le résultat avec `echo` :

```
echo $prix_nourriture['viande']['jambon'];
```

Toutefois, si vous injectez cette valeur dans une chaîne, vous devez utiliser des accolades autour du nom de la variable. Le `$` qui précède le nom de la variable doit être suivi immédiatement et sans espace du symbole {, comme dans l'exemple ci-dessous:

```
echo "Le prix du jambon {$prix_nourriture['viande']['jambon']} €";
```

Nous avons vu plus haut dans ce chapitre plusieurs méthodes pour convertir des chaînes de caractères en tableaux (et vice versa), ainsi que des méthodes pour convertir des tableaux en variables (et vice versa) et certaines autres instructions spécialisées pour les tableaux. L'emploi de la plupart de ces instructions n'a pas beaucoup de sens pour les tableaux multidimensionnels et/ou elles ne fonctionnent pas correctement. Cependant, rappelez-vous qu'un tableau multidimensionnel est un tableau de tableau. Nous pouvons donc utiliser individuellement les éléments du tableau multidimensionnel (qui sont eux-mêmes des tableaux) avec ces fonctionnalités.

Prenons par exemple l'instruction `implode` décrite plus haut dans ce chapitre qui convertit un tableau en chaîne. Nous ne pouvons utiliser cette instruction avec un tableau multidimensionnel, car ces valeurs sont des tableaux et non des chaînes de caractères. Toutefois, nous pouvons l'employer avec n'importe quel élément de la manière suivante :

```
$chaine_resultat = implode(": ",$prix_nourriture['legume']);
```

Cette instruction ajoute dans la chaîne de caractères `$chaine_resultat` la valeur de chacun des éléments du tableau `legume` en les séparant avec les symboles :, comme suit :

```
1: 0,5
```

Cette sortie correspond à la valeur de `patate` (1) et d'`oignon` (0,5). Les deux valeurs sont séparées par un deux-points et un espace, comme le spécifie le paramètre de l'instruction `implode`.

Parcourir un tableau multidimensionnel

Vous pouvez parcourir un tableau multidimensionnel avec l'instruction `foreach` (voir la description de cette instruction dans la section "Parcourir un tableau", ci-avant dans ce chapitre). Comme les tableaux bidimensionnels tels que `$prix_nourriture` contiennent deux tableaux, il est nécessaire d'employer deux `foreach` imbriqués pour les parcourir.

Le fragment de code suivant affiche les valeurs provenant d'un tableau multidimensionnel :

```
foreach ( $prix_nourriture as $categorie )
{
   foreach ( $categorie as $nourriture => $prix )
   {
     $f_prix = sprintf("%01.2f", $prix);
     echo "$nourriture: \$$f_prix \n";
   }
}
```

La sortie est la suivante :

```
oignon:0,50 €
patate: 1,00 €
pomme:  2,50 €
orange: 2,00 €
bacon:  3,50 €
jambon: 5,00 €
```

Voici la manière dont PHP interprète ces instructions :

1. La première paire clef/valeur du tableau `$prix_nourriture` est récupérée et stockée dans la variable `$categorie` (la valeur est un tableau).

2. La première paire clef/valeur du tableau `$categorie` est retrouvée. La clef est stockée dans `$nourriture` et la valeur dans `$prix`.

3. La valeur contenue dans `$prix` est formatée pour tenir compte du format local d'affichage des monnaies.

4. Une colonne contenant le produit et son prix affichée.

5. La paire clef/valeur suivante est recherchée dans le tableau `$categorie`.

6. Le prix est formaté et la colonne suivante est affichée.

7. Comme il n'y a plus de paire clef/valeur dans `$categorie`, le `foreach` interne s'achève ici.

8. La paire clef/valeur suivante est recherchée par le `foreach` externe. La valeur suivante est ajoutée à `$categorie`.

9. Les étapes 1 à 8 sont répétées jusqu'à ce que la dernière paire clef/valeur du dernier tableau `$categorie` soit atteinte. Les `foreach` interne et externe s'arrêtent ici.

En d'autres termes, la boucle `foreach` externe commence avec la première paire clef/valeur du tableau. Cette clef est `legume` et sa valeur associée est un tableau chargé dans la variable `$categorie`. La boucle `foreach` interne commence ici, jusqu'à ce qu'elle rencontre la dernière paire clef/valeur de `$categorie`. Le script reprend alors au niveau de la boucle externe qui continue avec la seconde paire clef/valeur, et ainsi de suite jusqu'à ce que la boucle `foreach` externe atteigne la fin du tableau.

Tableau PHP intégré

PHP possède de nombreux tableaux intégrés que vous pouvez utiliser lors de l'écriture de scripts. Des informations diverses sont stockées dans ces tableaux. Vous trouverez, par exemple, des informations sur votre serveur (en-têtes, chemins...) dans un tableau nommé `$_SERVER`. Ainsi, vous trouverez le nom du script en cours d'exécution dans le tableau `$_SERVER` avec la clef `PHP_SELF` : `$_SERVER['PHP_SELF']`.

Les tableaux superglobaux

A l'heure actuelle, il existe deux jeux de tableaux intégrés qui contiennent les mêmes informations. Le premier est un ensemble de tableaux appelés *superglobals* ou *autoglobals*, introduits dans PHP 4.1.0. Ces tableaux sont appelés ainsi car ils peuvent être utilisés n'importe où dans le code, même à l'intérieur d'une fonction. Le second regroupe les tableaux aux noms tels que `$HTTP_SERVER_VARS` qui doivent, comme nous le verrons au Chapitre 8, être rendus globaux avant d'être utilisés. Employez de préférence les tableaux superglobaux, les anciens tableaux ne devant être utilisés qu'avec des versions de PHP antérieures à la 4.1.0.

Comme il est peu fréquent d'avoir recours à ces anciens tableaux, une nouvelle entrée de `php.ini` permet d'empêcher leur création automatique :

```
register_long_arrays = On
```

Par défaut, la création automatique est activée `On`. Vous pouvez passer cette valeur à `Off` si vous ne travaillez pas avec une ancienne version de PHP.

Cependant, bien que ce paramètre soit sur On par défaut, il est possible qu'il soit à Off dans de futures versions. Si vous employez de vieux scripts et qu'une erreur survienne sur une ligne contenant une variable telle que $HTTP_GET_VARS, vérifiez le fichier php.ini. Le paramètre peut être sur Off. Dans ce cas, les tableaux ne sont pas créés.

Les tableaux intégrés sont listés dans le Tableau 6.2. Nous vous détaillerons l'emploi spécifique de ces tableaux tout au long de ce livre. Dans le Chapitre 10, consacré aux formulaires, nous vous présenterons par exemple les tableaux intégrés contenant les variables de formulaires.

Tableau 6.2 : Tableaux prédéfinis.

Tableau	Description
$GLOBALS	Contient toutes les variables globales. Par exemple, si vous définissez $testvar = 1, vous pourrez accéder à des variables telles que $GLOBALS['testvar'].
$ _POST	Contient toutes les variables contenues dans un formulaire si celui-ci utilise la méthode post method="post".
$HTTP_POST_VARS	Identique à $ _POST.
$ _GET	Contient toutes les variables provenant d'une page précédente via l'URL, ce qui inclut les variables envoyées par un formulaire utilisant la méthode get method="get".
$HTTP_GET_VARS	Identique à $ _GET.
$ _COOKIE	Contient toutes les variables de COOKIE.
$HTTP_COOKIE	Identique à $ _COOKIE.
$HTTP_COOKIE_VARS	Identique à $ _COOKIE.
$ _SESSION	Contient toutes les variables de session.
$HTTP_SESSION_VARS	Identique à $ _SESSION.
$_REQUEST	Contient toutes les variables stockées dans $_POST, $_GET et $_SESSION.
$_FILES	Contient le nom de tous les fichiers uploader.
$HTTP_FILES_VARS	Identique à $_FILES.

Tableau 6.2 : Tableaux prédéfinis. (*suite*)

Tableau	Description
`$_SERVER`	Contient les informations sur votre serveur. Ces informations dépendent du type de serveur que vous utilisez.
`$HTTP_SERVER_VARS`	Identique à `$_SERVER`.
`$_ENV`	Contient les informations fournies par votre système d'exploitation telles que le nom de ce dernier, le nom du lecteur et le chemin du répertoire temporaire. Ces infos varient en fonction de votre système d'exploitation.
`$HTTP_ENV_VARS`	Indentique à `$_ENV`.

$_SERVER et $_ENV

Les tableaux `$_SERVER` et `$_ENV` contiennent différentes informations, en fonction du serveur et du système d'exploitation que vous utilisez. Vous pouvez accéder à ces informations avec le fragment de code suivant :

```
foreach($_SERVER as $key =>$value)
{
   echo "Clef=$key, Valeur=$value\n";
}
```

La sortie générée par ce code est :

```
Key=DOCUMENT_ROOT, Value=c:/program files/apache group/apache/htdocs
Key=PHP_SELF, Value=/test.php
```

L'élément `DOCUMENT_ROOT` contient le chemin du répertoire où doivent être stockées les pages Web pour un serveur Apache.

L'élément `PHP_SELF` indique le fichier qui contient le script en cours.

Vous obtiendrez les informations de `$_ENV` en passant la valeur `16` en paramètre de l'instruction `phpinfo()` :

```
phpinfo(16);
```

Les tableaux intégrés ne sont disponibles que si `track-vars` est actif. Depuis PHP 4.0.3, `track-vars` est toujours activé, à moins que l'administrateur n'ait délibérément désactivé cette fonctionnalité. Si les tableaux intégrés ne vous semblent pas disponibles, utilisez `phpinfo()` pour vous assurer que `track-vars` vaut bien `On`. Dans le cas contraire, PHP devra être réinstallé.

Utiliser $argv et $argc

Il vous sera parfois nécessaire de faire communiquer vos scripts PHP avec l'extérieur. La méthode la plus simple pour cela consiste à passer une information dans la ligne de commande au lancement du script. Cette méthode est surtout employée avec la version CLI de PHP. Supposez que vous souhaitiez passer deux nombres à votre script lors de son exécution. Votre ligne de commande ressemblerait à ceci :

```
php add.php 2 3
```

Le script nommé `add.php` reçoit via la ligne de commande les paramètres `2` et `3`. Ces valeurs sont disponibles dans le script dans un tableau nommé `$argv`. Ce tableau contient toutes les informations de la ligne de commande :

```
$argv[0]=add.php
$argv[1]=2
$argv[2]=3
```

`$argv` contient au moins un élément, son propre nom.

Aussi, dans votre script, pouvez-vous utiliser l'instruction suivante :

```
$somme = $argv[1] + $argv[2];
echo $somme;
```

qui générera la sortie ci-dessous :

```
5
```

Une seconde variable est disponible : `$argc`. Elle contient le nombre d'éléments de `$argv`. Cette valeur est toujours supérieure ou égale à 1, le premier argument étant le nom du script lui-même.

Troisième partie

Programmation PHP élémentaire

"Je ne comprends pas. Chaque fois que j'anime un personnage faisant un *swing*, un petit bout de code apparaît sur la page d'accueil."

Dans cette partie...

Dans cette partie, vous allez découvrir comment écrire des scripts PHP complets. Vous apprendrez à combiner de simples instructions dans un script. Vous vous initierez aux instructions complexes qui vous permettent d'écrire des scripts qui effectuent des tâches complexes. Vous comprendrez l'intérêt de réutiliser du code et saurez écrire du code réutilisable. Cette partie lue, vous saurez tout ce dont vous avez besoin pour écrire des scripts PHP utiles et complexes.

Chapitre 7

Contrôler le flux du script

Dans ce chapitre :

- Changer l'ordre d'exécution des instructions.
- Définir des conditions.
- Réunir de simples conditions pour créer des conditions complexes.
- Utiliser des conditions dans des instructions conditionnelles et des boucles.
- Ecrire des instructions `if`.
- Créer et utiliser des boucles pour des instructions répétées.
- S'échapper des boucles.

Les scripts PHP sont une suite d'instructions dans un fichier. PHP commence sa lecture au début du fichier et exécute toutes les instructions, les unes après les autres, dans l'ordre. Cependant, des scripts peuvent être plus compliqués. Vous souhaitez peut-être que votre script affiche telle page à un nouveau client et telle autre aux clients déjà inscrits ou encore affiche la liste des numéros de téléphone en exécutant une seule instruction `echo` de manière répétitive, une fois pour chaque numéro. Dans ce chapitre, nous verrons comment modifier l'ordre d'exécution de simples instructions à l'aide d'instructions complexes comme le sont les instructions conditionnelles ou les boucles.

Changer l'ordre d'exécution des instructions

Les instructions simples de PHP sont exécutées l'une après l'autre du début à la fin d'un script. Par exemple, les instructions du script ci-dessous s'exécutent dans cet ordre :

```
$a = "Bonjour";
echo $a;
$a = "Bonsoir";
echo $a;
```

Pour changer l'ordre d'exécution de ces instructions, vous devez modifier l'ordre des instructions elles-mêmes, comme suit :

```
$a = "Bonsoir";
echo $a;
$a = "Bonjour";
echo $a;
```

Supposez maintenant que vous souhaitiez afficher la formule de salutation appropriée au moment de la journée. Vous allez donc faire afficher `Bonjour` avant 18 heures et `Bonsoir` après 18 heures. Autrement dit, vous allez effectuer ce qui suit :

```
if (avant 18 heures)
{
    $a = Bonjour;
    echo $a;
}
or else if (après 18 heures)
{
    $a = Bonsoir;
    echo $a;
}
```

Pour afficher la formule adéquate, vous avez besoin d'une instruction complexe qui teste la condition de l'heure. PHP comporte deux types d'instructions complexes qui vous permettent d'effectuer des tâches comme changer l'ordre d'exécution des instructions :

- **Les instructions conditionnelles** : Ces instructions sont configurées pour s'exécuter si et seulement si certaines conditions sont remplies.

Par exemple, vous enverrez votre catalogue aux clients qui ont payé leur facture et non aux clients qui vous doivent de l'argent. Ce type d'instruction est appelé *instruction conditionnelle*. Les instructions conditionnelles en PHP sont `if` et `switch`.

- **Les boucles** : Ces instructions sont configurées pour être regroupées en bloc, chaque bloc étant répété. Par exemple, vous comptez envoyer un message à tous vos clients. Pour cela, vous pouvez utiliser deux instructions : l'une qui récupère l'adresse électronique d'un client dans la base de données et l'autre qui envoie le message à votre client. Vous devrez alors répéter ces deux instructions pour chaque client enregistré dans la base de données. Cette fonctionnalité qui vous permet d'exécuter de manière répétée les instructions est appelée *boucle*. Il existe trois types de boucles : `for`, `while`, `do...while`.

Ces deux types d'instructions complexes exécutent un bloc d'instructions en fonction d'une condition. Autrement dit, si une condition est remplie (vaut TRUE), le bloc d'instructions est exécuté. Dans les instructions conditionnelles, le bloc est exécuté en une seule fois. Dans l'exemple précédent, s'il est 18 heures passées, l'instruction `echo` retournera `Bonsoir`. Dans les boucles, le bloc d'instructions est exécuté de manière répétitive, jusqu'à ce que la condition ne soit plus vraie (TRUE). La condition pourrait être par exemple si une autre personne dans la base de données n'a pas encore reçu de message lui en envoyer un. La boucle répète cette procédure jusqu'à ce qu'il n'y ait plus de clients ayant reçu le message.

Définir les conditions

Les *conditions* sont des expressions que PHP teste ou évalue pour vérifier si elles sont vraies ou fausses. On les utilise dans des instructions complexes pour déterminer si un bloc d'instructions peut ou non être exécuté. Pour définir des conditions, vous allez comparer des valeurs. Pour comparer les valeurs des conditions, vous devez vous demander :

- **Les deux valeurs sont-elles égales ?** Sophie a-t-elle le même nom de famille que Paul ? Ou Nicolas a-t-il 15 ans ? (L'âge de Nicolas est-il égal à 15 ?)

- **L'une des valeurs est-elle plus grande ou plus petite que l'autre ?** Nicolas est-il plus jeune que Paul ? La maison de Sophie coûte-t-elle plus d'un million d'euros ?

Une chaîne correspond-elle à un profil de recherche ? Le prénom Paul commence-t-il par un S ? Le code postal a-t-il cinq caractères numériques ?

Vous pouvez aussi définir des conditions qui comportent deux ou plusieurs questions. Par exemple, Nicolas est-il plus âgé que Paul et Paul est-il plus jeune que Sophie ? Aujourd'hui, sommes-nous dimanche ou lundi ?

Utiliser des opérateurs de comparaison

PHP comporte plusieurs opérateurs de comparaison pour comparer des valeurs. Le Tableau 7.1 vous les présente.

Tableau 7.1 : Opérateurs de comparaison.

Opérateur	Signification
`==`	Les deux valeurs sont-elles égales ?
`===`	Les valeurs ont-elles la même valeur et le même type de donnée ?
`>`	La première valeur est-elle supérieure à la seconde ?
`>=`	La première valeur est-elle supérieure ou égale à la seconde ?
`<`	La première valeur est-elle inférieure à la seconde ?
`<=`	La première valeur est-elle inférieure ou égale à la seconde ?
`!=`	Les deux valeurs sont-elles différentes ?
`!= =`	Les deux valeurs ont-elles une valeur ou un type de donnée différent ?

Vous pouvez comparer des nombres et des chaînes. Les chaînes sont comparées par ordre alphabétique, en commençant par les majuscules pour aller jusqu'aux minuscules. Par exemple, `SS` précède `sa`. Les signes de ponctuation suivent également un ordre précis, et chaque signe peut être supérieur ou inférieur à un autre. Toutefois, comparer un point à une virgule n'est pas d'un grand intérêt.

Les chaînes sont comparées selon leur code ASCII. Dans cette codification, tous les caractères ont un code qui correspond à un nombre compris entre 0 et 127. Dans la comparaison de deux chaînes, ce sont ces valeurs qui déterminent le résultat de cette comparaison. Par exemple, le nombre qui représente la virgule a une valeur de 44. Le point correspond à 46. Donc, si l'on devait comparer un point à une virgule, on pourrait en conclure que le point est supérieur à la virgule !

Voici quelques exemples de comparaison que PHP peut tester pour déterminer s'ils sont vrais :

- `$a == $b`
- `$age != 21`
- `$ageNicolas < $agePaul`
- `$prix_maison >= 1000000`

L'opérateur d'égalité se compose de deux signes égal (= =) ! L'une des erreurs les plus courantes consiste à mettre un seul signe égal dans une comparaison. Or, un seul signe égal permet d'affecter une valeur à une variable. Si vous écrivez `if($meteo = "pluie")`, vous donnez à la variable `meteo` la valeur `pluie` au lieu de la comparer à cette valeur.

PHP teste les comparaisons en les évaluant et en retournant une valeur booléenne, `TRUE` ou `FALSE`. Considérez l'exemple suivant :

```
$a == $b
```

Si `$a = 1` et `$b = 1`, la comparaison retournera `TRUE`. Si `$a = 1` et `$b = 2`, elle retournera `FALSE`.

Si vous écrivez une valeur négative (avec !), la condition négative est vraie (TRUE). Examinez la comparaison suivante :

```
$age != 21
```

La condition testée ci-dessus est que `$age` ne doit pas être égale à `21`. Si `$age = 20`, la comparaison vaut TRUE.

Vérifier le contenu d'une variable

Quelquefois, vous souhaiterez simplement savoir si la variable existe ou connaître le type de donnée qu'elle contient. Voici comment tester des variables :

```
isset($varnom)    # True si la variable est définie, même si
                    elle ne contient aucune valeur.
empty($varnom)    # True si la valeur vaut 0 ou si elle ne contient
                    aucun caractère ou si elle n'est pas définie.
```

Vous pouvez également tester le type de donnée contenu dans la variable. Supposez que vous vouliez vérifier si la valeur est un entier, vous allez entrer :

```
is_int($nombre)
```

La comparaison vaut `TRUE`, si la valeur de `$nombre` est un entier. PHP inclut d'autres tests de variable comme :

- `is_array($var2)` : Vérifie si `$var2` est un tableau.
- `is_float($nombre)` : Vérifie si `$nombre` est un nombre à virgule flottante.
- `is_null($var1)` : Vérifie si `$var1` est égal à 0.
- `is_numeric($chaine)` : Vérifie si `$chaine` est une chaîne de caractères numériques.
- `is_string($chaine)` : Vérifie si `$chaine` est une chaîne de caractères.

Vous pouvez tester une condition négative en insérant un point d'exclamation (!) devant l'expression. Par exemple, l'instruction ci-dessous retourne `FALSE` si la variable n'existe pas :

```
!isset($varnom)
```

Filtrer avec des expressions régulières

Il peut arriver que vous deviez rechercher dans des chaînes de caractères certaines caractéristiques et non d'en comparer les valeurs. Par exemple, vous pouvez rechercher toutes les chaînes qui commencent par un S ou toutes les chaînes qui contiennent des nombres. Pour cela, vous allez comparer la chaîne à un motif. Ces motifs sont aussi appelés *expressions régulières*.

Vous avez sans doute utilisé par le passé des formes de filtrage en insérant un caractère joker tel l'astérisque (*) pour rechercher des fichiers (`dir ex*.doc` ou `ls ex*.txt`, par exemple). `ex *.txt` est un motif. Toute chaîne qui commence par `ex` et se termine par `.txt`, avec des caractères compris entre le `ex` et le `.txt`, correspond à un motif. Les chaînes `exam.txt`, `ex33.txt` et `ex3x4.txt` correspondent toutes à des motifs. L'utilisation d'expressions régulières est une variante un peu plus compliquée que celle des jokers.

L'utilisation la plus courante des correspondances consiste à vérifier les entrées dans un formulaire d'une page Web. Si l'entrée ne correspond à aucun motif spécifique, elle ne sera pas stockée dans la base de données. Par exemple, si un utilisateur saisit un code postal dans un formulaire, vous devez savoir que son format doit être composé de cinq caractères. Aussi vérifiez si l'information donnée peut s'insérer dans le motif. Si ce n'est pas le cas, le code postal n'est pas valide, et vous devrez demander à l'utilisateur de saisir correctement les informations.

Utiliser des caractères spéciaux dans des motifs

Les motifs se composent de caractères littéraux et spéciaux. Les *caractères littéraux* sont des caractères normaux, sans aucune signification particulière. Un *e* est un *e* et ne représente rien d'autre que l'une des 26 lettres de l'alphabet. En revanche, les *caractères spéciaux* ont une signification particulière dans le motif, tel l'astérisque (*) qui sert de caractère joker (de remplacement). Le Tableau 7.2 présente les caractères spéciaux que vous pouvez insérer dans des motifs.

Tableau 7.2 : Caractères spéciaux utilisés dans des motifs.

Caractère	Signification	Exemple	Correspond à	Ne correspond pas à
^	Début de ligne	^e	Examen	examen de mathématiques
$	Fin de ligne	m$	Examen	Examens
.	N'importe quel caractère	..	haut, bas. Des mots plus longs correspondent, car ils contiennent une chaîne de deux caractères	A,2
?	Le caractère précédent est facultatif	lapine ?s	lapins	lapons

Tableau 7.2 : Caractères spéciaux utilisés dans des motifs. (*suite*)

Caractère	Signification	Exemple	Correspond à	Ne correspond pas à
`()`	Groupe de caractères littéraux dans une chaîne qui doit correspondre exactement	`lap(ine)s`	lapines	`lapins`
`[]`	Définit un ensemble de caractères littéraux facultatifs	`lapin[es]`	`lapin, lapins, lapine, lapines`	`lapons`
`[^]`	Définit un ensemble de caractères facultatifs qui ne correspondent pas	`lap[i^]n`	`lapin, lapon`	`lapine, lapins`
`-`	Représente tous les caractères entre deux caractères	`la[i-o]n`	`lapin, lapon`	`lapan`
`+`	Un ou plusieurs exemples du caractère précédent	`beta [1-3]+`	`beta111, beta132`	`beta, beta555`
`*`	Aucun ou plusieurs exemples du caractère précédent	`beta [1-3]*`	`beta2, beta, beta132`	`betax`
`{n}`	Répète *n* fois	`lapi{3}n`	`lapiiin`	`lapiiiin, lapiiiiiin`
`{n1,n2}`	Spécifie le nombre de répétitions du ou des caractères précédents	`a{2,5}`	`aa, aaa, aaaa, 145aaaaa`	`1, a3`
`\`	Le caractère suivant est un littéral	`lap\*n`	`lap\*n`	`lapin, lapon`
`(||)`	Un jeu de chaînes possibles	`(Samuel|Sophie)`	`Samuel` va, Sophie	Sarah, Sophia

Quelques exemples de motifs

Les caractères littéraux et spéciaux sont associés pour créer des motifs, qui peuvent être quelquefois très longs. La chaîne est comparée au motif et, si elle lui correspond, la comparaison est validée. Voici quelques exemples de motifs :

Exemple 1 :

```
^[A-Za-z].*
```

Ce motif définit des chaînes qui commencent par une lettre. Il se compose de deux parties :

- `^[A-Za-z]` indique que le début de la chaîne doit commencer par une lettre (majuscule ou minuscule).
- `.*`indique à PHP que la chaîne doit avoir un ou plusieurs caractères de long.

L'expression `^[A-Za-z].*` correspond aux chaînes `Rejouons Samuel et moi`, mais pas à `123` ou ?.

Exemple 2

```
Chère (Sophie|Sabine)
```

Ce motif définit deux chaînes possibles, composées de deux parties :

- `Chère` : De simples caractères littéraux.
- `(Sophie|Sabine)` : `Sophie` ou `Sabine` sont les chaînes correspondantes.

L'expression `Chère (Sophie|Sabine)` correspond aux chaînes `Chère Sophie`, `ma chère Sabine`, mais pas à `Chers Robert et Sophie`.

Exemple 3

```
^[0-9]{5}(\-[0-9]{4})?$
```

Ce motif définit un code postal et est composé de plusieurs parties :

- `^[0-9]{5}`définit une chaîne de cinq chiffres.
- \ la barre oblique inverse indique que le trait d'union est un littéral.
- `[0-9] {4}` indique à PHP que les caractères suivants doivent être une chaîne de 4 chiffres.

- `()` ? regroupe les caractères des deux dernières parties du motif et le rend facultatif.
- `$` le signe dollar indique la fin de la chaîne (aucun autre caractère n'est autorisé après le motif).

L'expression `^[0-9]{5}(\-[0-9]{4})?$` correspond aux chaînes `90001` et `90002 4323`, mais pas aux chaînes `9001` et `12 4321`.

Exemple 4

```
^.+@.+\.com$
```

Ce motif définit une chaîne comportant un `@` et se terminant par `.com`. Elle se compose de plusieurs parties :

- `^.+` définit une chaîne composée de un ou plusieurs caractères précédant l'@.
- `@` littéral (le signe at). Ce n'est pas un caractère spécial ; il ne doit pas être précédé par \.
- `.+` indique une chaîne composée de un ou de plusieurs caractères.
- `\.` cette barre oblique inverse indique la chaîne littérale `com` à la fin de la chaîne et le `$` définit la fin de la chaîne.

L'expression `^.+@.+\.com$` correspond aux chaînes `vous@votreentreprise.com` et `jeandoc@quelquedomaine.com`, mais pas aux chaînes `vous@votreentreprise.net` et `@vous.com`.

Comparer les chaînes aux motifs

Vous pouvez comparer une chaîne et un motif à l'aide de `ereg` dont la syntaxe est la suivante :

```
ereg("motif",value);
```

Supposez que, pour vérifier le nom qu'un utilisateur a entré dans un formulaire, vous compariez le nom (stocké dans la variable `$nom`) au motif, comme suit :

```
ereg("^[A-Za-z' -]+$",$nom)
```

Le motif de cette instruction effectue les étapes suivantes :

- Utilise ^ et $ pour signaler le début et la fin de la chaîne. Autrement dit, tous les caractères de la chaîne doivent correspondre au motif.
- Définit tous les caractères littéraux autorisés dans la chaîne à l'aide des []. Aucun autre caractère n'est autorisé. Les caractères autorisés peuvent être des lettres en minuscules ou en majuscules, un point d'exclamation (!), un espace et un tiret.

  Vous pouvez spécifier un certain nombre de caractères en utilisant le tiret avec les []. Dans ce cas, et comme dans l'exemple précédent, le tiret ne représente pas un littéral. Toutefois, comme il est inclus dans la chaîne, vous devez ajouter un autre tiret qui ne sera pas inséré entre deux autres caractères, mais à la fin de la liste des littéraux.
- Suit la liste des caractères littéraux compris dans les [] avec un +. Le signe plus indique que la chaîne peut contenir un certain nombre de caractères entre les [], en fait au moins un.

Regrouper plusieurs comparaisons

Pour vérifier une condition, vous allez sans doute effectuer plusieurs comparaisons. Supposez, par exemple, que votre entreprise propose des catalogues de produits en différentes langues. Vous devez connaître le type du produit dans tel catalogue qui intéresse le client et la langue dans laquelle il veut le voir afficher. Vous allez donc regrouper des comparaisons, comme suit :

```
comparaison1 and|or|xor comparaison2 and|or|xor comparaison3 and|or|xor ...
```

Les comparaisons sont reliées par l'un des ces trois mots :

- and : les deux comparaisons valent TRUE.
- or : l'une ou deux des comparaisons valent TRUE.
- xor : aucune de ces comparaisons ne vaut TRUE ou bien une seule.

Le Tableau 7.3 vous présente quelques exemples de comparaisons multiples.

Tableau 7.3 : Comparaisons multiples.

Condition	Vaut TRUE si
`$ageRobert==21 or $ageRobert==22`	Robert a 21 ou 22 ans.
`$ageSophie >29 and $region ==OR`	Sophie a plus de 29 ans et vit en Bourgogne.
`$ageSophie>29 or $region`	Sophie a plus de 29 ans ou vit en Bourgogne.
`$ville==Sens xor $region==OR`	La ville est Sens ou la région est Bourgogne, mais pas les deux.
`$nom ! "Samuel" and $age<13`	Tout prénom excepté Samuel et âge en dessous de 13 ans.

Vous pouvez ainsi enchaîner autant de comparaisons que vous le souhaitez. Les comparaisons en `and` sont testées en premier, puis les comparaisons en `xor` et les comparaisons en `or`. La condition suivante comporte trois comparaisons :

```
$resVille == "Rennes" or $resRegion == "Bretagne" and $nom == "Sophie"
```

Si le nom du client est Sophie et que cette cliente vit à Rennes, l'instruction retourne TRUE. Si la cliente vit à Rennes, l'instruction retournera aussi TRUE, sans tenir compte de son nom. En revanche, si la cliente habite la Bretagne, mais que son nom n'est pas Sophie, la condition ne sera pas remplie. Vous obtenez les résultats précédents, car le script vérifie la condition en suivant cet ordre :

1. **Le** `and` **est comparé.**

   Le script vérifie que `$resRegion` est égal à Bretagne et que `$nom` est égal à Sophie. Si ces deux variables correspondent, la condition est remplie. Le script ne vérifie pas `or`. Si l'une de ces variables est égale à la valeur donnée, le test se poursuit.

2. **Le** `or` **est comparé.**

   Le script vérifie si `$resVille` est égal à Rennes. Si tel est le cas, la condition est remplie (`TRUE`). Si ce n'est pas le cas, la condition vaut `FALSE`.

Vous pouvez modifier l'ordre des comparaisons à l'aide de parenthèses. PHP commence par évaluer le mot de liaison à l'intérieur des parenthèses. Vous pouvez reprendre l'instruction précédente en insérant des parenthèses, comme suit :

```
($resVille == "Rennes or $resRegion == "Bretagne") and $nom == "Sophie"
```

Les parenthèses modifient l'ordre de vérification des conditions. A présent, `or` est évalué en premier, car il se trouve dans les parenthèses. Cette instruction de condition vaut TRUE, si le nom du client est Sophie, qu'elle vive en Bretagne ou à Rennes. Vous obtenez les résultats précédents, car le script vérifie la condition en suivant cet ordre :

1. **Le `or` est comparé.**

   Le script vérifie si `$resVille` est égal à Rennes ou si `$resRegion` est égal à Bretagne. Si ce n'est pas le cas, toute la condition n'est pas remplie (`FALSE`) et le test est arrêté. Si tel est le cas, cette partie de la condition vaut TRUE. Toutefois, la partie de la comparaison après le `and` doit valoir TRUE pour que le test puisse se poursuivre.

2. **Le `and` est comparé.**

   Le script vérifie si `$nom` est égal à Sophie. Dans ce cas, la condition est remplie (`TRUE`). Si ce n'est pas le cas, elle vaut `FALSE`.

TRUC

Insérez des parenthèses dans vos comparaisons comme bon vous semble, même si vous pensez connaître l'ordre dans lequel elles vont s'effectuer. Des parenthèses inutiles sont un moindre mal face à des comparaisons dont le résultat ne correspond pas au résultat escompté.

NOTE TECHNIQUE

Si vous connaissez d'autres langages, comme le C, vous avez peut-être utilisé le `||` à la place de `or` et le `&&` à la place de `and`. Les `||` et `&&` fonctionnent tout aussi bien en PHP. L'instruction `$a < $b && $c > $b` est tout aussi valide que l'instruction `$a < $b and $c > $b`. Le `||` est vérifié avant le `or` et le `&&` avant le `and`.

Utiliser des instructions conditionnelles

Une *instruction conditionnelle* exécute un bloc d'instructions si et seulement si toutes les conditions sont remplies (TRUE). Les deux types d'instructions conditionnelles les plus utiles sont :

- **L'instruction if** : Définit une condition et la teste. Si la condition vaut TRUE, le bloc d'instructions est exécuté.
- **L'instruction switch** : Définit une liste de conditions possibles. Teste la validité des conditions, puis exécute le bloc d'instructions approprié.

L'instruction if

Une instruction `if` teste des conditions, puis exécute un bloc d'instructions si la condition est remplie. L'instruction conditionnelle `if` épouse la syntaxe suivante :

```
if ( condition )
{
   bloc d'instructions
}
elseif  ( condition )
{
   bloc d'instructions
}
else
{
   bloc d'instructions
}
```

L'instruction `if` est composée de trois sections :

- `if` : Cette section est obligatoire. Elle teste une condition.
  - **Si la condition vaut TRUE** : Le bloc d'instructions est exécuté. Une fois les instructions exécutées, le script passe à l'instruction suivante. Si l'instruction conditionnelle contient d'autres sections `elseif` ou `else`, le script les saute.
  - **Si la condition ne vaut pas TRUE** : Le bloc d'instructions n'est pas exécuté. Le script passe à l'instruction suivante, qui peut être un `elseif`, un `else` ou l'instruction suivant l'instruction conditionnelle.
- `elseif` : Cette section est facultative. Vous pouvez utiliser plusieurs sections `elseif`. Cette section teste aussi une condition.
  - **Si la condition vaut TRUE** : Le bloc d'instructions est exécuté. Une fois les instructions exécutées, le script passe à l'instruction

suivante. Si l'instruction conditionnelle contient d'autres sections `elseif` ou `else`, le script les saute.

  - **Si la condition ne vaut pas TRUE** : Le bloc d'instructions n'est pas exécuté. Le script passe à l'instruction suivante, qui peut être un `elseif`, un `else` ou l'instruction qui suit l'instruction conditionnelle.

- `else` : Cette section est également facultative. Une seule section `else` est autorisée. Cette section ne teste pas une condition, mais elle exécute le bloc d'instructions. Si le script contient cette section, cela signifie que l'instruction `if` et toutes les sections `elseif` ne valent pas `TRUE`.

Considérez l'exemple suivant. Supposez que vous soyez professeur. L'instruction `if` ci-dessous, en fonction du résultat d'un examen, envoie une note à votre élève et un petit message de commentaires. Elle emploie les trois sections de l'instruction `if`, comme suit :

```
if ($total > 92 )
{
   $note = "A";
   $message = "Excellent!";
}
elseif ($total <= 92 and $total > 83 )
{
   $note = "B";
   $message = "Bien!";
}
elseif ($total <= 83 and $total > 74 )
{
   $note = "C";
   $message = "Assez bien";
}
elseif ($total <= 74 and $total > 62 )
{
   $note = "D";
   $message = "Uhm!";
}
else
{
  $note = "F";
  $message = "Très mauvais!";
}
echo $message."\n";
echo "Votre note est $note\n";
```

L'instruction conditionnelle `if` procède comme suit :

1. **La valeur de** `$total` **est comparée à 92.**

   Si `$total` est supérieur à 92, `$note` sera A, `$message` Excellent ! et le script passera directement à l'instruction `echo`. Si `$total` est inférieur ou égal à 92, `$note` et `$message` ne seront pas envoyés. Le script passera à la section `elseif`.

2. **La valeur de $total est comparée à 92 et à 83.**

   Si `$total` est inférieur ou égal à 92 et supérieur à 83, `$note` et `$message` seront envoyés et le script passera directement à l'instruction `echo`. Si $total est inférieur ou égal à 83, `$note` et `$message` ne seront pas envoyés. Le script passera à la deuxième section `elseif`.

3. **La valeur de** `$total` **est comparée à 83 et à 74.**

   Si `$total` est inférieur ou égal à 83 et supérieur à 74, `$note` et `$message` seront envoyés et le script passera directement à l'instruction `echo`. Si `$total` est inférieur ou égal à 74, `$note` et `$message` ne seront pas envoyés. Le script passera à la troisième section `elseif`.

4. **La valeur de** `$total` **est comparée à 74 et à 62.**

   Si `$total` est inférieur ou égal à 74 et supérieur à 62, `$note` et `$message` seront envoyés et le script passera directement à l'instruction `echo`. Si `$total` est inférieur ou égal à 62, `$note` et `$message` ne seront pas envoyés. Le script passera à la section `else`.

5. `$note` **est défini à F et** `$message` **correspond à Très mauvais !.**

   Le script passe à l'instruction `echo`.

TRUC

Si le bloc à exécuter par toute section conditionnelle `if` ne contient qu'une seule instruction, les accolades sont facultatives. Supposez que dans l'exemple précédent les blocs ne contiennent qu'une seule instruction :

```
if ($note > 92 )
{
   $note = "A";
}
```

Vous pourriez l'écrire comme suit :

```
if ($note > 92 )
   $note = "A";
```

Bien que ce court code vous épargne quelques frappes, il risque d'être peu lisible s'il comportait plusieurs instructions.

Instructions if négatives

Vous pouvez définir une instruction `if` de telle sorte que si la condition vaut FALSE le bloc est exécuté. Pour cela, vous allez mettre un point d'exclamation (`!`) au début de la condition. Par exemple :

```
if (ereg("^S[a-z]*",$chaine))
{
    $liste[]=$chaine."\n";
}
```

L'instruction `if` crée un tableau de chaînes qui commence par `S`. Si `$chaine` correspond à un motif qui spécifie la majuscule au début, suivie de lettres en minuscule, le bloc d'instructions est exécuté. Toutefois, si vous placez un point d'exclamation au début de la condition, tout change :

```
if (!egreg("^S[a-z]*",$chaine)
{
    $liste[]=$chaine."\n";
}
```

Dans ce cas, le tableau `$liste` contient toutes les chaînes, excepté celles qui commencent par un `S`. Comme un ! apparaît au début de la condition, `$chaine` ne correspond pas au motif qui commence par `S`. Aussi, si `$chaine` ne commence pas par `S`, la condition est remplie.

Instructions if imbriquées

Vous pouvez insérer une instruction conditionnelle `if` dans une autre. Cette action est appelée *imbriquer*. Supposez par exemple que vous deviez contacter tous vos clients résidant en Ile-de-France. Vous comptez envoyer des messages à tous vos clients qui ont une adresse électronique et des lettres à tous ceux qui n'en ont pas. Vous pouvez déterminer les groupes de clients à l'aide des instructions `if` imbriquées suivantes :

```
if ( $clientRegion == "IDF" )
{
   if ( $EmailAdd = "" )
   {
     $contactMethod = "lettre";
   }
   else
   {
     $contactMethod = "email";
   }
}
else
{
   $contactMethod = "non";
}
```

Ces instructions commencent par vérifier si le client vit en Ile-de-France. Si tel est le cas, le script vérifie l'adresse électronique. Si l'adresse électronique est vide, la méthode de contact est "lettre". Si l'adresse électronique n'est pas vide, la méthode de compte est "email". Si le client ne réside pas en Ile-de-France, la section `else` indique à la méthode de contact de ne pas contacter ce client.

Les instructions switch

Dans la plupart des cas, les instructions conditionnelles fonctionnent à merveille. Toutefois, vous disposerez d'une liste de conditions que vous exécuterez une par une dans différentes instructions. Supposez par exemple que votre ordinateur calcule la TVA. Comment allez-vous calculer le taux de TVA des différents pays ? L'instruction `switch` a été créée pour résoudre ce type de problème.

L'instruction `switch` teste la valeur d'une seule variable et exécute le bloc d'instructions correspondant à la valeur de la variable. Sa syntaxe est la suivante :

```
switch ( $variablenom )
{
  case valeur :
     bloc d'instructions;
     break;
  case valeur :
     bloc d'instructions;
     break;
```

```
  ...
  default:
     bloc d'instructions;
     break;
}
```

L'instruction `switch` teste la valeur de `$variablenom`. Le script passe ensuite à la section `case` de cette valeur et exécute les instructions jusqu'à ce qu'il atteigne une instruction `break` ou la fin de l'instruction `switch`. Si la valeur de `$variablenom` ne comporte pas de section `case`, le script exécute la section par défaut. Vous pouvez mettre autant de sections `case` que vous voulez. La section par défaut est facultative ; l'usage veut qu'elle se trouve à la fin, mais en PHP vous pouvez la placer où bon vous semble.

Les instructions suivantes définissent la TVA de différents pays :

```
switch ( $Pays )
{
  case "AN" :
     $TVA = 0;
     break;
  case "CA" :
     $TVA = 1.0;
     break;
  default:
     $TVA = .5;
     break;
}
$total = $prixvente * $TVA;
```

Dans ce cas, la TVA de l'Angleterre est de 0, celle du Canada de 100 % et celle de tous les autres pays de 50 %. L'instruction `switch` analyse la valeur de `$Pays` et passe à la section qui correspond à la valeur. Par exemple, si `$Pays` est IT, le script exécute la section par défaut et paramètre `$TVA` à .5. Après l'instruction `switch`, le script calcule `$total` à .5 fois le prix de vente.

Les instructions `break` sont indispensables dans la section `case`. Si une section `case` ne comporte pas d'instruction `break`, le script n'arrête pas son exécution à la fin de la section `case`. Il continue d'exécuter les instructions précédant la fin de la section `case`, puis passe à la section `case` suivante et poursuit l'exécution jusqu'à ce qu'il atteigne une instruction `break` ou la fin de l'instruction `switch`. Ce mécanisme s'applique à toutes les sections `case`, excepté la dernière, laquelle exécute les sections en fonction de la section appropriée.

La dernière section `case` d'une instruction `switch` ne nécessite pas une instruction `break`. Vous pouvez l'omettre, mais je vous conseille néanmoins d'en insérer une par souci de clarté et de cohérence.

Répéter des actions à l'aide de boucles

Les *boucles* servent à définir un bloc d'instructions qui se répète. Une boucle peut se répéter à maintes reprises. Par exemple, une boucle qui retourne toutes les régions de France se répétera 22 fois. Une boucle peut tout aussi bien se répéter jusqu'à ce qu'une certaine condition soit remplie. Par exemple, une boucle qui retourne les noms de tous les fichiers d'un répertoire se répétera jusqu'à ce qu'elle ne trouve plus de fichier dans ce répertoire, et ce sans compter le nombre de fichiers. Il existe trois types de boucles :

- **La boucle for** : Définit un compteur et répète un bloc d'instructions jusqu'à ce que le compteur atteigne un nombre donné.
- **La boucle while** : Définit une condition et la vérifie. Si la condition est remplie (TRUE), elle répète un bloc d'instructions jusqu'à ce qu'elle ne le soit plus (FALSE).
- **La boucle do...while** : Définit une condition, exécute un bloc d'instructions et vérifie la condition. Si la condition est remplie, elle répète le bloc d'instructions jusqu'à ce que la condition vaille FALSE.

La boucle for

Les boucles les plus élémentaires sont basées sur un compteur. Vous définissez la valeur initiale du compteur, sa valeur finale et la manière dont il va être incrémenté à chaque exécution du bloc. Sa syntaxe est la suivante :

```
for (valeurinitiale;conditionfinale;increment)
{
    bloc d'instructions;
}
```

Dans la boucle `for`, vous devez remplir les valeurs suivantes :

- `valeurinitiale` : La `valeurinitiale` définit la variable qu'utilisera le compteur et sa valeur initiale. Par exemple, dans l'instruction `$i=1;`, `$i` correspond à la variable du compteur dont la valeur est égale à 1. En général, la valeur du compteur commence à 0 ou 1. La valeur initiale peut être un nombre, une addition de nombres (comme `2 + 2`) ou une variable.

- `conditionfinale` : La `conditionfinale` définit la valeur de fin. Tant que l'instruction vaut TRUE, le bloc d'instructions continue son exécution. Si la valeur de fin ne vaut pas `TRUE`, la boucle s'arrête. Par exemple, l'instruction `$i>10;` définit la valeur finale de la boucle à 10. Si `$i` est égale à 10, l'instruction ne vaut plus `TRUE` (car `$i` n'est plus inférieur à 10) et la boucle cesse son itération. L'instruction peut inclure des variables telles que `$i>$Taille`.
- `incrément` : Une instruction qui incrémente le compteur. Par exemple, l'instruction `$i++;` ajoute 1 au compteur à la fin de chaque bloc d'instructions. Vous pouvez utiliser d'autres instructions d'incrémentation telles que `$i=+1;` ou `$i--;`.

Une boucle `for` de base définit une variable comme `$i`, qui fera office de compteur. La valeur de cette variable va changer tout au long de la boucle. La variable `$i` peut être utilisée dans le bloc d'instructions qui se répète. Par exemple, la simple boucle ci-dessous affichera trois fois `Hello World!` :

```
for ($i=1;$i<=3;$i++)
{
  echo "$i. Hello World!<br>";
}
```

TRUC

Les instructions dans le bloc ne peuvent pas être ou non indentées en PHP. Toutefois, l'indentation permet de mieux comprendre le script.

La sortie des instructions sera :

```
1. Hello World!
2. Hello World!
3. Hello World!
```

Boucles for imbriquées

Vous pouvez imbriquer des boucles `for` dans d'autres boucles `for`. Supposez que vous deviez afficher les tables de multiplication de 1 à 9. Vous pourriez utiliser les instructions suivantes :

```
for($i=1;$i<=9;$i++)
{
   echo "\nMultiplié par $i \n";
   for($j=1;$j<=9;$j++)
   {
       $result = $i * $j;
       echo "$i x $j = $result\n";
   }
}
```

dont la sortie est la suivante :

```
Multiplié par 1
1 x 1 = 1
1 x 2 = 2
...
1 x 8 = 8
1 x 9 = 9

Multiplié par 2
2 x 1 = 2
2 x 2 = 4
...
2 x 8 = 16
2 x 9 = 18

Multiplié par 3
3 x 1 = 3
```

Et ainsi de suite.

Concevoir des boucles for avancées

La structure d'une boucle for est très souple et vous permet de construire des boucles dans quasiment tous les contextes. Une boucle `for` épouse généralement la syntaxe suivante :

```
for (instructioninitiale;instructionconditionnelle;instructionsfinales)
{
    bloc d'instructions;
}
```

Les instructions contenues dans une boucle `for` jouent les rôles suivants :

- Les instructions initiales s'exécutent une seule fois au début de la boucle. Ce peut être des instructions qui définissent toutes les valeurs initiales requises ou d'autres instructions que vous pourrez exécuter avant l'exécution de la boucle.
- Les instructions conditionnelles sont testées à chaque itération de la boucle.
- Les instructions de fin s'exécutent une seule fois à la fin de la boucle. Ce peut être des instructions qui incrémentent les valeurs ou d'autres instructions que vous pourrez exécuter à la fin de la boucle.

Chaque section d'instructions est séparée par un point-virgule (`;`) et peut contenir autant d'instructions que vous voulez, séparées par des virgules. Une section peut être vide.

Examinons la boucle ci-dessous. Elle contient des instructions dans les trois sections :

```
$t = 0;
for ($i=0,$j=1;$t<=4;$i++,$j++)
{
  $t = $i + $j;
  echo "$t<br>";
}
```

Les deux instructions de la première section représentent les instructions initiales, les instructions conditionnelles se trouvent dans la deuxième section et les deux instructions de la dernière section correspondent aux instructions de fin.

La sortie de ces instructions est :

```
1
3
5
```

L'exécution de la boucle s'effectue dans cet ordre :

1. **La section du début contenant les deux instructions est exécutée.**

   `$i` est paramétré à 0 et `$j` à 1.

2. **La section des conditions comporte une seule instruction et est évaluée.**

   `$t` est-il inférieur ou égal à 4 ? Si tel est le cas, l'instruction vaut `TRUE`. La boucle poursuit son exécution.

3. **Les instructions du bloc d'instructions sont exécutées.**

   `$t` est alors égal à `$i` plus `$j`, ce qui fait 0+1, soit 1. L'instruction de sortie retournera 1.

4. **La section de fin contenant deux instructions (`$i++` et `$j++`) est exécutée.**

   `$i++` et `$j++` sont tous deux incrémentés de 1. `$i` est maintenant égal à 1 et `$j` à 2.

5. **La section des conditions est évaluée.**

   `$t` est-il inférieur ou égal à 4 ? Comme `$t` est maintenant égal à 2, l'instruction vaut `TRUE`. La boucle poursuit son exécution.

6. **Les instructions du bloc d'instructions sont exécutées.**

   `$t` est alors égal à `$i` plus `$j`, ce qui fait 1+2, soit 3. L'instruction de sortie retournera 3.

7. **La section de fin contenant deux instructions (`$i++` et `$j++`) est exécutée.**

   `$i++` et `$j++` sont tous deux incrémentés de 1. `$i` est maintenant égal à 2 et `$j` à 3.

8. **La section des conditions est évaluée.**

   `$t` est-il inférieur ou égal à 4 ? Comme `$t` est maintenant égal à 3, l'instruction vaut `TRUE`. La boucle poursuit son exécution.

9. **Les instructions du bloc d'instructions sont exécutées.**

   `$t` est alors égal à `$i` plus `$j`, ce qui fait 2+3, soit 5. L'instruction de sortie retournera 5.

10. **La section de fin contenant deux instructions (`$i++` et `$j++`) est exécutée.**

`$i++` et `$j++` sont tous deux incrémentés de 1. `$i` est maintenant égal à 2 et `$j` à 4.

11. **La section des conditions est évaluée.**

    `$t` est-il inférieur ou égal à 4 ? Comme `$t` est maintenant égal à 5, l'instruction ne vaut plus `TRUE`. La boucle arrête son exécution et se termine. Le script passe à l'instruction qui suit la fin de la boucle.

Les boucles while

Une boucle `while` continue de répéter un bloc d'instructions tant que certaines conditions valent TRUE. Elle procède comme suit :

1. **Vous définissez une condition.**
2. **La condition est testée au début de la boucle.**
3. **Si la condition est remplie (`TRUE`), la boucle se répète. Si elle ne l'est pas, la boucle s'arrête.**

La boucle `while` épouse la syntaxe suivante :

```
while ( condition )
{
   bloc d'instructions
}
```

Les instructions suivantes définissent une boucle `while` qui recherche une pomme dans un tableau :

```
$fruit = array ( "orange", "pomme", "raisin" );
$testvar = "non";
$k = 0;
while ( $testvar != "oui" )
{
  if ($fruit[$k] == "pomme" )
  {
    $testvar = "oui";
    echo "apple\n";
  }
  else
  {
```

```
    echo "$fruit[$k] n'est pas une pomme\n";
  }
  $k++;
}
```

Ces instructions génèrent la sortie suivante :

```
L'orange n'est pas une pomme
pomme
```

Le script exécute les instructions suivantes :

1. **Les variables sont définies avant le début de la boucle.**

   `$fruit` se trouve dans un tableau et comporte trois valeurs, le test de la variable `$testvar` est paramétré à `"non"` et le compteur `$k` à 0.

2. **La boucle commence par tester si** `$testvar != "oui"` **vaut** `TRUE`**.**

   Comme `$testvar` était à `"non"`, l'instruction vaut `TRUE` et la boucle poursuit son itération.

3. **La condition de l'instruction** `if` **est vérifiée.**

   `$ fruit[$k] == "pomme"` vaut-elle `TRUE` ? A ce stade, `$k` est égal à 0. Le script vérifie alors `$fruit[0]`. Comme `$fruit[0]` est égal à `"orange"`, l'instruction ne vaut pas `TRUE`. Le bloc d'instructions n'est pas exécuté. Le script passe à l'instruction `else`.

4. **L'instruction du bloc** `else` **est exécutée.**

   Le bloc `else` retourne la ligne `"L'orange n'est pas une pomme"` qui sera la première ligne de la sortie.

5. `$k` **est incrémenté de 1.**

   `$k` est maintenant égal à 1.

6. **On atteint la fin de la boucle.**

   Le flux retourne au début de la boucle.

7. **La condition** `$testvar != "oui"` **est à nouveau vérifiée.**

Comme `$testvar` n'a pas changé et reste à `"non"`, l'instruction vaut `TRUE` et la boucle poursuit son itération.

8. **La condition de l'instruction** `if` **est à nouveau vérifiée.**

   `$ fruit[$k] == "pomme"` vaut-elle `TRUE` ? A ce stade, `$k` est égal à 1. Le script vérifie alors `$fruit[1]`. Comme `$fruit[1]` est égal à `"pomme"`, l'instruction vaut `TRUE`. Le script entre dans le bloc `if`.

9. **Le bloc d'instructions** `if` **est exécuté.**

   Ces instructions paramètrent `$testvar` à `"oui"` et retournent `pomme` qui sera la dernière ligne de la sortie.

10. `$k` **est incrémenté de 1.**

    `$k` est maintenant égal à 2.

11. **On atteint la fin de la boucle.**

    Encore une fois, le flux retourne au début de la boucle.

12. **La condition** `$testvar != "oui"` **est une dernière fois vérifiée.**

    Comme `$testvar` a été modifié et est passé à `"oui"`, l'instruction ne vaut plus `TRUE`. La boucle s'arrête.

Vous pouvez écrire une boucle `while` infinie, c'est-à-dire une boucle sans fin, dont la condition est toujours remplie (`TRUE`). Si la condition ne vaudra jamais `FALSE`, la boucle ne se terminera jamais. Reportez-vous à la section "Eviter les boucles infinies", plus loin dans ce chapitre.

Les boucles do...while

Une boucle `do...while` ressemble à s'y méprendre à une boucle `while`. A l'instar d'une boucle `while`, elle continue de répéter un bloc d'instructions tant que certaines conditions sont remplies. Toutefois, contrairement à la boucle `while`, ces conditions sont testées à la fin de chaque boucle. Si la condition vaut `TRUE`, la boucle est répétée. Si elle ne vaut plus `TRUE`, la boucle s'arrête.

Une boucle `do...while` présente la syntaxe suivante :

```
do
{
   bloc d'instructions
} while ( condition );
```

Le script suivant reprend l'exemple de la section précédente, mais cette fois il utilise une boucle `do...while` :

```
$fruit = array ( "orange", "pomme", "raison" );
$testvar = "non";
$k = 0;
do
{
  if ($fruit[$k] == "pomme" )
  {
    $testvar = "oui";
    echo "pomme\n";
  }
  else
  {
    echo "$fruit[$k] n'est pas une pomme\n";
  }
  $k++;
} while ( $testvar != "oui" );
```

La sortie est la suivante :

```
l'orange n'est pas une pomme
pomme
```

Cette sortie est la même que celle de l'exemple de la boucle `while`. La différence entre les boucles est dans la condition qui n'est pas vérifiée au même endroit. Dans la boucle `while`, la condition est vérifiée au début de la boucle. Par conséquent, la boucle ne s'exécutera jamais, si la condition n'est jamais remplie. Dans la boucle `do...while`, la condition est vérifiée à la fin de la boucle. Par conséquent, la boucle est toujours exécutée au moins une fois, même si la condition n'est pas remplie.

Par exemple, dans la boucle précédente qui recherche une pomme, on suppose que la condition initiale est oui au lieu de non à l'aide de cette instruction :

```
$testvar = "oui";
```

La condition n'est pas remplie au début. Dans une boucle `while`, aucune sortie n'est générée. Le bloc d'instructions ne sera jamais exécuté. En revanche, dans la boucle `do...while`, le bloc d'instructions est exécuté au moins une fois avant de vérifier la condition. Par conséquent, la boucle while ne produit aucune sortie, mais la boucle `do...while` génère la sortie suivante :

```
Une orange n'est pas une pomme
```

La boucle `do...while` produit une ligne de la sortie avant de tester la condition. Elle peut ne pas générer une seconde sortie, si la condition n'est jamais remplie.

Eviter les boucles infinies

Vous pouvez facilement créer des boucles qui ne s'arrêteront jamais. Ce type de boucle est appelé *boucle infinie*. Les boucles se répètent sans cesse. Toutefois, vous ne créez pas ou rarement ce type de boucle délibérément. Elles sont généralement le résultat d'une erreur de programmation. Par exemple, une légère modification du script qui définit une boucle `while` peut la transformer en boucle infinie :

```
$fruit = array ( "orange", "pomme", "raisin" );
$testvar = "non";
while ( $testvar != "oui" )
{
  $k = 0;
  if ($fruit[$k] == "pomme" )
  {
    $testvar = "oui";
    echo "pomme\n";
  }
  else
  {
    echo "$fruit[$k] n'est pas une pomme\n";
  }
  $k++;
}
```

Cette petite modification, déplacer `$k = 0` à l'intérieur de la boucle, va transformer la boucle en boucle sans fin. Ce script ainsi modifié générera la sortie suivante :

```
L'orange n'est pas une pomme
L'orange n'est pas une pomme
L'orange n'est pas une pomme
L'orange n'est pas une pomme
...
```

Et ce indéfiniment. A chaque exécution de la boucle, `$k` est réinitialisé à 0. Puis le script récupère `$fruit[0]` et l'instruction `echo`. En fin de boucle, `$k` est incrémenté de 1. Mais, comme la boucle se répète encore une fois, `$k` revient à 0. Par conséquent, la seule valeur lue est la première valeur du tableau, orange. La boucle ne récupérera jamais la pomme et `$testvar` ne sera jamais défini à oui. La boucle est sans fin.

Si vous testez un script dont vous récupérez sans cesse la même sortie, ne paniquez pas. Essayez ce qui suit :

- **Si vous utilisez PHP sur une page Web** : Patientez. Il s'arrêtera de lui-même. Le temps d'attente par défaut est de 30 secondes, mais il peut être modifié par un administrateur PHP. Cliquez sur le bouton Arrêter de votre navigateur.

- **Si vous utilisez PHP CLI** : Appuyez sur les touches Ctrl=C, ce qui arrêtera l'exécution du script. Il arrive que la sortie continue de s'afficher un court moment.

Puis recherchez ensuite ce qui cause l'exécution d'une boucle sans fin et réglez-le.

TRUC

Une erreur courante qui cause une boucle infinie est l'utilisation d'un seul signe égal (=) à la place du double signe égal (==). Le simple signe égal stocke une valeur dans une variable. Le double signe égal permet de tester si deux valeurs sont égales. La condition suivante comporte un seul signe égal et vaut toujours `TRUE` :

```
while ($testvar = "oui")
```

Dans cet exemple, `$testvar` est égal à "oui". La condition ne peut pas être `FALSE`. Mais ce que l'on voulait écrire était sans doute :

```
while ($testvar == "oui")
```

Ici, l'on vérifie si `$testvar` est égal à "oui", ce qui peut valoir soit `TRUE` soit `FALSE`.

Une autre erreur courante consiste à oublier l'instruction qui incrémente le compteur. Par exemple, dans le script précédent, si vous avez omis l'instruction `$k++;`, `$k` est toujours égal à 0, ce qui génère une boucle sans fin.

Sortir de la boucle

Dans certains cas, vous serez amené à faire sortir le script de la boucle. PHP comporte deux instructions dédiées à cette tâche :

- **break** : Fait sortir le script complètement de la boucle. Le script poursuit l'exécution des instructions se trouvant après la boucle.
- **continue** : Saute la fin de la boucle, là où les conditions sont vérifiées. Si les tests de condition sont positifs, le script reprend au début de la boucle.

Les instructions `break` et `continue` sont généralement utilisées dans des instructions conditionnelles. En particulier, `break` est souvent utilisé dans des instructions `switch`, présentées précédemment dans ce chapitre.

Les exemples suivants montrent la différence entre l'utilisation de `break` et celle de `continue`. La première section contient une instruction `break` :

```
$comteur = 0;
while ( $compteur < 5 )
{
  $compteur++;
  If ( $compteur == 3 )
  {
      echo "break\n";
      break;
  }
  echo "Dernière ligne de la boucle: counter=$compteur\n";
}
echo "Première ligne après boucle\n\n";
```

dont la sortie retourne :

```
Dernière ligne de la boucle: counter=1
Dernière ligne de la boucle: counter=2
break
Première ligne après la boucle
```

Remarquez que la première boucle se termine à l'instruction `break`. Elle arrête l'exécution de la boucle et passe immédiatement à l'instruction après la boucle. Ce n'est pas le cas de l'instruction `continue` :

```
$compteur = 0;
while ( $compteur < 5 )
{
  $compteur++;
  If ( $compteur == 3 )
  {
      echo "continue\n";
      continue;
  }
  echo "Dernière ligne dans la boucle: counter=$compteur\n";
}
echo "Première ligne après la boucle\n";
```

dont la sortie est :

```
Dernière ligne de la boucle: counter=1
Dernière ligne de la boucle: counter=2
continue
Dernière ligne de la boucle: counter=4
Dernière ligne de la boucle: counter=5
Première ligne après la boucle
```

Contrairement à la boucle `break`, cette boucle ne se termine pas à l'instruction `continue`. Elle ne fait qu'arrêter l'exécution de la troisième itération de la boucle et retourne au début de la boucle. Elle termine ensuite la boucle avec les quatrième et cinquième répétitions avant d'atteindre l'instruction après la boucle.

L'instruction `break` constitue une assurance contre les boucles infinies. Les instructions qui suivent peuvent arrêter une boucle à un moment raisonnable :

```
$test4infinity++;
if ($test4infinity > 100 )
{
   break;
}
```

Si vous êtes sûr que votre boucle ne sera pas répétée plus de 100 fois, ces instructions l'arrêteront avant qu'elle ne devienne sans fin. Donnez une valeur qui vous semble raisonnable à la boucle que vous écrivez.

Chapitre 8

Réutiliser du code PHP

Dans ce chapitre :

- Inclure des fichiers dans des scripts.
- Comprendre la sécurité des fichiers joints.
- Ecrire des fonctions.
- Utiliser des fonctions.

Les scripts effectuent souvent les mêmes actions à différents endroits de vos scripts comme par exemple récupérer des données dans une base de données à plusieurs endroits différents. Vous pouvez utiliser le même code dans différents scripts. Si vous constatez que vous saisissez la même dizaine de lignes de code encore et encore (ou que vous les copiez-collez sans cesse), placez ce code dans un fichier séparé et récupérez-le quand vous en avez besoin. Voici plusieurs raisons de réutiliser du code :

- **Moins de saisie** : Travailler moins a toujours été une excellente raison !
- **Débogage en une seule fois** : Vous pouvez écrire votre code d'une traite, puis le déboguer pour voir s'il fonctionne et le réutiliser. Un code écrit présente souvent une ou deux erreurs de frappe, une étrange logique, aussi devez-vous toujours le déboguer. Vous gagnerez du temps en utilisant un code testé au lieu d'en écrire un nouveau qui devra être débogué.
- **Plus facile à comprendre** : Un petit script est plus lisible et compréhensible. Par exemple, une ligne indiquant dans votre script `getData()` sera plus compréhensible que la dizaine de lignes qui va effectivement récupérer des données.
- **Plus facile à maintenir** : Si vous réutilisez du code que vous devez modifier, modifiez-le dans un fichier externe au lieu de rechercher et de modi-

fier une dizaine de lignes. Par exemple, si vous changez le nom de votre base de données, vous changerez le nom de la base dans un seul fichier au lieu de répéter cette modification dans de nombreux scripts.

Vous pouvez réutiliser du code de deux manières : en insérant un fichier contenant le code dans un script ou en écrivant et faisant appel à une fonction. Dans ce chapitre, vous allez apprendre ces deux méthodes.

Insérer du code dans votre script

Vous pouvez placer autant de lignes de code que vous voulez dans un fichier séparé, puis insérer ce fichier dans votre script à l'endroit désiré. PHP comporte l'instruction `include` dédiée à cette tâche.

Inclure des fichiers

Supposez que vous écriviez un catalogue de produits en ligne et que votre application contienne beaucoup de pages affichant les images de vos produits. Vous pouvez définir la hauteur et la largeur des images en constantes et utiliser ces constantes dans des balises images HTML, ce qui affichera toutes les images les unes à la suite des autres. L'utilisation des constantes vous permettra de modifier la taille des images en modifiant simplement la définition des constantes. Vous n'aurez pas à changer chaque balise image dans votre script. Vous pouvez définir ces constantes en utilisant les instructions suivantes au début de votre script :

```
define("HAUTEUR",60);
define("LARGEUR",60);
```

Vous pouvez insérer les constantes dans les balises images HTML comme suit :

```
<img src="mypic.jpg" height="<?php echo HEIGHT?>" width="<?php echo WIDTH?>" /
>;
```

Si vous affichez les photos des produits dans différents scripts, vous n'avez pas besoin d'ajouter les instructions `define` au début de chaque script. En fait, vous allez mettre les instructions dans un fichier séparé, puis inclure le fichier au début des scripts. Créez un fichier nommé `taille.inc` (vous pouvez choisir n'importe quelle extension de fichier `include`, mais `.inc` reste la plus conventionnelle) qui contient :

```
<?php
 define("HAUTEUR",60);
 define("LARGEUR",60);
?>
```

Vous allez inclure ensuite le fichier au début de chaque script à l'aide de l'instruction suivante :

```
include("taille.inc");
```

Lorsque PHP lit l'instruction `include`, il lit le code du fichier si bien que le code est inséré à l'emplacement de l'instruction `include`. Autrement dit, les constantes sont définies lorsque `taille.inc` est inclus. Les balises images de votre fichier retourneront ce qui suit :

```
<img src="mypic.jpg" height="60" width="60" />
```

Ce code HTML affiche l'image sur votre page Web. Si vous souhaitez modifier la hauteur ou la largeur, il vous suffira de changer les définitions de HAUTEUR et de LARGEUR dans `taille.inc`. La taille de toutes les images sera alors automatiquement modifiée. En fait, comme la balise image qui affiche la photo est assez complexe, vous allez placer l'instruction de l'image dans un fichier nommé `affichePix.inc` et inclure ce fichier quand vous voudrez afficher une image. Vous pourrez alors disposer d'une seule balise image dans `affichePix.inc` et inclure les deux fichiers `taille.inc` et `affichePix.inc` au début de chaque script. Vous pourrez également inclure `taille.inc` dans `affichePix.inc`, fichier que vous insérerez dans le script.

L'omission des balises PHP dans le fichier `include` reste l'une des erreurs les plus fréquentes. De plus, cette erreur pose des problèmes en matière de sécurité, car le code du fichier apparaît en HTML sur l'écran de l'utilisateur. Que l'utilisateur connaisse la taille du fichier image n'est pas en soi un problème. Mais supposez que ce fichier contienne le mot de passe de votre base de données, cela peut être un réel problème !

Vous pouvez remplacer l'instruction `include` standard par une instruction de type :

```
include_once("nomfichier");
```

Cette instruction empêche les fichiers `include` contenant des variables de ce type de s'écraser. Par exemple, vous pouvez utiliser `include_once` pour insérer des définitions de fonctions (présentées plus loin dans ce chapitre) pour vous assurer qu'elles ne seront définies qu'une seule fois.

PHP fournit également les instructions `require` et `require_once` qui sont assez semblables aux instructions `include`, excepté dans la gestion des erreurs. Si vous requerrez (`require`) un fichier qui n'existe pas, c'est une erreur fatale et votre script arrête son exécution. Si vous incluez (`include`) un fichier qui n'existe pas, vous ne recevrez qu'un message d'avertissement et le script poursuivra son exécution.

Vous pouvez insérer un nom de variable dans le nom de fichier, comme suit :

```
include ("$nomfichier");
```

Supposez que vous souhaitiez faire afficher différents messages en fonction du jour de la semaine. Vous pouvez stocker ces messages dans des fichiers portant le nom de chaque jour de la semaine et qui contiendraient les messages à afficher. Ainsi, le fichier nommé `Dimanche.inc` pourrait contenir le message suivant :

```
echo "Rester au lit. Pas de travail aujourd'hui.";
```

Et ainsi de suite pour chaque jour de la semaine. Les instructions qui suivent permettent d'afficher le message correspondant au jour de la semaine :

```
$aujourdhui = date("D");
include("$aujourdhui"."inc");
```

Après la première instruction, `$aujourdhui` contient le jour de la semaine dans sa forme abrégée en anglais. L'instruction `date` est présentée au Chapitre 5. La deuxième instruction inclut le fichier correspondant au jour stocké dans `$aujourdhui`. Si `$aujourdhui` vaut Dimanche, l'instruction inclut un fichier nommé `Dimanche.inc`.

Stocker des fichiers include

Stocker des fichiers include risque de poser des problèmes de sécurité, en particulier pour les sites Web. Les fichiers stockés sur des sites Web peuvent être téléchargés par d'autres utilisateurs si vous ne les avez pas protégés. En théorie, un utilisateur peut se connecter à votre site Web en entrant dans l'URL :

```
http://votredomaine.com/motdepassesecret.inc
```

Supposez que vous stockiez dans votre espace Web un fichier nommé `motdepassesecret.inc` qui contient les instructions suivantes :

```
<?php
  $moncomptesecret="account48756";
  $monmotdepasse="secret";
?>
```

En principe, le serveur Web n'est pas configuré pour traiter des sections PHP dans des fichiers qui n'ont pas une extension PHP. Par conséquent, le serveur Web ne devrait pas traiter ces instructions. Mais il est assez obligeant pour afficher le contenu de `monmotdepassesecret.inc` à l'utilisateur, comme s'il s'agissait de lignes HTML. Vous pouvez parer cette faille de l'une des manières suivantes :

- **Nommer le fichier include avec une extension .php** : Le serveur Web traitera alors les sections PHP comme du PHP et non comme du HTML. Toutefois, soyez particulièrement vigilant quant au contenu de vos fichiers `include`. Dans certains cas, l'exécution de sections PHP dans un fichier `include` séparé, sans contexte lorsqu'elles sont exécutées dans un script, est assez risquée. Supposez que du code dans le fichier `include` ait supprimé un enregistrement dans la base de données (ce qui a très peu de chance de se produire). L'exécution du code en dehors du script peut avoir des conséquences désastreuses. Enfin, un fichier ayant une extension `.inc` vous permet de comprendre en un clin d'œil que ce fichier est un fragment de code et non un script censé s'exécuter tout seul.

- **Configurer le serveur Web pour qu'il analyse les sections PHP dans les fichiers aux extensions .inc et .php** : Vous pouvez ainsi reconnaître les fichiers `include` par leurs noms. Toutefois, vous n'êtes pas à l'abri de problèmes éventuels.

- **Stocker le fichier dans un emplacement qui n'est pas accessible aux utilisateurs externes** : Cette solution est la meilleure, mais elle n'est pas possible dans certains environnements comme ceux qu'utilisent certains hébergeurs.

Le meilleur emplacement d'un fichier include reste un répertoire auquel les utilisateurs extérieurs n'ont pas accès. Par exemple, sur votre site Web, créez un répertoire include qui n'est pas accessible dans votre espace Web, c'est-à-dire aux utilisateurs externes qui ne peuvent pas y accéder via leurs navigateurs. Par exemple, l'espace Web par défaut d'Apache est apache/htdocs (à moins qu'il ait été changé dans le fichier de configuration httpd.conf). Si vous stockez les fichiers include dans un répertoire qui ne se trouve pas dans votre espace Web, tel que d:\include, vous pouvez les protéger.

Configurer des répertoires include

Vous pouvez configurer un répertoire include dans lequel PHP recherchera des fichiers spécifiés dans une instruction include. Si vous êtes administrateur PHP, configurez un répertoire include dans le fichier php.ini (le fichier de configuration dans le répertoire système présenté dans l'Annexe A). Recherchez include_path et remplacez le nom de chemin par celui de votre répertoire. Si la ligne est précédée d'un point-virgule, avant include_path, supprimez-le. Voici des exemples de paramètres include_path dans le fichier php.ini :

```
include_path=".;d:\include";              # Windows
include_path=".:/user/local/include";  # Unix/Linux/Mac
```

Ces deux instructions spécifient deux répertoires dans lesquels PHP va rechercher les fichiers include. Le premier répertoire est le dot (le répertoire en cours) suivi du second nom de chemin. Vous pouvez spécifier autant de répertoires include que vous voulez. PHP recherchera les fichiers include dans l'ordre où ils sont listés. Les chemins des répertoires sont séparés par des points-virgules dans Windows et par des deux-points dans Unix/Linux.

Si vous n'avez pas accès au php.ini, paramétrez le chemin d'accès vers chacun des scripts à l'aide de l'instruction suivante :

```
ini_set("include_path","d:\hidden");
```

Cette instruction définit include_path dans le répertoire spécifié seulement au moment de l'exécution du script. Il ne paramètre pas le répertoire dans tout le site Web.

Pour accéder à un fichier dans un répertoire include, il suffit d'utiliser le nom de fichier (vous n'avez pas besoin d'utiliser le nom de chemin complet), comme suit :

```
include("motdepassesecret.inc");
```

Si votre fichier `include` ne se trouve pas dans un répertoire include, entrez un nom de chemin complet dans l'instruction `include`. Si le fichier se trouve dans le même répertoire que le script, le nom de fichier s'avère suffisant. Toutefois, si ce fichier est situé dans un autre répertoire, tel qu'un sous-répertoire du répertoire du script ou un répertoire caché hors de l'espace Web, entrez le chemin complet, comme suit :

```
include("d:/hidden/motdepassesecret.inc");
```

Créer du code réutilisable (fonctions)

Les applications effectuent souvent la même tâche à différents endroits d'un script ou dans différents scripts. Cela est d'autant plus vrai s'agissant des fonctions. Une *fonction* est un groupe d'instructions PHP qui effectue une tâche spécifique.

Supposez par exemple que vous deviez ajouter un bas de page sur chaque page Web à l'aide des instructions suivantes :

```
echo '<img src="greenrule.jpg" width="100%" height="7" />
<address>Ma petite entreprise
<br />10 rue de l'avenir.
<br />bagneux, CA 92126
</address></font>
<p>ou envoyez vos questions à
    <a href="mailto:vente@entreprise.com">sales </a>
<img src="greenrule.jpg" width="100%" height="7" />';
```

Une page Web a rarement des en-têtes et des bas de page plus longs que ceux-là. Aussi, au lieu d'entrer ce code en bas de chaque page Web, ce qui entraînerait vraisemblablement une ou deux fautes de frappe, créez une fonction qui contienne les instructions précédentes et nommez-la `ajout_baspage`. A la fin de chaque page, utilisez cette fonction (processus que l'on nomme *appel de fonction*) qui contient les instructions de bas de page. Le code de ce simple appel de fonction sera :

```
ajout_baspage();
```

Notez les parenthèses après le nom de la fonction. Elles sont obligatoires dans l'appel de fonction, car elles indiquent à PHP qu'il s'agit d'une fonction.

Définir des fonctions

Vous pouvez créer une fonction en insérant du code dans un bloc de fonctions qui épouse la syntaxe suivante :

```
function fonctionnom()
{
   bloc d'instructions;
   return;
}
```

Par exemple, pour créer la fonction `ajout_baspage` dont nous avons parlé dans la section précédente :

```
function ajout_baspage()
{
   echo '<img src="greenrule.jpg" width="100%" height="7" />
   <address>Ma petite entreprise
   <br />10 rue de l'avenir.
   <br />Bagneux 92126
   </address></font>
   <p>envoyez vos questions à
       <a href="mailto:vente@entreprise.com">sales </a>
   <img src="greenrule.jpg" width="100%" height="7" />';
   return;
}
```

L'instruction `return` arrête la fonction et retourne au script principal. (L'instruction `return` à la fin de la fonction n'est pas requise. Elle est ici mentionnée à titre d'exemple. L'instruction `return` est présentée dans la section "Retourner une valeur d'une fonction", plus loin dans ce chapitre.)

Vous pouvez écrire une fonction n'importe où dans le script, mais l'usage veut que toutes les fonctions soient rassemblées au début ou à la fin du fichier du script. Les fonctions que vous comptez insérer dans plusieurs scripts peuvent être stockées dans un fichier séparé, que vous inclurez par la suite dans vos scripts quand vous en aurez besoin.

A ce stade, vous devez vous demander pourquoi mettre les instructions de bas de page dans un fichier séparé appelé `baspage.inc` et insérer `baspage.inc` dans chaque page Web. En fait, les instructions qui permettent de créer les pieds de page se composent d'un simple bloc d'instructions qui retourne un code HTML statique. Vous pouvez vous contenter de placer ce fichier HTML dans le fichier `include` que vous insérez à la fin de la page. Vous n'avez même pas besoin d'utiliser les balises PHP dans le fichier `include`.

Cependant, si l'entreprise comporte trois filiales et que vous devez insérer le nom de la filiale dans le bas de page, ainsi que son adresse électronique pour contacter la bonne filiale, vous allez devoir écrire trois fichiers `include` différents. Dans ce cas, vous allez utiliser des fonctions, car elles sont plus souples et plus rapides. Vous pouvez envoyer les informations à la fonction (procédure que l'on appelle *passer des valeurs*) et lui indiquer la filiale à mentionner dans la sortie. La fonction prendrait la syntaxe suivante :

```
function ajout_baspage($filiale)
{
   echo '<img src="greenrule.jpg" width="100%" height="7" />
   <p>'.$filiale.' Division</p>
   <address>Ma petite entreprise
   <br />10 rue de l'avenir.
   <br />Bagneux 92126
   </address></font>
   <p>ou envoyez vos questions à
   <a href="mailto:'.$filiale.'@entreprise.com">' .$filiale.'</a>
   <img src="greenrule.jpg" width="100%" height="7" />';
   return;
}
```

Dans cette version, la fonction attend qu'on lui passe une valeur. Elle stocke la valeur passée dans une variable appelée `$filiale` qui lui permettra de changer le texte. Lorsque vous utilisez cette fonction, vous lui passez une valeur, comme suit :

```
ajout_baspage("Vente");
```

Vous pouvez changer le nom de la filiale en faisant appel à une fonction qui a une autre valeur :

```
ajout_baspage("Comptabilite");
```

ATTENTION !

Notez le format de l'instruction `echo`. Cette chaîne est mise entre guillemets. Dans la fonction précédente, sans variables, le format se composait d'une apostrophe au début et d'une autre à la fin. Ici, en utilisant la variable, la chaîne entre guillemets est terminée quand `$filiale` est utilisée et rouverte après la variable. N'oubliez pas que les variables ne sont pas évaluées quand elles sont entre apostrophes. Si `$filiale` avait été entre apostrophes, la sortie aurait affiché `$filialeFiliale` au lieu de `$filialeVentes`.

Vous pouvez repasser une valeur à une fonction, ce que l'on appelle *retourner une valeur*. Les valeurs sont retournées par l'instruction `return`. Par exemple, supposez que la fonction place un bas de page dans une variable au lieu de retourner le bas de page. Dans ce cas, la fonction prendra cette forme :

```
function ajout_baspage($filiale)
{
   $str='<img src="greenrule.jpg" width="100%" height="7" />
   <p>'.$filiale.' Division</p>
   <address>Ma petite entreprise
   <br />10 rue de l'avenir.
   <br />Bagneux 92126
   </address></font>
   <p>envoyez vos questions à
   <a href="mailto:'.$filiale.'@entreprise.com">' .$filiale.'</a>
   <img src="greenrule.jpg" width="100%" height="7" />';
   return $str;
}
```

Dans ce cas, vous pouvez utiliser ces instructions :

```
$baspage = ajout_baspage("Ventes");
echo $baspage;
```

Lorsque vous retournez `$baspage`, la sortie affiche toute la chaîne du bas de page que vous avez créée dans la fonction.

Dans le reste de ce chapitre, nous verrons comment créer et utiliser des fonctions. Un bon programmeur cherchera à mettre du code script dans des fonctions, ce qui améliore la lisibilité et la maintenance et accélère l'exécution du script.

Utiliser des variables dans des fonctions

Vous pouvez créer et utiliser une variable dans une fonction. Une telle variable est appelée *locale*. Une variable locale ne peut pas être utilisée à l'extérieur de la fonction, si elle n'est pas dans le script principal. (Si vous voulez utiliser les variables à l'extérieur d'une fonction, vous utiliserez une variable *globale* à l'aide d'une instruction `global`.) Par exemple, la variable `$nom` est créée dans la fonction suivante :

```
function format_nom($prenom,$nom_famille)
{
   $nom = $nom_famille.", ".$prenom;
}
```

Vous ferez ensuite appel à la fonction en lui passant des valeurs, puis retournerez la valeur de la variable `$nom` :

```
format_nom("Jean","Dupont");
echo "$nom";
```

Toutefois, ces instructions ne produisent pas de sortie. Dans l'instruction `echo`, `$nom` ne contient aucune valeur. La variable `$nom` a été créée à l'intérieur de la fonction, aussi n'existe-t-il pas de sortie de fonction.

Vous pouvez créer une variable dans une fonction qui existe en dehors de la fonction à l'aide de l'instruction `global`. Les instructions ci-dessous contiennent la même fonction mais avec une instruction `global` :

```
function format_nom($prenom,$nom_famille)
{
   global $nom;
   $nom = $nom_famille.", ".$prenom;
}
```

Vous ferez ensuite appel à la fonction, en lui passant les mêmes valeurs et en retournant la valeur de la variable `$nom` :

```
format_nom("Jean","Dupont");
echo "$nom";
```

Le script cette fois-ci retournera la valeur de la variable `$nom` :

```
Dupont, Jean
```

N'OUBLIEZ PAS

Vous devez créer la variable globale avant de l'utiliser. Si l'instruction `global` suit l'instruction d'affectation `$nom`, le script ne produira aucune sortie. Par exemple, si dans la fonction précédente l'instruction `global` avait suivi le `$nom_instruction`, la fonction n'aurait pas correctement fonctionné.

De même, si une instruction est créée à l'extérieur de la fonction, vous ne pouvez pas l'utiliser dans la fonction à moins qu'elle ne soit globale. Vous pouvez créer la variable globale comme suit :

```
$prenom = "Jean";
$nom_famille = "Jones";
function format_nom()
{
   global $prenom, $nom_famille;
   $nom = $nom_famille.", ".$prenom;
   echo "$nom";
}
format_nom();
```

Sans l'instruction `global`, `$nom_famille` et `$prenom` dans la fonction seront des variables différentes de `$nom_famille` et `$prenom` créées à l'extérieur du script. Les variables locales `$nom_famille` et `$prenom` sont créées lorsque vous les nommez. Elles n'ont aucune valeur. Par conséquent, `$nom` ne retournera qu'une virgule.

Passer des valeurs à une fonction

Vous passez des valeurs à une fonction en mettant ces valeurs entre parenthèses lorsque vous faites appel à la fonction, comme suit :

```
fonctionnom(valeur1,valeur2,...);
```

Vous ne pouvez pas naturellement passer en paramètre n'importe quel type de variable dans une fonction. Par exemple, l'instruction `function` définit les noms de variables des valeurs qu'elle autorise, comme suit :

```
function fonctionnom($varnom1,$varnom2,...)
{
   instructions
   return;
}
```

Passer en paramètres le bon type de valeur

Les valeurs peuvent être des variables ou des valeurs, dont des valeurs numériques. Ces valeurs peuvent être de tout type de données, dont les tableaux ou les objets (voir Chapitre 9).

Les instructions suivantes font appel à une fonction qui calcule la TVA. La fonction `calcultva` doit connaître le montant des achats pour calculer le montant de la TVA. Elle doit également connaître la TVA du pays pour utiliser le taux de TVA adéquat. Les valeurs que vous devez passer en paramètres sont un nombre (le montant des achats) et une chaîne (le nom du pays). Les appels suivants sont valides :

- `calcul_TVA(2000, "CA");` : Deux valeurs, 2000 et CA, sont passées en paramètres.
- `calcul_TVA(2*1000,"");` : Deux valeurs, 2000 et ??? (valeur vide), sont passées en paramètres. Cette fonction doit contenir le code qui traite la valeur vide.
- `calcul_TVA((2000,"C"."A");` : Deux valeurs sont passées en paramètres, 2000 et CA.

Vous pouvez passer en paramètres des tableaux dans des fonctions (les tableaux sont traités au Chapitre 6). Par exemple, dans cette fonction, un tableau est passé en paramètre :

```
function add_nombres($nombres)
{
   for($i=0;$i <sizeof($nombres);$i++)
   {
      @$somme = $somme + $nombres[$i];
   }
   return $somme;
}
```

Cette fonction ajoute tous les nombres qui lui sont passés en paramètres dans un tableau numérique. Si la valeur passée n'est pas un tableau, PHP stocke la valeur `$nombres` comme si son type de données était un entier ou une chaîne. Lorsque la fonction récupère l'instruction `sizeof($nombres)`, elle échoue, car `$nombres` n'est pas un tableau et que `sizeof` requiert un tableau. Une fonction bien écrite vérifie le type de valeur qui lui est passé en paramètre avant d'exécuter les instructions qu'elle contient. Par exemple, l'instruction suivante peut être ajoutée dans un bloc de fonctions, juste avant l'instruction `for` :

```
If(!is_array($nombres)
{
   echo "La valeur passée n'est pas un tableau";
   exit();
}
```

De même, cette fonction pourrait vérifier si les éléments du tableau sont des nombres, à l'aide de quelques-unes des fonctions présentées dans le Chapitre 5.

Vous pouvez utiliser les instructions suivantes pour définir un tableau qui sera ensuite passé en paramètre dans la fonction `add_nombres` :

```
$tableaudenombres = array(100,200);
$total = add_numbers($tableaudenombres);
```

Ces instructions exécutées, `$total` est égal à 300.

Passer des valeurs en paramètres dans le bon ordre

Les valeurs sont passées en paramètres dans l'ordre de leur passage. Supposez que vous disposiez de la fonction suivante :

```
function fonctionx($x,$y,$z)
{
   faire quelque chose
}
```

Vous faites appel à la fonction comme suit :

```
fonctionx($var1,$var2,$var3);
```

La fonction définit `$var1`, `$var2` et `$var3`.

Si les valeurs que vous avez passées ne sont pas dans l'ordre, la fonction utilise la mauvaise valeur pour effectuer sa tâche. Supposez, par exemple, que la définition de la fonction pour calculer la TVA soit :

```
function calcul_tva($montantcommande,$pays)
{
   calcul TVA
}
```

Supposez maintenant que vous fassiez appel à cette fonction comme suit :

```
calcul_tva($pays,$montantcommande);
```

La fonction va considérer la valeur `$pays` comme étant le montant de la commande, et donc la paramétrer à 0. Elle considérera le pays comme un nombre dans `$montantcommande`, ce qui ne correspond à aucune de ses catégories. La sortie sera alors 0.

Passer le bon nombre de valeurs

Une fonction n'accepte qu'un certain nombre de valeurs. Si vous n'envoyez pas suffisamment de valeurs, la fonction définit les nombres manquants à NULL. Si vous avez activé les messages d'avertissement, vous en verrez un apparaître. (Reportez-vous au Chapitre 4 sur les niveaux d'erreur.) Par exemple, vous pouvez voir apparaître un message tel que celui-ci :

```
Warning: Missing argument 2 for format_nom() in testing.php on line 9
```

N'oubliez pas que les messages d'avertissement n'arrêtent pas le script. Son exécution se poursuit. Supposez que vous fassiez appel à la fonction `format_nom`, présentée ci-avant dans la section "Utiliser des variables dans des fonctions" :

```
format_nom("Jean");
```

La sortie sera :

```
Jean,
```

Si vous envoyez trop de valeurs, la fonction ignorera les valeurs supplémentaires. En règle générale, vous ne passerez pas en paramètre un nombre incorrect de valeurs.

Vous pouvez paramétrer des valeurs par défaut, si une valeur n'est pas passée en paramètre. Les valeurs par défaut sont définies au moment où vous créez la fonction, en attribuant une valeur par défaut à la place des valeurs attendues, comme suit :

```
function add_2_nombres($nomb1=1,$nomb2=1)
{
   $total = $nomb1 + $nomb2;
   return $total;
}
```

Si l'une ou les deux valeurs ne sont pas passées, la fonction utilisera les valeurs par défaut. Mais si une valeur est passée elle sera utilisée à la place des valeurs par défaut. Par exemple, si vous utilisez l'un des appels suivants :

```
add_2_nombres(2,2);
add_2_nombres(2);
add_2_nombres();
```

les résultats seront générés dans cet ordre :

```
$total = 4
$total = 3
$total = 2
```

Le premier `$total` est 4, car 2 et 2 sont passés en paramètres. Le deuxième `$total` est 3, car 2 est passé en paramètre et la valeur par défaut de `$nomb2` vaut 1. Le troisième `$total` est 2, car aucune des valeurs n'est passée en paramètre et donc les valeurs par défaut de `$nomb1` et `$nomb2` sont utilisées.

Passer des valeurs par référence

Lorsque vous définissez une fonction en passant des valeurs en paramètres dans ses variables, vous passez les paramètres par valeur. Cette technique est la plus fréquente pour passer des valeurs en paramètres dans une fonction, comme dans l'exemple ci-dessous :

```
function add_1($nomb1)
{
     $nomb1 = $nomb1 + 1;
}
```

Lorsque vous passez par valeur, cette valeur est copiée. Sa copie est passée en paramètre dans la fonction. La valeur passée dans la fonction est stockée dans la variable `$nomb1` et 1 est ajouté dans la fonction. Toutefois, la valeur de la variable extérieure à la fonction n'a pas changé. Supposez que vous fassiez appel à la fonction à l'aide des instructions suivantes :

```
$orig_nomb = 3;
add_1($orig_nomb);
echo $orig_nomb;
```

La sortie de l'instruction `echo` est 3. Une copie de la valeur stockée dans `$orig_nomb` a été passée dans `add_1`. `$orig_nomb` n'affecte en rien le contenu de la fonction, elle reste telle quelle. Vous pouvez modifier `$orig_nomb` en ajoutant une instruction `return` dans la fonction, comme suit :

```
return $nomb1;
```

Vous allez ensuite stocker la valeur retournée dans `$orig_nomb` :

```
$orig_nomb = 3;
$orig_nomb = add_1($orig_nomb);
echo $orig_nomb;
```

A présent, l'instruction `echo` retourne 4 en sortie.

Dans certains cas, vous pouvez directement changer les valeurs des variables, en modifiant leurs valeurs extérieures à la fonction. Autrement dit, dans l'exemple précédent, vous allez stocker `$orig_nomb` dans la fonction, sans avoir à la repasser en paramètre. Dans ce cas, vous pouvez créer la globale de la variable ou utiliser une technique appelée *passer par référence*. Pour passer une variable par référence, faites précéder son nom d'un `&`, comme suit :

```
function add_1(&$nomb1)
{
     $nomb1 = $nomb1 + 1;
}
```

Lorsque vous faites appel à cette fonction, une valeur est passée indiquant à PHP où se trouve la variable (c'est-à-dire un pointeur sur le conteneur appelé `$orig_nomb`, là où est stockée la valeur 3) au lieu de copier la valeur. La variable `$nomb1` sera alors un autre nom de `$orig_nomb` et non plus une variable différente qui contient la valeur 3. Lorsque vous attribuez quelque chose à `$nomb1`, ce quelque chose est stocké dans `$orig_nomb`. `$nomb1` et `$orig_nomb` sont les deux noms du même emplacement de stockage. Lorsque vous changez la variable à l'aide des instructions contenues dans la fonction, la valeur située dans l'emplacement original est également modifiée. Supposez, par exemple, que vous fassiez appel à la fonction à l'aide des instructions suivantes :

```
$orig_nomb = 3;
add_1($orig_nomb);
echo $orig_nomb;
```

La sortie de l'instruction `echo` est 4.

Comme vous passez en paramètre un pointeur sur une variable, la fonction n'a pas grand intérêt :

```
add_1(&7);
```

La technique *passer par référence* sert essentiellement à passer de très grandes valeurs telles qu'un objet ou un grand tableau. Il vaut mieux passer un pointeur en paramètre que de copier des valeurs qui sont déjà très grandes.

Retourner une valeur d'une fonction

Si vous souhaitez renvoyer une valeur dans le script principal, utilisez l'instruction `return`. Le script principal met la valeur retournée dans une variable ou l'utilise de la même manière qu'il utiliserait une valeur quelconque.

Une instruction `return` retourne des valeurs spécifiées et termine la fonction, en retournant le script principal. Elle épouse la syntaxe suivante :

```
return valeur;
```

Considérons la fonction `add2nombres` suivante :

```
function add_2_nombres($nomb1,$nomb2)
{
```

```
    $total = $nomb1 + $nomb2;
    return $total;
}
```

Le total des deux nombres est retourné et la fonction se termine. Vous faites appel à cette fonction comme suit :

```
$somme = add_2_nombres(5,6);
```

`$total` est égal à la valeur contenue dans `$total` qui est retournée dans la fonction, ici 11. En fait, vous pouvez recourir à une seule instruction qui vous permettra de définir la fonction et de renvoyer le total dans le script principal :

```
return $nomb1 + $nomb2;
```

Le script principal peut faire appel à cette fonction à l'aide de l'une de ces instructions :

```
$total_hauteur = add_2_nombres($hauteur1,$hauteur2);
$totalTaille = $taille_actuelle + add_2_nombres($taille1,$taille2);
if (add_2_numbres($prixchaussettes,$prixchaussures) > 200.00 )
        $echo "Aucune vente";
```

Une instruction `echo` ne peut retourner qu'une seule valeur. Toutefois, la valeur peut très bien être un tableau qui comporterait un bon nombre de valeurs.

Vous pouvez utiliser une instruction `return` dans une instruction conditionnelle pour terminer une fonction, comme suit :

```
function recherche valeur($tableau,$valeur)
{
  for($i=1;$i<sizeof($tableau);$i++)
  {
     if($tableau[$i] = $valeur)
     {
       echo "$i. $tableau[$i]<br>";
       return;
     }
  }
}
```

Cette fonction vérifie si le tableau contient une valeur particulière. Vous pouvez faire appel à cette fonction à l'aide des instructions ci-dessous :

```
$noms = array("Jean","Samuel","Juan");
recherche_valeur($noms,"Samuel");
```

La fonction recherche Samuel parmi les valeurs dans le tableau. Si elle trouve Samuel, elle arrête sa recherche. La sortie affiche l'élément du tableau où se trouve Samuel :

```
1. Samuel
```

Les fonctions servent généralement à retourner des valeurs booléennes, comme dans la fonction suivante :

```
function est_superieur_100($nombre)
{
  if($nombre > 100)
  {
     return TRUE;
  }
  else {
     return FALSE;
  }
}
```

Les nombres inférieurs ou égaux à 100 retournent `FALSE` ; les nombres supérieurs à 100 retournent `TRUE`.

Les fonctions retournent une valeur, si elles réussissent. Mais, en cas d'échec, elles retournent `FALSE`. Vous pouvez par exemple écrire la fonction `recherche_valeur` comme suit :

```
function recherche_valeur($tableau,$valeur)
{
  for($i=1;$i<sizeof($tableau);$i++)
  {
     if($tableau[$i] == $valeur)
     {
       return i$;
     }
```

```
  }
  return FALSE;
}
```

Si la fonction trouve la valeur dans le tableau, elle retourne le numéro de l'élément du tableau où se trouve `$valeur`. Mais si elle ne trouve nulle part la valeur dans le tableau elle retourne `FALSE`.

Utiliser des fonctions intégrées

PHP est un langage très puissant et très utile grâce à ses fonctions intégrées. Les fonctions PHP sont des fonctions normales. Elles ne sont en aucune façon différentes de celles que vous avez créées. PHP s'est simplement chargé de faire tout le travail à votre place.

Au lieu de vous présenter les fonctions intégrées de PHP, ce qui dépasse le cadre de ce livre, nous verrons celles qui sont, à mon avis, les plus utiles. Au Chapitre 7, vous avez appris que certaines fonctions permettaient de savoir si une variable est définie ou vide :

```
isset($varnom)
empty($varnom)
```

De même, au Chapitre 5, vous avez découvert les fonctions qui permettent de formater et de manipuler les nombres et les chaînes. J'aborderai tout au long de ce livre les fonctions intégrées.

Reportez-vous à l'Annexe B qui contient la liste d'un bon nombre de fonctions intégrées. Retenez bien cette liste, elle vous sera utile pour écrire vos scripts et pour rechercher rapidement des fonctions intégrées PHP. Même si vous pouvez écrire vos propres fonctions, n'hésitez pas à tirer parti des fonctions intégrées. La liste de l'Annexe B ne répertorie pas toutes les fonctions qui sont toutes référencées et présentées dans la documentation PHP sur le site Web `www.php.net/docs.php`.

Gestion des erreurs

Il arrive que les fonctions échouent. Vous les écrivez en tenant compte de toutes les possibilités, mais, pour une étrange raison, cela ne marche toujours pas. Par exemple, une fonction qui se connecte à une base de données peut échouer, car la base de données est actuellement indisponible. Dans ce cas, les capacités de la fonction ne sont pas remises en cause. Une fonction bien écrite essaie d'anticiper toutes les éventualités, mais reconnaît qu'un événement inattendu peut se produire en incluant une instruction qui retourne `FALSE` lorsque la fonction ne peut pas accomplir la mission pour des raisons inconnues.

Votre script doit anticiper tout échec de fonction et y faire face. Vous pouvez faire afficher votre propre message à la place du message d'erreur généré par PHP. PHP fournit l'instruction `die`, instruction qui affiche le message que vous avez spécifié. Sa syntaxe est la suivante :

```
die("message");
```

L'instruction `die` arrête le script et fait apparaître le texte que vous avez entré. Si vous l'utilisez avec une fonction, insérez un `or`, comme suit :

```
fonctionnom()   or   die("message");
```

Si la fonction retourne `FALSE`, l'instruction `die` arrête le script et affiche le message.

Par exemple, si vous utilisez une fonction pour vous connecter à une base de données, vous utiliserez l'instruction ci-dessous :

```
mysql_connect("hote","utilisateur","mot de passe")
      or die("La base de données n'est pas disponible. Réessayez
ultérieurement.");
```

N'oubliez pas que si la fonction échoue PHP affiche un message d'avertissement. Si vous souhaitez faire apparaître votre propre message à la place de celui de PHP, vous devez modifier le niveau de rapport d'erreur afin que les messages d'avertissement PHP ne s'affichent plus. Vous pouvez également désactiver tous les messages d'erreur, comme expliqué au Chapitre 4. Sinon, votre message et celui de PHP seront tous deux affichés.

Vous pouvez utiliser `die` avec n'importe quelle fonction. Toutefois, son emploi ne présente pas un grand intérêt si la valeur de retour est `FALSE`. N'oubliez pas que `die` arrête l'exécution du script.

Vous pouvez également gérer les éventuels échecs des fonctions en utilisant un appel de fonction comme s'il s'agissait d'une condition. Vous obtiendrez le même résultat que dans l'exemple précédent avec les instructions suivantes :

```
if(!mysql_connect("hote","utilisateur","mot de passe"))
{
    echo "La base de données n'est pas disponible. Réessayez ultérieurement\n";
    exit();
}
```

Notez le point d'exclamation avant l'appel de fonction. Il transforme la fonction en condition négative. La condition vaut `TRUE`, si la fonction retourne `FALSE`.

Sachez que l'instruction `exit` effectue la même tâche que `die`. Enfin, n'oubliez pas que vous pouvez utiliser n'importe quelle instruction dans le bloc `if`. Vous pouvez même vous envoyer un message électronique, si la base de données est inaccessible.

Chapitre 9

Rencontre avec la programmation orientée objet

Dans ce chapitre :

- Comprendre la programmation orientée objet.
- Identifier les objets.
- Ecrire des classes.
- Utiliser les classes.

A ses débuts, PHP n'était qu'un simple jeu de scripts. Avec le temps, quelques éléments de programmation orientée objet y ont été ajoutés. Ce type de programmation est devenu possible à partir de PHP 4. Aujourd'hui, avec l'introduction de PHP 5, les développeurs bénéficient d'un langage dont les caractéristiques objets sont plus complètes et plus efficaces. La plupart des améliorations restent invisibles, car elles concernent le moteur Zend 2 qui interprète les scripts plus efficacement qu'auparavant. En plus de meilleures performances, ce moteur s'est vu adjoindre les fonctionnalités orientées objet que nous attendions.

Introduction à la programmation orientée objet

La *programmation orientée objet* est une approche de programmation qui utilise des objets et des classes, lesquels sont décrits en détail plus loin dans ce chapitre. Ce type de programmation est très répandu de nos jours où de nombreuses universités l'enseignent dès les premières années des cursus universitaires en informatique. Les langages C++ et Java restent les plus employés des langages orientés objets.

La programmation orientée objet ne se résume pas à l'utilisation d'une syntaxe particulière. Il s'agit d'une méthode originale d'analyse des problèmes liés à la réalisation de logiciels. Ainsi, un programme est conçu en modélisant un problème informatique particulier. Par exemple, un programmeur qui réaliserait un programme destiné au département des ventes de sa société pourrait concevoir ce dernier en fonction des rapports entre les clients, les ventes et les attributions de crédits, en fait en fonction de l'architecture même du département.

Dans la terminologie de la programmation orientée objet, les éléments qui composent un programme sont les *objets*. Les objets représentent les éléments d'une solution que vous souhaitez mettre en place. Ainsi, par exemple, si le programme doit gérer un garage, les objets seront probablement les voitures et les clients. Si vous réalisez un programme sur le système solaire, ce seront sans doute les planètes, les astéroïdes et les comètes.

La programmation orientée objet apporte donc de nouveaux concepts et une nouvelle terminologie qu'il est nécessaire d'assimiler avant d'aller plus loin.

Les objets et les classes

L'élément de base de la programmation orientée objet est l'*objet*. Le plus simple est de se représenter un objet comme s'il s'agissait d'un objet physique. Prenons l'exemple d'un objet que nous dénommerons *voiture*. Une vraie voiture possède certaines propriétés comme sa couleur, son modèle, son type de moteur et de pneu. Une vraie voiture peut réaliser différentes actions : avancer, reculer, se garer, tomber dans un précipice.

Cependant, en programmation orientée objet, les objets ne correspondent pas forcément à des objets physiques. Ainsi, un compte en banque peut très bien être un objet informatique, alors qu'il est difficile de le tenir en main. De même, les fichiers, les messages électroniques, les adresses, les chansons, les rendez-vous et les émissions TV peuvent tous avoir une représentation objet.

Une *classe* est un script qui va nous servir à créer un objet. Ainsi, une classe définit les propriétés et les attributs d'un objet, mais également ce qu'il peut réaliser. Par exemple, si nous possédons une classe qui définit une voiture comme étant un objet ayant quatre roues et un moteur, capable de réaliser des actions telles qu'avancer et reculer, nous pouvons créer un objet voiture dans notre script. Lorsque nous l'utiliserons, nous nous apercevrons peut-être qu'il lui manque certaines caractéristiques importantes comme des portes ou un coffre. Il faudra alors les ajouter.

En tant que concepteur d'une classe particulière, vous connaissez son fonctionnement interne. Il n'est cependant pas nécessaire de le connaître pour utiliser une classe. Tout comme il n'est pas nécessaire de savoir comment fonctionne un téléphone pour passer un coup de fil : il suffit de savoir décrocher et composer un numéro. Lorsqu'une nouvelle technologie apparaît, même si le mécanisme interne de mon téléphone est totalement modifié, il suffit que l'interface reste la même pour que rien ne change pour moi. Il en va de même avec les objets et les classes.

Propriétés

Les objets possèdent des *propriétés*, appelées également *attributs*. Une voiture peut être rouge, verte ou rose à pois verts. Les propriétés telles que la couleur, la taille ou le modèle seront stockées dans l'objet lui-même. Les propriétés sont stockées dans une classe sous forme de variables. Par exemple, un objet peut contenir l'attribut `$couleur=rouge`.

Les variables qui stockent des propriétés peuvent avoir des valeurs par défaut. La valeur d'une propriété peut être assignée lors de la création de l'objet ou plus tard durant l'exécution. Ainsi `$couleur` peut passer de rouge à bleu par exemple.

Méthodes

Les actions que peuvent réaliser les objets sont appelées *méthodes*. Dans notre exemple précédent, les méthodes de la classe voiture sont Avancer, Reculer, etc.

Les méthodes emploient en PHP la même syntaxe que les fonctions. Leurs codes sont donc semblables à celui des fonctions, à ceci près qu'ils sont contenus à l'intérieur d'une classe. Les méthodes ne peuvent être appelées indépendamment de l'objet auquel elles appartiennent.

Lorsque vous réalisez une méthode, donnez-lui un nom qui décrive le mieux possible son action. Les méthodes ont souvent des noms du type `voitureAvance` ou `retourneCouleur`. Les méthodes, tout comme les autres entités de PHP, peuvent prendre n'importe quel nom, tant que celui-ci est valide pour PHP.

Les *méthodes* sont des interfaces entre les objets et le reste du monde. Les objets ne peuvent interagir avec le monde extérieur que via leurs méthodes. Si votre voisin souhaite vous emprunter du sucre, vous voudrez sans doute qu'il respecte quelques conventions comme frapper à votre porte et vous demander de sucre. Vous ne supporterez pas qu'il entre par la fenêtre et se serve lui-même ! Votre objet maison doit donc posséder une porte d'entrée, et votre objet voisin ne doit pas pouvoir entrer dans votre maison sans l'utiliser. Autrement dit, votre objet maison possède une méthode `ouvrePorteEntree` que votre voisin doit utiliser. Il n'y a pas d'autre moyen pour que votre voisin entre dans votre maison. Ouvrir la porte d'entrée est une action que l'objet maison peut réaliser, via une méthode nommée `ouvrePorteEntree`.

Un bon objet doit contenir tout ce dont il a besoin pour accomplir sa tâche. Il ne doit cependant pas accomplir d'action qu'un autre objet peut réaliser. Ainsi, un objet voiture doit se déplacer et posséder à son bord tout le nécessaire pour cela (réservoir d'essence, pneus, moteur...). Un objet voiture ne fait pas la cuisine et ne contient donc ni cuisinière ni de grille-pain.

Héritage

Les objets ne doivent contenir que les propriétés et les méthodes dont ils ont besoin pour accomplir la tâche qui leur est impartie. Ni plus ni moins. Une façon d'y parvenir consiste à partager les propriétés et les méthodes entre plusieurs classes en utilisant l'*héritage*. Par exemple, supposons que nous ayons deux objets "rose", l'un concernant les roses rouges, l'autre les roses blanches. Nous pourrions écrire deux classes : une classe `RoseRouge` et une classe `RoseBlanche`. Ces deux classes partagent cependant beaucoup d'informations communes. Ce sont des fleurs à épines qui fleurissent en juin (entre autres). Le mécanisme d'héritage va nous permettre d'éviter ces redondances.

Nous pouvons en effet écrire une classe nommée `Rose` qui stocke les informations communes telles que `$tige=épines` et `$floraison=Juin`. Il ne nous restera plus alors qu'à écrire des sous-classes correspondant aux spécificités des deux types de roses. La classe `Rose` est appelée *classe parent*. `RoseRouge` et `RoseBlanche` sont ses sous-classes que nous appelons *classes enfants*.

Les classes enfants héritent de toutes les propriétés et méthodes des classes parents. Elles peuvent cependant avoir leurs propres propriétés et méthodes telles que `$couleur=blanche` pour la classe `RoseBlanche` et `$couleur=rouge` pour la classe `RoseRouge`.

Une classe enfant peut posséder une méthode ayant le même nom qu'une méthode de la classe parent. Dans ce cas, la méthode de la classe enfant est prépondérante.

Les concepts de la programmation orientée objet omis par PHP 5

Si vous connaissez l'approche orientée objet dans d'autres langages, vous noterez que PHP omet un certain nombre de fonctionnalités habituellement disponibles. Bien que l'aspect programmation orientée objet se soit considérablement améliorée depuis la version 4 de PHP, il existe encore certains points qui ne sont pas traités :

- **Lepolymorphisme** : PHP ne permet pas à plusieurs méthodes d'avoir le même nom dans une classe. Il n'est donc pas possible d'avoir des méthodes ayant le même nom qui acceptent différents paramètres. Il est cependant toujours possible d'utiliser des instructions `switch` ou d'autres mécanismes pour simuler le polymorphisme.
- **L'héritage multiple** : PHP ne permet pas l'héritage multiple. Une classe ne peut hériter que d'un seul parent.

Développer un programme orienté objet

La programmation orientée objet nécessite beaucoup d'organisation, sans doute même davantage que la programmation procédurale. Il faut en effet concevoir les objets et leurs propriétés et ce à quoi on les destine. Vos objets doivent remplir leur office sans empiéter sur les autres objets. Ainsi, il n'est pas rare dans les conceptions objets importantes d'utiliser des modèles de création et de test avant de pouvoir affirmer raisonnablement que votre projet inclut tous les objets dont il a besoin.

Choisir les objets

Votre premier travail consiste à réaliser une liste des objets nécessaires au projet. Si vous travaillez seul et que votre projet est de petite taille, la réalisation de cette liste ne posera pas de problème. En revanche, si vous travaillez sur un vaste projet, établir cette liste risque d'être plus difficile.

Ainsi, par exemple, si vous développez un logiciel pour une banque, la liste des objets possibles sera importante : compte, argent, prêt, crédit, débit, relevé, facture, coffre, garde, alarme, client, intérêt, etc. Mais avez-vous besoin de tous ces objets ? Votre projet a-t-il quelque chose à voir avec les gardes ou les coffres ?

Une stratégie pour établir la liste des objets consiste à écrire tous les objets auxquels vous pensez et qui, bien sûr, sont en rapport avec votre projet. Puis, lorsque vous êtes en possession de cette longue liste, de supprimer tous les objets faisant double emploi. Ensuite, demandez-vous quels sont les objets dont les fonctionnalités vont au-delà de vos besoins et ceux qui ne vous sont pas nécessaires. Supprimez-les de votre liste. Par exemple, si votre projet concerne la construction de voitures, il aura sans doute besoin d'objets en rapport avec toutes les pièces d'une voiture. En revanche, si votre projet concerne le contrôle du trafic dans un garage, un objet voiture ne contenant qu'une simple description du type, de la marque et de la couleur pourrait suffire.

Sélectionner les objets et les méthodes de chaque objet

Lorsque votre liste d'objets est achevée, vous pouvez commencer à écrire la liste des propriétés de chaque objet. Demandez-vous ce que vous devez connaître de chaque objet. Par exemple, pour le projet de garage, vous aurez besoin de savoir la date de dernière réparation d'une voiture, les types de réparations effectuées, ses accidents... Pour un projet de parking, vous vous intéresserez plus particulièrement à la taille des voitures.

Il vous faut définir l'usage de chaque objet et ce dont les objets ont besoin pour être indépendants. Ainsi, un objet doit être pourvu d'une méthode pour chacune des actions auxquelles vous le destinez. Par exemple, si l'un de vos objets est un compte bancaire, il vous faudra savoir ce que ce compte doit faire. Dans un premier temps, il devra être créé. Aussi définirez-vous une méthode `ouvrirNouveauCompte`. Puis il aura besoin de recevoir des dépôts d'argent et d'effectuer des virements. Il vous faudra également garder une trace des opérations, savoir s'il est approvisionné...

Un peu de réflexion et quelques tests révéleront sans doute des besoins qui ne sont pas satisfaits. Par exemple, si les comptes contiennent des informations sur le nom et l'adresse du propriétaire, avez-vous créé une méthode qui permette de modifier ces informations ?

Créer et utiliser les classes

Une fois l'objet conçu, il vous faut passer à sa création et à son utilisation. Voici les étapes à suivre :

1. **Ecrire une instruction** `class`**.**

L'instruction `class` est l'instruction PHP qui permet la déclaration d'un objet. Cette instruction contiendra le code correspondant aux propriétés et aux méthodes de l'objet.

2. **Inclure la classe dans le script dans lequel vous souhaitez utiliser l'objet.**

   Une classe peut être écrite dans le script lui-même. Cependant, il est d'usage d'enregistrer une classe dans un fichier séparé qui sera inclus via l'instruction `include` au début du script qui utilisera l'objet.

3. **Créer un objet dans le script.**

   Cette phase, appelée *instanciation*, permet la création d'un nouvel objet de votre classe

4. **Utiliser le nouvel objet.**

   Une fois votre nouvel objet créé, vous pouvez l'utiliser pour réaliser des actions en employant les méthodes créées dans la classe à laquelle il appartient.

La suite de ce chapitre fournit des informations détaillées sur chacune de ces étapes.

Définir une classe

Après avoir défini vos objets, propriétés et méthodes que votre projet requiert, vous êtes fin prêt à définir votre classe.

Ecrire l'instruction class

L'instruction `class` est définie selon le format suivant :

```
class nomClasse
{

    Ajoutez les instructions qui définissent vos propriétés
    Ajoutez toutes les méthodes
}
```

Toutes les affectations de propriétés et toutes les définitions de méthodes sont contenues entre les accolades ouvrante et fermante. Si vous souhaitez faire d'une classe une classe enfant qui héritera d'une autre classe, utilisez la syntaxe suivante :

```
class RoseBlanche extends Rose
{

Ajoutez les instructions qui définissent vos propriétés
Ajoutez toutes les méthodes
}
```

L'objet créé à partir de cette classe a accès à toutes les propriétés et méthodes contenues dans les classes `RoseBlanche` et `Rose`. La classe `Rose`, toutefois, n'a pas accès aux propriétés et méthodes définies dans la classe enfant `Rose-Blanche`. Imaginez que l'enfant sache tout ce que savent ses parents, alors que les parents ne savent rien de ce que sait l'enfant (ce qui est souvent le cas).

Dans les prochaines sections, vous allez découvrir comment affecter des propriétés et définir des méthodes dans une instruction `class`. Si vous souhaitez vous référer à un exemple plus détaillé de l'instruction `class`, reportez-vous à la section "Rassembler le tout", plus loin dans ce chapitre.

Affecter les propriétés

Une fois la classe définie, vous allez en déclarer toutes les propriétés, comme suit :

```
class Voiture
{
   var $couleur;
   var $pneu;
   var $essence;


   instructions de méthode
}
```

PHP ne nécessite pas de déclarer les variables avec l'instruction `var`. Dans les scripts que nous avons vus dans les chapitres précédents, les variables n'étaient pas déclarées avant leur utilisation. Vous pouvez faire de même dans une classe. Toutefois, je vous conseille fortement de déclarer les propriétés dans les classes qui seront ainsi beaucoup plus simples à relire.

Vous pouvez affecter des valeurs par défaut aux propriétés, et ce malgré quelques restrictions.

Ainsi, vous pouvez déclarer des valeurs simples et non des valeurs calculées :

- Les déclarations ci-dessous sont autorisées comme affectations par défaut :

```
var $couleur = "noire";
var $essence = 10;
var $pneu = 4;
```

- Celles-ci ne le sont pas :

```
var $couleur = "bleue"." noire";
var $essence = 10-3;
var $pneu = 2*2;
```

Vous pouvez affecter ou modifier la valeur d'une variable lors de la création d'un objet en utilisant le constructeur (voir "Ecrire le constructeur", plus loin dans ce chapitre) ou via une méthode que vous aurez écrite à cet effet.

Une variable d'une classe peut être définie de telle sorte qu'elle ne puisse être modifiée. Si vous n'avez pas besoin de modifier un attribut, déclarez votre variable comme ci-dessous afin de prévenir toute modification accidentelle :

```
final var $couleur;
```

Employer $this

Dans une classe, `$this` est une variable particulière qui renvoie aux propriétés de la classe elle même. `$this` ne peut être utilisée en dehors de la classe. Elle est conçue pour être utilisée dans une ligne d'instruction à l'intérieur de la classe afin d'accéder aux autres propriétés de cette classe.

La syntaxe pour utiliser `$this` est la suivante :

```
$this->nomvariable
```

Par exemple, dans la classe `Voiture` ayant un attribut nommé `$essence`, vous accéderez à `$essence` comme ceci :

```
$this->essence
```

Vous pouvez utiliser `$this` comme suit :

```
$this->essence = 20;
if($this->essence > 10)
$produit[$this->taille] = $prix
```

Comme vous pouvez le constater, l'emploi de `$this->`*`varnom`* est exactement le même que celui de `$`*`varnom`*.

Notez que le symbole dollar (`$`) apparaît avant `this` et non avant `essence`. N'utilisez pas le symbole dollar avant essence, car cela changerait la signification de votre ligne de code.

Ajouter des méthodes

Les méthodes définissent ce qu'un objet peut faire et sont déclarées dans une classe comme s'il s'agissait de fonctions. Par exemple, votre voiture nécessite peut être une méthode capable de mettre de l'essence dans son réservoir. Vous pouvez pour cela définir une variable nommée `essence` qui indique le nombre de litres disponibles dans le réservoir, ainsi qu'une méthode qui ajoute un certain volume d'essence à `$essence`.

```
class Voiture
{
  var $essence = 0;
  function ajouteEssence($volume)
  {
     $this->essence = $this->essence + $volume;
     echo "$volume litres d'essence ont été ajoutés dans le réservoir";
  }
}
```

La syntaxe est exactement celle d'une fonction, excepté que la déclaration est faite dans une classe.

Ecrire le constructeur

Le *constructeur* est une méthode particulière qui est exécutée lorsqu'un objet est créé. La déclaration d'un constructeur n'est pas obligatoire. Son emploi n'est réellement utile que lorsqu'il est nécessaire d'affecter des valeurs aux propriétés ou d'exécuter des méthodes particulières lors de la création d'un objet.

Le constructeur a un nom particulier qui permet à PHP de l'exécuter automatiquement lors de la création de l'objet. Les constructeurs sont nommés `_construct` :

```
function _construct()
{
    $this->essence = 10;   # le réservoir est plein
    $this->ouvrePorte();
}
```

Ce constructeur définit un nouvel objet voiture qui, lors de sa création, a son réservoir plein et ses portes ouvertes.

TRUC

Avant PHP 5, les constructeurs avaient le même nom que celui de la classe. Vous pouvez conserver ce type de déclaration avec la version actuelle. En effet, si PHP 5 ne trouve pas de méthode nommée `_construct()`, il recherchera une fonction définie dans la classe ayant le même nom que celle-ci.

Rassembler le tout

Le but de la programmation orientée objet est de maintenir un code aussi simple que possible. Pour cela, il est souvent préférable de disposer de nombreuses petites méthodes simples plutôt que de quelques méthodes complexes.

Voici une simple classe :

```
class GestionMessage
{
  var $message = "Pas de message";
```

```
  function __construct($message)
  {
     $this->message = $message;
  }
  function afficheMessage()
  {
     echo $this->message."\n";
  }
}
```

Cette classe a une propriété `$message` qui stocke un message. Ce message est stocké par le constructeur.

Cette classe a une méthode `afficheMessage` qui correspond à la seule chose que l'objet `GestionMessage` soit capable de faire : afficher le message stocké dans `$message`.

Supposez que vous souhaitiez ajouter une méthode capable de changer les lettres de ce message en minuscule et d'afficher automatiquement son contenu.

La meilleure façon d'étendre les capacités de cette classe est la suivante :

```
class GestionMessage
{
  var $message = "Pas de message";
  function __construct($message)
  {
     $this->message = $message;
  }
  function afficheMessage()
  {
     echo $this->message."\n";
  }
  function MessageMinuscule()
  {
     $this->message = strtolower($this->message);
     $this->afficheMessage();
  }
}
```

Examinez `MessageMinuscule`. Au lieu d'ajouter dans cette méthode le code nécessaire à l'affichage du message, cette méthode utilise le code de la méthode `afficheMessage` qui existait déjà. Chaque fois que vous écrivez une méthode et que vous vous rendez compte que le code qu'elle contient existe déjà totalement ou partiellement dans une autre méthode, révisez la conception de cette méthode pour en tenir compte. En général, vous ne devez pas avoir de code redondant dans une même classe.

L'exemple suivant (Listing 9.1) correspond à une classe plus compliquée qui peut être utilisée pour créer un formulaire HTML. Pour simplifier l'exemple, le formulaire ne contient que le champ texte de saisie.

Listing 9.1 : Script contenant une classe d'objet formulaire.

```
<?php
/* Class name: Form
 * Description: Une classe qui crée un simple formulaire
 * HTML contenant uniquement les champs texte de saisie
 * Cette classe dispose de 3 méthodes.
 */
class Form
{
  var $fields=array();  # champ nom et labels
  var $processor;       # nom de la page de traitement
  var $submit = "Envoyer le formulaire"; # val de submit
  var $Nfields = 0; # nombre de champs ajoutés au formulaire

/* Constructeur: L'utilisateur donne le nom de la page de
 * traitement du formulaire ($processor) et la valeur à
 * afficher sur le bouton submit
*/
  function __construct($processor,$submit)
  {
     $this->processor = $processor;
     $this->submit = $submit;
  }

/* Fonction d'affichage du formulaire.
 */
  function displayForm()
  {
     echo "<form action='{$this->processor}' method='post'>";
     echo "<table width='100%'>";
     for($j=1;$j<=sizeof($this->fields);$j++)
     {
        echo "<tr><td align=\"right\">
              {$this->fields[$j-1]['label']}: </td>\n";
        echo "<td>
              <input type='text'
                name='{$this->fields[$j-1]['name']}'>
```

Listing 9.1 : Script contenant une classe d'objet formulaire. (*suite*)

```
             </td></tr>\n";
      }
      echo "<tr><td colspan=2 align='center'>
            <input type='submit'
                value='{$this->submit}'></td></tr>\n";
      echo "</table>";
   }

/* Fonction qui ajoute un champ au formulaire.
 * L'utilisateur doit envoyer le nom du champ et un label
 * à afficher
 * Envoie le nom du champ et le label à afficher.
 */
    function addField($name,$label)
   {
     $this->fields[$this->Nfields]['name'] = $name;
     $this->fields[$this->Nfields]['label'] = $label;
     $this->Nfields = $this->Nfields + 1;
   }
}
?>
```

Cette classe est composée de quatre propriétés et de trois méthodes. Les propriétés sont les suivantes :

- `$fields` : Un tableau qui contient les champs tels qu'ils sont ajoutés par l'utilisateur. Les champs du formulaire proviennent de ce tableau.
- `$processor` : Le nom du script qui traitera le formulaire. Cette variable est utilisée dans l'attribut d'action lors de l'envoi du formulaire.
- `$submit` : Le texte que l'utilisateur souhaite voir afficher sur le bouton submit. La valeur de cette variable est utilisée lors de l'affichage du bouton submit.
- `$Nfields` : Le nombre de champs ayant été ajoutés au formulaire jusqu'ici.

Les méthodes de cette classe sont les suivantes:

- `_construct` : Le constructeur qui assigne les valeurs `$processor` et `$submit` selon les paramètres fournis par l'utilisateur.

- `addField` : Ajoute le nom et le label du champ dans le tableau `$fields`. Si l'utilisateur a ajouté des champs pour le nom et le prénom au formulaire, le tableau devrait ressembler à ceci :

```
$fields[1][name]=first_name
$fields[1][label]=First Name
$fields[2][name]=last_name
$fields[2][label]=Last Name
and so on
```

- `displayForm` : Affiche le formulaire. Il envoie le code HTML nécessaire au formulaire et utilise les valeurs stockées dans les variables pour afficher le nom de champ et des labels.

La section suivante décrit l'emploi des classes.

Utiliser les classes

Le code des classes doit se trouver dans le script qui les utilise. Pour une meilleure commodité, ces classes sont généralement stockées dans des fichiers séparés.

Pour utiliser un objet, vous devez en premier lieu l'instancier depuis une classe. L'objet disposera alors de toutes les propriétés et méthodes définies dans la classe. Pour créer un objet, utilisez la syntaxe suivante :

```
$nomobjet = new nomdeclasse("valeur,valeur,...);
$Joe = new Persone("homme");

$voiture_Joe = new Car("rouge");
$voiture_Sam = new Car("verte");
$client1 = new Client("Smith","Joe",$custID);
```

L'objet est stocké dans la variable `nomobjet` et la méthode du constructeur est appelée. Vous pouvez à présent utiliser toutes les méthodes de la classe, comme suit :

```
$Joe->VaTravailler();
$voiture_Joe->avance("illegal");
$voiture_Sam->repeintVoiture("bleu");
$nom = $client1->retourneNom();
```

Différents objets créés à partir d'une même classe sont des individus indépendants. Ainsi, au départ, la voiture de Sam est verte, alors que celle de Joe est rouge. Puis, Sam repeint sa voiture en bleu alors que celle de Joe reste rouge.

Le script du Listing 9.2 illustre l'emploi de la classe Form du Listing 9.1 créé dans la section précédente.

Listing 9.2 : Script qui crée le formulaire utilisant la classe Form.

```
<?php
/* Script name: construitForm
 * Description: Utilise la classe form pour créer un simple formulaire HTML
 */
require_once("form.inc");
echo "<html><head><title>Formulaire repertoire téléphonique form</title></
head><body>";
$phone_form = new Form("process.php","Envoyez");
$phone_form->addField("first_name","Prénom");
$phone_form->addField("last_name","Nom");
$phone_form->addField("phone","Téléphone");
echo "<h3>Remplissez svp le formulaire suivant:</h3>";
$phone_form->displayForm();
echo "</body></html>";
?>
```

En premier lieu, le script inclut le fichier `form.inc` qui contient les informations de la classe de création de formulaire. Le script crée alors un nouvel objet formulaire appelé `$phone_form`. Trois champs sont ajoutés. Le formulaire est affiché. Notez que du code HTML supplémentaire est ajouté. Ce code HTML aurait tout aussi bien pu être ajouté dans la méthode `afficheFormulaire`.

Le script utilise la classe pour créer un formulaire contenant trois champs. La Figure 9.1 représente la page Web générée.

Rendre les propriétés et les méthodes privées

Les propriétés et les méthodes peuvent être publiques ou privées. *Publique* signifie qu'une méthode ou une propriété d'une classe peut être accédée par un objet de cette classe défini dans le script.

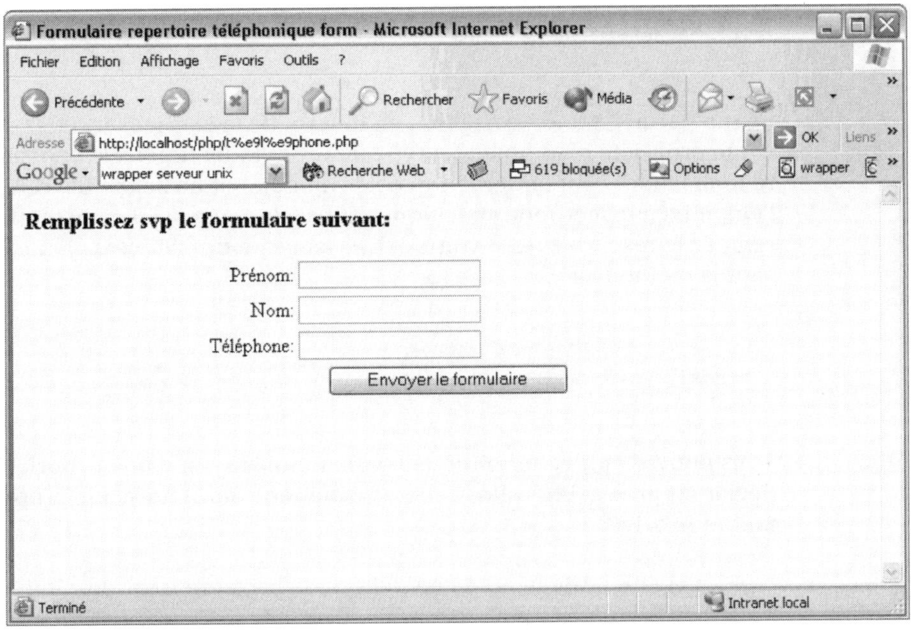

Figure 9.1 Le formulaire affiché par le script du Listing 9.2.

```
class Voiture
{
  var $essence = 0;
  function ajouteEssence($volume)
  {
     $this->essence = $this->essence + $volume;
     echo "$volume litres ont été ajoutés dans le réservoir";
  }
}
```

Un attribut public de cette classe peut être accédé depuis un script, comme suit :

```
$mavoiture = new Voiture;
$volume_essence = $mavoiture->essence;
```

Une fois ces instructions interprétées, `$volume_essence` contient la valeur stockée dans `$essence`. L'attribut peut également être modifié en dehors de la classe, comme ceci :

```
$mavoiture->essence = 20;
```

Ce qui permet à une instruction en dehors de la classe d'accéder directement à une propriété d'un objet. Ce type de programmation n'est cependant pas recommandé. Toute interaction entre un objet et un script devrait passer par l'emploi d'une méthode spécifique. Notre classe possède une méthode pour remplir le réservoir de la voiture. L'essence ne devrait être ajouté qu'en utilisant la méthode `ajouteEssence` :

```
$nouvelle_voiture = new Voiture;
$nouvelle_voiture ->ajouteEssence(5);
```

Vous pouvez empêcher directement la modification d'une propriété en la déclarant privée. PHP offre deux possibilités pour rendre une propriété ou une méthode privée :

- **private :** Aucun accès en dehors de la classe n'est possible.
- **protected :** Aucun accès en dehors de la classe n'est possible, excepté pour une classe enfant de la classe ou de la méthode où la propriété est déclarée privée.

Vous pouvez rendre un attribut privé comme suit :

```
private $essence = 0;
```

Si une instruction tente d'accéder à un attribut privé en dehors de la classe où il est défini, elle déclenchera l'erreur suivante :

```
Fatal error: Cannot access private property car::$gas in c:\testclass.php on
line 17
```

A présent, la seule façon d'ajouter de l'essence à notre voiture est d'utiliser la méthode `ajouteEssence`. Comme la méthode `ajouteEssence` fait partie de la classe, elle peut accéder à un attribut privé.

Vous pouvez rendre une méthode privée de la même façon. Autrement dit, cette méthode ne sera pas utilisée depuis l'extérieur de la classe :

```
class Voiture
{
  private $essence = 0;
  private function ajouteEssence($volume)
  {
     $this->essence = $this->essence + $volume;
     echo "$volume litres ont été ajoutés au réservoir";
  }
  function acheteEssence($volume)
  {
     $this->ajouteEssence($volume);
  }
}
```

Dans cet exemple, la seule manière d'ajouter de l'essence dans la voiture passe par l'utilisation de la méthode `acheteEssence`. La méthode `acheteEssence` utilise en effet la méthode `ajouteEssence` pour ajouter de l'essence dans la voiture. Cependant, la méthode `ajouteEssence` ne peut être utilisée en dehors de la classe, car elle est déclarée privée. Comme avec les attributs privés, une erreur surviendra si une instruction en dehors de la classe tente d'utiliser la méthode `ajouteEssence` :

```
$nouvelle_voiture = new Voiture;
$nouvelle_voiture->ajouteEssence(5);
```

Il est cependant toujours possible d'ajouter de l'essence en utilisant la méthode `acheteEssence`, comme suit :

```
$nouvelle_voiture = new Voiture;
$nouvelle_voiture ->acheteEssence(5);
```

La sortie sera la suivante :

```
5 litres ont été ajoutés dans le réservoir
```

En général, il est conseillé de rendre privés tous les attributs d'une classe et de ne laisser publiques que les méthodes qui ont absolument besoin de l'être.

PHP permet également de rendre une méthode ou un attribut public. Bien que les méthodes et les attributs des classes PHP soient par défaut publics, vous pouvez, pour des raisons de lisibilité, l'écrire explicitement dans votre code :

```
public $essence = 0;
```

aura le même effet que :

```
var $essence = 0;
```

Utiliser les exceptions

PHP comporte une classe de gestion des erreurs nommée `Exception`. Vous pouvez l'utiliser pour gérer des situations indésirables qui surviennent lors de l'exécution de votre code. Ainsi, lorsque votre code se trouve dans un état que vous avez défini au préalable, une routine que vous avez créée sera appelée. En langage orienté objet, on parle de *lever une exception.*

Supposez que la classe Voiture contienne l'information concernant le niveau de remplissage du réservoir et stoppe la voiture lorsque ce niveau atteint la valeur 0. Nous ne souhaitons évidemment pas que la valeur correspondant au volume d'essence dans le réservoir soit négative. Nous considérerons donc cet état comme une exception qui ne doit pas survenir dans notre script. Pour gérer ce type de cas, nous pouvons écrire une routine qui utilise la classe `Exception` et est chargée de surveiller les éventuelles valeurs négatives :

```
$this->essence = $this->essence - 5;
  try
  {
     if ($this->essence < 0)
     {
       throw new Exception( "volume d'essence négatif.");
     }
  }
  catch (Exception $e)
  {
     echo $e->getMessage();
     echo "\n<br />\n";
     exit();
  }
```

Ce script contient un bloc `try` et un bloc `catch` :

- La condition est évaluée dans le bloc `try`. Si la condition vaut `TRUE`, une exception est levée.

- Dans le bloc catch, vous recoupez l'exception $e, puis vous exécutez le code contenu dans ce bloc. Une instruction correspond à l'appel d'une méthode nommée getMessage de la classe Exception. Cette fonction renvoie le message que vous avez stocké. Le script s'arrête sur l'instruction exit après avoir affiché le message d'erreur.

  Si aucune exception n'est levée, le bloc catch est ignoré et le script reprend son exécution après ce bloc.

Copier des objets

PHP fournit une méthode permettant de copier des objets, la méthode _clone. Vous pouvez écrire votre propre méthode _clone. Cependant, si vous ne le faites pas, PHP utilisera sa méthode _clone par défaut qui recopie toutes les propriétés d'une classe.

Supposez par exemple que vous utilisiez la classe suivante :

```
class Voiture
{
  private $essence = 0;
  private $couleur = "rouge";
  function ajouteEssence($volume)
  {
     $this->essence = $this->essence + $volume;
     echo "$volume litres ont été ajoutés au réservoir";
  }
  function __clone()
  {
     $this->essence = 0;
  }
}
```

A partir de cette classe, vous pouvez créer un objet et le recopier comme suit :

```
$premiereVoiture = new Voiture;
$premiereVoiture ->ajouteEssence(10);
$secondeVoiture=$premiereVoiture ->__clone();
```

Une fois ce code exécuté, vous avez deux voitures :

- `$premiereVoiture` : Cette voiture est rouge et contient 10 litres d'essence. Les 10 litres ont été ajoutés via la méthode `ajouteEssence`.
- `$secondeVoiture` : Cette voiture ne possède pas de propriété couleur et contient 0 litre d'essence. Cette copie de voiture est créée via la méthode `_clone` de la classe `Voiture`, méthode qui définit le volume à `0` mais ne définit pas de couleur.

Si vous n'aviez pas défini de méthode `_clone` pour la classe `Voiture`, PHP aurait utilisé sa méthode `_clone` par défaut qui aurait recopié toutes les propriétés et rendu `$secondeVoiture` rouge avec un plein de 10 litres.

Détruire des objets

Vous pouvez détruire des objets de la manière suivante :

```
unset($nomObjet);
```

Par exemple, vous pouvez créer puis détruire un objet de la classe `Voiture` comme suit :

```
$maVoiture = new Voiture;
unset($maVoiture);
```

Après l'emploi de l'instruction `unset` sur `$maVoiture`, l'objet n'existe plus.

PHP fournit une méthode qui est exécutée automatiquement lorsqu'un objet est détruit. Cette fonction se nomme `_destruct`. Vous pouvez l'ajouter à votre classe et y adjoindre du code, comme ceci :

```
class Porte
{
  function _destruct()
  {
    echo "La porte est détruite";
  }
}
```

Ainsi, en créant et en détruisant l'objet suivant :

```
$PorteEntree = new porte;
unset($PorteEntree);
```

vous obtiendrez la sortie :

```
La porte est détruite
```

Cette sortie sera envoyée par `_destruct` lorsque la méthode `unset` sera appelée.

La méthode `_destruct` n'est pas obligatoire. Elle offre cependant un moyen pratique d'exécuter du code juste avant la destruction d'un objet.

Quatrième partie

Applications PHP courantes

"J'y pense, j'ai oublié de vous le dire, mais nous avons maintenant une fonction de gestion Web qui nous avertit automatiquement dès qu'un lien du site Aquarium est brisé."

Dans cette partie...

Dans cette partie, vous allez passer de la théorie à la pratique. Vous apprendrez à écrire des scripts pour accomplir des tâches courantes et verrez comment PHP interagit avec des bases de données, des systèmes d'exploitation et des applications de messagerie électronique. Quand vous aurez terminé cette partie, vous serez en mesure d'écrire des scripts avec des formulaires HTML pour interagir avec les utilisateurs, gérer des données, et bien d'autres choses encore !

Chapitre 10

Les bases des applications Web

Dans ce chapitre :

- Comprendre la sécurité d'un site Web.
- Afficher des pages statiques.
- Recueillir les informations d'un utilisateur dans un formulaire.
- Traiter les informations données par les utilisateurs.

À l'origine, PHP a été conçu pour la programmation Web. Bien qu'il soit de plus en plus utilisé comme simple langage de scripts, il reste encore très utilisé pour développer des sites Web dynamiques. Les pages Web *statiques* sont des pages que les utilisateurs consultent sans pouvoir interagir. En revanche, les pages *dynamiques* permettent aux internautes d'entrer des données dans la page Web. Les utilisateurs peuvent visiter différentes pages Web en fonction des informations qu'ils ont entrées. Par exemple, on peut demander aux utilisateurs d'entrer un nom d'utilisateur et un mot de passe avant d'entrer dans le site Web afin qu'ils puissent consulter un site Web personnalisé en fonction de leur profil ou de leurs préférences. De même, les utilisateurs peuvent sélectionner un type de produit dans un catalogue en ligne et ne visualiser que les pages contenant le type de produit qu'ils ont sélectionné.

Une page Web dynamique recueille les informations que l'utilisateur a entrées dans un formulaire HTML. Ces informations sont ensuite traitées en fonction de leur type. Elles peuvent être stockées (reportez-vous au Chapitre 12 pour de plus amples informations sur le stockage des données dans OPHP) ou être reprises dans des instructions conditionnelles pour afficher d'autres pages Web.

Dans ce chapitre, je n'aborderai pas le HTML qui permet d'afficher un formulaire. Je suppose que vous le connaissez. (Si ce n'est pas le cas, ou si vous avez besoin de vous rafraîchir la mémoire, reportez-vous à *HTML 4 pour les Nuls*.) Dans ce chapitre, je vais vous expliquer comment utiliser PHP pour protéger votre site Web, pour afficher des formulaires HTML et traiter les informations que l'utilisateur aura entrées dans un formulaire.

Protéger votre site Web

Les applications Web sont particulièrement vulnérables aux attaques de l'extérieur. La plupart des sites Web sont ouverts au public, offrant des services ou diffusant des informations. Les sites Web dynamiques sont d'autant plus vulnérables qu'ils acceptent des informations des visiteurs. Bien que la grande majorité des internautes soient bienveillants, quelques personnes peuvent avoir des intentions malfaisantes comme :

- **Voler des informations** : Ces personnes recherchent des numéros de cartes de crédit en cours de validité ou une carte aux trésors.
- **Détruire votre site** : Des saboteurs peuvent trouver amusant de détruire votre site ou de l'endommager pour prouver ô combien ils sont intelligents.
- **Nuire à vos utilisateurs** : Ces personnes ajoutent des informations sur votre site afin de causer du tort à vos visiteurs ou de les voler.

La sécurité, sujet vaste et complexe, dépasse le cadre de ce livre. Toutefois, il me semble important d'attirer votre attention sur quelques questions de sécurité et de vous faire quelques suggestions pour vous aider à protéger votre site Web. Les mesures suivantes vous permettront d'améliorer votre système de sécurité, mais si votre site Web traite d'informations confidentielles et très importantes, lisez des livres consacrés à la sécurité et faites appel à des experts :

- **Assurez-vous que l'ordinateur qui héberge votre site Web est bien sécurisé** : L'administrateur système est tenu de vous informer de ce que vous pouvez et ne pouvez pas faire.
- **Conservez les informations confidentielles** : Ne publiez que le strict nécessaire. Stockez les informations de telle sorte qu'elles ne soient pas faciles d'accès.
- **Gérez avec prudence les informations des utilisateurs** : Effacez toujours les informations que vous n'avez pas générées.

- **Utilisez un serveur Web sécurisé** : Certes, votre charge de travail s'en trouvera accrue, mais cette mesure reste cruciale si vous devez stocker des informations "top secrètes".

Sécurité de l'ordinateur hôte

La première mesure que vous devez impérativement prendre consiste à vous assurer que l'ordinateur qui héberge votre site Web est bien protégé. L'administrateur système de l'ordinateur est tenu d'écarter du système tous les visiteurs non autorisés et autres vandales. Il doit mettre en place des mesures de sécurité : pare-feux, cryptage, mots de passe brouillés, détecteurs de balayage, etc. Dans la plupart des cas, vous n'êtes pas l'administrateur système. Si vous l'êtes, vous devez absolument mener de sérieuses investigations sur la sécurité. Si vous faites appel à un hébergeur, n'hésitez pas à aborder les problèmes de sécurité avec les personnes compétentes pour vous assurer de l'efficacité de leurs mesures.

Conserver les informations confidentielles

Dans la mesure du possible, gardez toutes les informations confidentielles. Bien évidemment, les pages Web que vos visiteurs souhaitent consulter doivent être publiées. Toutefois, les internautes n'ont pas besoin de connaître les noms des fichiers stockés. Vous avez sans doute remarqué que certains sites affichent la liste de tous les fichiers de leur répertoire. Cette démarche est loin d'être pertinente. Le site Web n'est absolument pas protégé, si un visiteur peut accéder aux fichiers stockés sur votre site.

La liste des fichiers est affichée lorsque l'URL que le visiteur a entrée dans son navigateur pointe sur un répertoire et non sur un fichier spécifique. Ce répertoire ne contient pas de fichier avec le nom de répertoire par défaut. La plupart des serveurs Web commencent par rechercher dans un répertoire un nom de fichier par défaut, qui est spécifié dans la configuration du serveur, généralement `index.html`. Si le répertoire ne contient pas de nom de fichier par défaut, le serveur affichera une liste de fichiers. Une meilleure solution consiste à faire afficher par le serveur Web un message indiquant aux visiteurs qu'ils ne sont pas autorisés à accéder à ce répertoire :

```
Forbidden
Vous n'êtes pas autorisé à accéder au répertoire secret de ce serveur.
```

Un paramètre dans la configuration du serveur Web permet de déterminer si l'utilisateur verra s'afficher la liste des fichiers ou un message. L'administrateur système peut très bien modifier son comportement. Par exemple, dans Apache, vous contrôlez ce qui est affiché à l'aide d'une option nommée Indexes, qui peut être activée ou désactivée dans le fichier httpd.conf, comme suit :

```
Options Indexes          // active le listing des fichiers
Options -Indexes         // désactive le listing des fichiers
```

Reportez-vous à la documentation de votre serveur Web pour autoriser ou non l'accès au listing du répertoire via le navigateur Web des utilisateurs.

Evitez de nommer un fichier avec un nom qui indique clairement son contenu. Par exemple, plutôt que d'appeler un fichier contenant des mots de passe confidentiels motsdepassesecrets.php, donnez-lui un nom plus anodin comme recettesvegetariennes.php. Certes, ce conseil entrave les règles que j'énonce dans ce livre sur la dénomination des fichiers, mais c'est une exception.

Ne publiez pas tout. Votre base de données, par exemple, ne devrait pas être stockée dans un emplacement public. En fait, elle devrait être dans un autre endroit sur votre ordinateur. De même, comme nous l'avons dit au Chapitre 8, les fichiers include doivent être stockés dans un emplacement séparé, un espace qui ne peut être accessible via le Web.

Surveiller les informations des utilisateurs

Les utilisateurs peuvent entrer des informations dangereuses dans des formulaires, que ce soit accidentel ou prémédité. Par conséquent, ne stockez jamais ni n'utilisez les informations des formulaires sans les avoir préalablement vérifiées. Recherchez les formats et caractères potentiellement dangereux. Les caractères saisis accidentellement peuvent quelquefois engendrer des problèmes dans votre base de données ou vos scripts. N'acceptez pas notamment des balises HTML de type <script> dans les formulaires. En utilisant des balises script, un utilisateur peut entrer un vrai script, peut-être un script malveillant. Si vous acceptez le contenu d'un champ du formulaire sans le vérifier et que vous le stockez dans votre base de données, vous risquez d'avoir bon nombre de problèmes, en particulier si le script a été envoyé dans une page Web d'un visiteur. Pour de plus amples informations sur la vérification des données dans les formulaires, reportez-vous à la section "Vérifier les informations", plus loin dans ce chapitre.

Utiliser un serveur Web sécurisé

La communication entre le site Web et ses visiteurs n'est pas totalement protégée. Lorsque les fichiers d'un site Web sont envoyés dans le navigateur d'un utilisateur, une personne sur Internet peut très bien intercepter le contenu de ces fichiers lors de leur transfert. Pour la plupart des sites Web, ce n'est pas un problème. Mais si votre site enregistre ou envoie des numéros de cartes de crédit ou d'autres informations confidentielles, vous devez impérativement passer par un serveur Web sécurisé pour protéger ces données.

Les serveurs Web sécurisés utilisent le protocole SSL (Secure Sockets Layer) pour protéger les communications avec les navigateurs. Leur fonctionnement ressemble aux coups de téléphone codés dans les films d'espionnage. L'information est cryptée (convertie en chaînes codées) avant d'être envoyée à travers le Web. Le logiciel qui la reçoit décrypte son contenu original. En outre, le site Web utilise un certificat qui vérifie votre identité. L'utilisation d'un serveur Web sécurisé demande bien plus de travail, mais il est indispensable pour certaines applications.

TRUC

Vous savez que vous communiquez via SSL, car l'URL commence par https et non par http.

Les informations sur les serveurs Web sécurisés sont spécifiques au serveur Web que vous utilisez. Pour en savoir plus sur SSL, examinez le serveur Web sécurisé que vous utilisez sur votre site Web. Par exemple, si vous utilisez Apache, consultez les deux projets open source qui implémentent SSL dans Apache sur `www.modssl.org` et `www.apache-ssl.org`. Les logiciels du commerce fournissent également un serveur Web sécurisé basé sur Apache. Si vous utilisez Microsoft IIS, recherchez SSL sur le site de Microsoft `www.microsoft.com`.

Afficher des pages Web statiques

La page Web la plus simple est *statique*. Si les pages de votre Web ne sont que statiques, vous n'avez pas besoin d'utiliser PHP. Toutefois, vous pouvez alterner pages Web statiques et dynamiques.

PHP permet d'afficher n'importe quel type de page Web, y compris les pages statiques. Il vous suffit d'utiliser des instructions `echo` pour retourner le HTML approprié. Si une page Web ne contient que du HTML qui doit s'afficher dans un script PHP, incluez cette page Web statique là où elle doit être à l'aide de l'instruction suivante :

```
include("nomdefichier");
```

Si vous devez convertir une page HTML statique en script PHP, pour quelque raison que ce soit, insérez des balises PHP au début et à la fin du fichier. Ajoutez ensuite au tout début du fichier `echo` et mettez entre apostrophes tout le code HTML.

Formulaires HTML

Pour qu'une page Web soit interactive, elle doit recueillir les informations qu'un utilisateur a entrées dans un formulaire HTML. Les informations rassemblées peuvent être un simple nom d'utilisateur et le mot de passe d'une connexion. Un formulaire peut être long et élaboré, rassemblant une grande quantité d'informations transmises par un utilisateur comme les renseignements sur une livraison et une carte de crédit dans une application de e-commerce ou un interminable sondage sur des questions d'ordre général.

Pour récolter des informations via un formulaire, votre script affiche le formulaire sur le site Web. L'utilisateur entre les informations dans des champs texte ou sélectionne des éléments dans une liste. Il peut ensuite cliquer sur un bouton pour envoyer les informations. Le formulaire envoyé, les informations qu'il contient sont transmises à un deuxième script séparé qui va les traiter.

Dans ce chapitre, nous verrons comment utiliser des formulaires sur un site Web dynamique. En général, les informations réunies sont stockées dans une base de données. Si vous envisagez d'utiliser des formulaires HTML avec une base de données MySQL, vous trouverez toutes les explications nécessaires et des solutions plus complexes dans *PHP & MySQL pour les Nuls*.

Rassembler les informations sur le site Web

Les formulaires HTML permettent de réunir des informations sur les visiteurs d'un site Web. Si vous ne connaissez pas les formulaires HTML, consultez *HTML 4 pour les Nuls*.

Afficher des formulaires HTML

Pour afficher un formulaire HTML avec PHP, vous disposez de plusieurs solutions :

- **Utiliser des instructions echo qui retournent le HTML du formulaire**, comme dans l'exemple suivant :

```
echo "<form action='traitement.php' method='POST'>\n
     <input type='text' name='name'>\n
     <input type='submit' value='Envoyez'>\n
     </form>\n";
```

- **Utiliser un fichier HTML en dehors des sections PHP**. Pour un formulaire purement statique, vous n'avez pas besoin de l'inclure dans une section PHP. Les instructions ci-dessous produisent le même formulaire que dans l'exemple précédent :

```
<?php
   instructions dans la section PHP
?>
<form action="traitement.php" method="POST">
<input type="text" name="fullname">
<input type="submit" value="Envoyez">
</form>
<?php
  instructions dans la section PHP
?>
```

Ces deux exemples affichent le même formulaire (voir Figure 10.1).

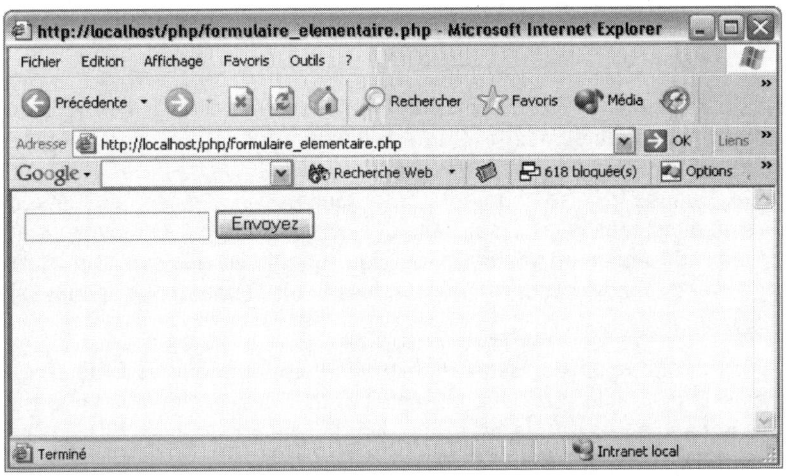

Figure 10.1 Un formulaire produit par des instructions HTML.

Le formulaire de la Figure 10.1 comporte un seul champ texte, qui est vide. Il a également un bouton intitulé Envoyé. L'utilisateur entre un nom dans le champ texte et clique sur le bouton. Lorsqu'il envoie le formulaire, les informations qu'il contient sont transmises à un script désigné dans l'attribut `action` de la balise du formulaire. Dans cet exemple, l'attribut `action` est `action="traitement.php"`. Aussi, dès que l'utilisateur clique sur le bouton d'envoi, le script `traitement.php` est appelé et les informations lui sont transmises (script `traitement.php` est un exemple, vous pouvez très bien le nommer autrement).

POST versus GET

Vous pouvez utiliser l'une de ces deux méthodes pour envoyer des informations. Les méthodes transmettent les données contenues dans le formulaire de différentes manières et présentent divers avantages et inconvénients.

- **La méthode GET** : Les données du formulaire sont transmises en les ajoutant dans l'URL qui fait appel au script qui traite le formulaire. Par exemple, l'URL peut ressembler à ce qui suit :

```
traitement.php?lname=Smith&fname=Goliath
```

Cette méthode est simple et rapide. En revanche, les données et les informations passent par le navigateur, ce qui pose quelques problèmes en matière de sécurité.

- **La méthode POST** : Les données sont transmises sous forme de paquet, dans une communication séparée avec le script de traitement.

  Cette méthode permet de transmettre une quantité illimitée d'informations sans poser de problème de sécurité, mais au prix d'une surcharge supplémentaire qui risque de ralentir la vitesse de transmission.

Quant aux programmes CGI autres que PHP, ils recherchent les informations et les placent dans des variables pour traiter le formulaire. Dans ce cas, la méthode GET est plus simple et facile d'emploi. C'est pourquoi bon nombre de programmeurs l'utilisent. Toutefois, comme PHP se charge de cette tâche à votre place, les méthodes GET et POST sont aussi faciles à utiliser dans des scripts PHP. Par conséquent, avec PHP, il vaut mieux utiliser la méthode POST, car vous bénéficiez des avantages (transmission illimitée des données, sécurité meilleure) sans en connaître les inconvénients (plus difficile d'emploi).

PHP vous permet d'utiliser des variables dans des formulaires PHP, ce qui les rend plus puissants. L'utilisation des variables vous permet d'afficher des informations dans les champs texte et de créer des listes dynamiques pour des cases à cocher, boutons radio, listes de sélection.

Afficher des informations dans les champs texte

En général, vous préférez afficher des champs texte remplis, une valeur par défaut par exemple, plutôt que des champs vides. Supposez qu'un utilisateur ait mal saisi des informations dans un formulaire, vous allez réafficher ce formulaire à l'endroit où l'utilisateur a fait son erreur afin qu'il la corrige sans effacer les informations correctement saisies.

Pour afficher le champ texte qui contient les informations, entrez la syntaxe suivante des instructions HTML de champ de saisie :

```
<input type="text" name="nomchamp" value="contenu">
```

Supposez par exemple que vous affichiez un formulaire pour enregistrer le nom et l'adresse d'un client. Vous savez que la plupart de vos clients vivent en France, aussi affichez-vous par défaut `France`. Si les clients habitent en France, vous leur éviterez quelques erreurs de frappe. S'ils ne vivent pas en France, ils remplaceront `France` par le nom de leur pays. Vous pouvez afficher le champ du pays à l'aide de l'instruction suivante :

```
<input type="texte" name="pays" value="France">
```

Dans d'autres cas, vous afficherez d'autres types d'informations dans un champ texte. Pour cela, vous pouvez utiliser une variable PHP. Par exemple, si les informations sur vos clients (comme leur numéro de téléphone) sont stockées dans une base de données, et que vous souhaitez les afficher dans un formulaire afin que les utilisateurs puissent les mettre à jour, vous les récupérerez dans la base de données (voir Chapitre 12), puis les stockerez dans des variables. Vous afficherez ensuite le formulaire en utilisant les informations dans les variables de l'une de ces deux manières :

En créant un champ de saisie dans une section HTML à l'aide d'une section PHP, comme suit :

```
<input type="texte" name="telephone" value="<?php echo $telephone ?>">
```

ou bien en créant un champ de saisie à l'aide de l'instruction `echo` à l'intérieur d'une section PHP :

```
echo "<input type='texte' name='telephone' value='$telephone'>";
```

Si votre formulaire ne contient qu'une seule variable occasionnelle, la première méthode sera plus efficace. Si votre formulaire contient de nombreuses variables, choisissez la seconde.

Le script repris dans le Listing 10.1 affiche un formulaire contenant des informations sur les clients. La Figure 10.2 représente la sortie de ce script.

Figure 10.2 Un formulaire affichant l'adresse d'un client.

Listing 10.1 : Un script qui affiche un formulaire HTML.

```
<?php
/*  Script name:  afficheForm
 *  Description:  Script affiche un formulaire et remplit les
 *                champs du formulaire par les valeurs d'un tableau.
 */
  echo "<html>
        <head><title>Adresse</title></head>
        <body>";
```

Listing 10.1 : Un script qui affiche un formulaire HTML. (*suite*)

```
  $client = array( "prenom"=>"Jean",
                   "prenom2"=>"Pierre",
                   "nomFamille"=>"Martin",
                   "adresse"=>"27 rue cassette.",
                   "ville"=>"Paris",
                   "region"=>"ID",
                   "codepostal"=>"75006");
  $labels = array( "prenom"=>"prenom:",
                 "prenom2"=>"prenom2:",
                 "nomFamille"=>"Nom de famille:",
                 "adresse"=>"Adresse:",
                 "ville"=>"ville:",
                 "region"=>"region:",
                 "codepostal"=>"code postal:");
  echo "<h2 align='center'>Adresse de
         {$client['prenom']}
         {$client['prenom2']}
         {$client['nomFamille']}</h2>\n";
  echo "<p align='center'>
        <b>Veuillez svp vérifier les informations ci-dessous et corriger toute
information
incorrecte.</b>
        <hr>
        <form action='traitement.php' method='POST'>
        <table width='95%' border='0' cellspacing='0'
                                     cellpadding='2'>\n";
  foreach($client as $champ=>$valeur)
  {
    echo "<tr>
          <td align='right'> <B>{$labels[$champ]} </br></td>
          <td><input type='text' name='$champ' size='65'
             maxlength='65' value='{$client[$champ]}'></td>
          </tr>";
  }
  echo "</table>
        <div align='center'><p><input type='submit' value='Envoyez'> </p></div>
        </form>";
?>
</body></html>
```

Notez que dans `afficheForm.php`, repris au Listing 10.1 :

- **Un tableau est créé au début du script, lequel contient les informations qui sont affichées dans le formulaire** : Dans des applications réelles, vous obtiendrez ces informations dans une base de données, un fichier ou dans d'autres sources.

- **Un tableau est créé et contient les étiquettes utilisées dans le formulaire**.

- **Le script traitement.php est nommé en tant que script qui s'exécute lorsque le formulaire est envoyé.** Les informations contenues dans le formulaire sont envoyées dans `traitement.php`, lequel va les traiter.

- **Le formulaire est formaté avec une table HTML**. Les tables constituent une partie importante du HTML. Si vous ne connaissez pas les tables HTML, consultez *HTML 4 pour les Nuls*.

- **Le script exécute une boucle dans le tableau $client avec une instruction foreach.** Le code HTML d'une ligne de la table est une sortie dans chaque boucle. Les valeurs du tableau sont utilisées dans le code HTML.

Pour des raisons de sécurité, incluez toujours `maxlength`, laquelle définit le nombre maximal de caractères que les utilisateurs peuvent entrer dans le champ de l'instruction HTML. Limiter le nombre de caractères vous permet d'empêcher des personnes malintentionnées d'entrer du code malveillant dans vos champs. Si les informations sont stockées dans une base de données, définissez `maxlength` de la même largeur d'une colonne que la table de la base de données.

Ajouter des listes de sélection, des boutons radio et des cases à cocher dans des formulaires

Vous pouvez utiliser d'autres éléments dans les formulaires HTML comme des listes de sélection, des boutons radio et des cases à cocher avec des variables. Pour utiliser l'un de ces éléments, vous allez retourner via une instruction `echo` le code HTML qui crée l'élément et utiliser des variables pour les informations qui seront modifiées. Par exemple, vous pouvez utiliser une liste de sélection dans votre formulaire avec les instructions suivantes :

```
echo "<select name='plat' >
         <option>$plat1</option>
         <option>$plat2</option>
      </select>";
```

Les sélections dans cette liste sont des valeurs dans les variables : `$plat1` affiche poulet et `$plat2` poisson. Lorsque l'utilisateur envoie le formulaire, la valeur sélectionnée est transmise au prochain script.

De même, vous utiliserez des boutons radio dans votre formulaire, comme suit :

```
echo "<input type='radio' name='plat'
          value='$plat1'>$plat1
      <input type='radio' name='plat'
          value='$plat2'>$plat2";
```

Les boutons radio que peuvent cocher les utilisateurs sont `poulet` et `poisson`.

Les cases à cocher permettent aux utilisateurs de sélectionner plus d'une option. Par conséquent, si vous insérez des cases à cocher, l'attribut `name` doit être un tableau, comme dans l'exemple suivant :

```
echo "<input type='caseàcocher' name='plat[]'
          value='$plat1'>$plat1
      <input type='caseàcocher' name='plat[]'
          value='$plat2'>$plat2";
```

Le formulaire stocke toutes les cases à cocher dans un tableau nommé `$plat`. Si les deux valeurs sont sélectionnées, le formulaire les stockera dans un tableau, comme suit :

```
$plat[0]=poulet
$plat[1]=poisson
```

Le script du Listing 10.2 affiche une page Web qui comporte une liste de sélection. Cette liste permet aux utilisateurs de sélectionner une date. Dans ce formulaire, la date en cours est sélectionnée par défaut.

Listing 10.2 : Un script qui affiche une liste de sélection Date.

```
<?php
/*  Script name:  afficherDate
 *  Description:  Script affiche une liste de sélection, en
 *                trois parties--mois, jours et années. La
 *                date courante est sélectionnée par défaut.
 */
  echo "<html>
        <head><title>Date</title></head>
        <body>";
/* Crée un tableau des noms et des numéros de mois */
  $nomMois = array(1=> "Janvier", "Février", "Mars",
```

Listing 10.2 : Un script qui affiche une liste de sélection Date. (*suite*)

```
                         "Avril", "Mai", "Juin", "Juillet",
                         "Août", "Septembre", "Octobre",
                         "Novembre", "Décembre");
 $aujourdhui = Time();  #stocke la date du jour
 echo "<div align='center'><b>Sélectionnez une date:</b>
      <form action='traitement.php' method='POST'>\n";
/* Crée une liste de sélection des mois */
 $aujourdhuiMO = date("m",$aujourdhui);  #récupère le mois dans $aujourdhui
 echo "<select name='dateMO'>\n";
 for ($n=1;$n<=12;$n++)
 {
   echo "<option value=$n";
   if ($aujourdhuiMO == $n)  #ajoute l'attribut si aujourd'hui
   {
     echo " sélectionné";
   }
   echo "> $nomMois[$n]\n";
 }
 echo "</select>";

 /* Crée une liste de sélection du jour */
 $dateJour= date("d",$aujourdhui);   #récupère jour dans $aujourdhui
 echo "<select name='dateJour'>\n";
 for ($n=1;$n<=31;$n++)
 {
   echo " <option value=$n";
   if ($dateJour == $n )
   {
     echo " sélectionné";
   }
   echo "> $n\n";
 }
 echo "</select>\n";

 /* Crée une liste de sélection de l'année */
 $startYr = date("Y", $aujourdhui);   #récupère l'année dans $aujourdhui
 echo "<select name='dateYr'>\n";
 for ($n=$startYr;$n<=$startYr+3;$n++)
 {
   echo " <option value=$n";
   if ($startYr == $n )
   {
     echo " sélectionné";
   }
   echo "> $n\n";
 }
```

Listing 10.2 : Un script qui affiche une liste de sélection Date. (*suite*)

```
  echo "</select>\n";
  echo "</form>\n";
?>
</body>
</html>
```

Le script crée le tableau `$mois` dont les clés correspondent à tous les numéros de mois et les valeurs aux noms des mois. Puis, il stocke la date du jour dans `$aujourdhui`.

Le reste du script retourne un formulaire qui contient trois listes de sélection, dans les champs déroulants, pour les trois parties de la date : mois, jour, année. Pour le mois, la liste `foreach` crée la liste des mois contenus dans `$mois`. Chaque mois est comparé au mois de la date du jour stocké dans `$aujourdhui`. Si le mois est le même, l'attribut `selected` est ajouté dans la sélection, ce qui correspond à la sélection par défaut.

Des listes similaires sont créées pour le jour et l'année. Ces listes ne sont composées que de nombres, c'est pourquoi la boucle `for` sert à créer la liste des nombres de la liste de sélection. Encore une fois, chaque jour et chaque année sont comparés au jour et à l'année de la date du jour. Les jour et année en cours sont sélectionnés par défaut.

La Figure 10.3 représente le formulaire affiché par le Listing 10.2.

Recevoir des informations

Dans la balise `form`, vous indiquez à PHP le script à exécuter lorsque l'utilisateur clique sur le bouton d'envoi. Pour cela, vous insérez l'attribut `action="scriptname"` dans la balise `form`. Par exemple, dans les Listings 10.1 et 10.2, j'ai utilisé `action="traitement.php"`. Lorsque l'utilisateur clique sur le bouton d'envoi, le script s'exécute et reçoit les informations contenues dans le formulaire.

Les données sont disponibles dans le script de traitement dans les tableaux PHP intégrés, comme indiqué au Chapitre 6. Par exemple, les informations contenues dans le formulaire qu'utilise la méthode POST se trouvent dans le tableau intégré appelé `$_POST`. Si le formulaire emploie la méthode GET, les informations seront dans le tableau `$_GET`. Ces deux types de formulaires sont stockés dans un tableau appelé `$_REQUEST`. Chaque index de tableau porte le nom du champ de saisie dans le formulaire. Vous récupérez les informations

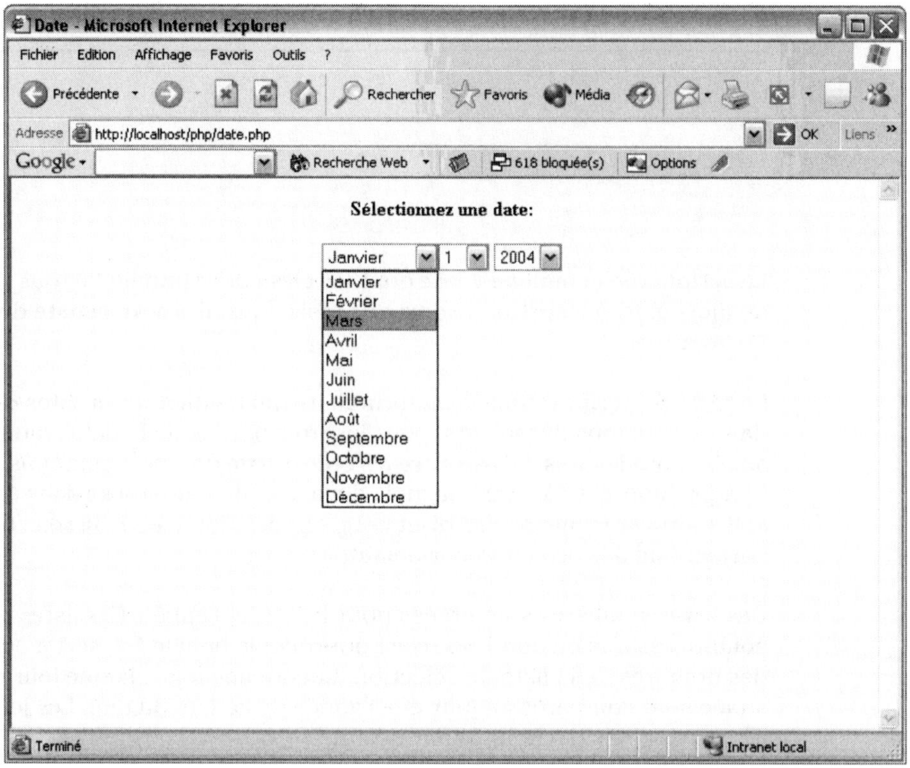

Figure 10.3 Un formulaire qui permet à l'utilisateur de sélectionner une date.

d'un tableau à l'aide du nom de champ du formulaire sous forme de clé de tableau. Par exemple, supposez que vous retourniez le champ ci-dessous dans un formulaire qui utilise la méthode POST :

```
echo "<input type='texte' name='prenom'>";
```

`name` est paramétré à `prenom`, ce qui permet au script de traitement d'utiliser la variable `$_POST['prenom']`, laquelle contient les informations qu'a entrées l'utilisateur dans ce champ. Il en va de même pour les informations que l'utilisateur sélectionne dans des listes déroulantes ou en cochant des boutons radio. Comme l'utilisateur peut choisir plusieurs cases à cocher, les informations dans ces cases sont dans un tableau du tableau `$_POST` sous forme de tableau multidimensionnel. Par exemple, si vous cochez les deux choix de plat (comme dans la précédente section), les informations seront disponibles dans le tableau suivant :

```
$_POST['plat'][0] = poulet
$_POST['plat'][1] = poisson
```

Le script du Listing 10.3 affiche les valeurs de tous les champs du formulaire représenté Figure 10.2.

Listing 10.3 : Un script qui affiche tous les champs d'un formulaire.

```
<?php
/*  Script name:  afficheChampsForm
 *  Description:  Script affiche toutes les informations entrées
 *                dans un formulaire.
 */
  echo "<html>
        <head><title>Adresse client</title></head>
        <body>";
  foreach ($_POST as $champ => $valeur)
  {
     echo "$champ = $valeur<br>";
  }
?>
</body></html>
```

Vous pouvez utiliser ce script pour traiter les informations dans le formulaire représenté Figure 10.2, qui affiche l'adresse d'un client. Pour cela, insérez l'attribut `action="afficheChampsForm.php` dans le script `afficheForm.php` du Listing 10.1. Lorsque l'utilisateur clique sur le bouton Envoyez dans le formulaire, le script du Listing 10.3 s'exécute et produit la sortie suivante sur une nouvelle page Web :

```
prenom = Jean
nomfamille = Smith
rue = 27 rue cassette.
ville = paris
region = ID
codepostal = 75006
```

Le script représenté dans le listing affiche toutes les valeurs passées via le formulaire de la Figure 10.2. Dans la plupart des cas, vous n'afficherez pas les valeurs. Vous les utiliserez dans instructions conditionnelles ou les stockerez dans une base de données.

Vérifier les informations

Avant d'utiliser les valeurs dans votre script, vérifiez que les variables contiennent bien ce que vous avez demandé. L'utilisateur peut oublier des champs ou faire des erreurs de frappe, voire insérer des informations malveillantes qui peuvent causer des problèmes à vous ou aux visiteurs de votre site. En résumé, ne vous fiez jamais aux informations transmises par des sources extérieures. Vérifiez toujours les informations d'un formulaire.

Valider les données

La vérification des informations est appelée *validation*. La validation consiste à vérifier les champs restés vides et le format des données, comme suit :

- **Vérifier les champs restés vides** : Vous avez demandé aux utilisateurs d'entrer des informations dans un champ. Si le champ reste vide et que l'utilisateur est tenu de le remplir, le formulaire est réaffiché afin que l'utilisateur puisse entrer les données manquantes.

- **Vérifier le format des données** : Si les utilisateurs entrent des informations dans un formulaire, vous devez prévoir un certain nombre de fautes de frappe. Vous pourrez repérer quelques-unes de ces fautes une fois le formulaire envoyé et demander à l'utilisateur de saisir à nouveau les informations. Par exemple, ab3&*xx n'est certainement pas un code postal !

Vous pouvez rechercher les champs vides à l'aide de l'instruction suivante :

```
empty($_POST['nomchamp'])
```

Vous pourrez utiliser cette ligne de code dans le script précédent :

```
if(empty($_POST['nomchamp']))
{
   echo "Le champ est vide";
   instructions qui réaffichent le champ
}
```

Vérifier le format des données transmises dans un formulaire vous permet de repérer des erreurs de frappe. Si l'utilisateur entre 755006 dans le champ code postal, vous saurez immédiatement que le code postal n'est pas valide. Ces données sont trop longues pour être un code postal national et trop courtes pour être un code postal international.

Vérifier le format vous permet de vous protéger des utilisateurs malveillants qui tentent d'endommager votre site ou votre base de données ou encore de voler des informations sur vous ou sur vos utilisateurs. Vos utilisateurs ne devront pas, par exemple, entrer des balises HTML dans un champ du formulaire, ce qui pourrait avoir des conséquences désastreuses sur votre site Web.

Si vous vérifiez le format de chaque champ, vous détecterez les fautes de frappe et autres contenus malveillants. Toutefois, la vérification des informations s'avère à double tranchant. Vous pouvez très bien repérer des données incorrectes et refuser des informations correctes. Par exemple, si vous validez un numéro de téléphone, vous limitez ces numéros. Or, vous risquez d'éliminer des numéros de téléphone réels comme 01-55-55-56-56 ou (33)1555-556-56. Vous devez donc accepter les tirets, parenthèses et espaces. Limitez le champ à 14 caractères en incluant les parenthèses, espaces et tirets. Mais vous serez obligé d'écarter des numéros qui comportent un code international. Bref, soyez particulièrement attentif aux informations que vous acceptez et à celles que vous refusez.

Utiliser des expressions régulières pour vérifier les entrées d'un utilisateur

Vous pouvez vérifier les données des champs à l'aide d'expressions régulières (voir Chapitre7). Comparez les informations contenues dans un champ avec un motif pour voir s'ils correspondent. S'ils ne correspondent pas, vous venez de trouver une information incorrecte. Demandez à l'utilisateur de la saisir à nouveau.

Supposez par exemple que vous vérifiiez le champ d'un formulaire qui contient le nom de famille de l'utilisateur. Le nom doit comprendre des lettres, et non des chiffres, voire des apostrophes (D'Ermeville), un tiret (Saint-Pierre) ou des espaces (De Lussigny). De même, un nom comporte difficilement plus de 50 caractères. Par conséquent, vous allez utiliser les instructions ci-dessous pour vérifier un nom :

```
$nom_famille = trim($_POST['nom_famille']);
if ( !ereg("[A-Za-z' -]{1,50}",$nom_famille)
{
     utilisateur doit rentrer son nom de famille;
}
```

La fonction `trim` supprime tout espace blanc ou rature non nécessaire. Notez que la condition dans l'instruction `if` est négative. Autrement dit, le point d'exclamation (`!`) signifie non. Aussi, l'instruction `if` indique-t-elle que si la variable ne correspond pas au motif le bloc `if` sera exécuté.

Si vous acceptez un tiret dans la liste des caractères autorisés, mettez-le entre crochets []. Sinon, le script l'interprétera comme une plage entre deux caractères telle que A-Z.

Utiliser un script pour créer, afficher et valider un formulaire

Le script du Listing 10.4 valide les données entrées dans un formulaire. Il affiche le formulaire vide à sa première exécution. Lorsque l'utilisateur envoie le formulaire, le même script s'exécutera encore une fois, les informations lui seront alors transmises. Ce script recherche les champs restés vides dans le formulaire et les champs formatés. S'il trouve une erreur, il affiche un message d'erreur, puis réaffiche le formulaire. Si toutes les informations sont vérifiées, le script affiche sur l'écran de l'utilisateur son nom et son adresse.

Ce script se compose de deux fichiers. Le premier, représenté dans le Listing 10.4, crée un tableau qui sert à construire le formulaire. Le deuxième fichier, le fichier `include`, représenté au Listing 10.6, affiche le formulaire.

Listing 10.4 : Un script qui vérifie toutes les informations dans les champs du formulaire.

```
<?php
/*  Script name:  valideForm
 *  Description:  Affiche et valide un formulaire qui
 *                regroupe nom et adresse.
 */
  include("info.inc");                               #6
  ##################################
  ## Premier affichage formulaire ##
  ##################################
  if(!isset($_POST['Submit']))                       #10
  {
    include("adresse.inc");
  }
  #######################################################
  ## Vérifie informations une fois formulaire envoyé.   ##
  ## Crée des tableaux des champs vides mal formatés.   ##
  ## Si erreurs trouvées, affiche messages d'erreur     ##
  ## et réaffiche formulaire. Si aucune erreur trouvée, ##
  ## affiche les informations envoyées.                 ##
  #######################################################
  else                                               #21
  {
    foreach($_POST as $champ=>$valeur)               #23
    {
      if(empty($_POST[$champ]))                      #25
```

Listing 10.4 : Un script qui vérifie toutes les informations dans les champs du formulaire. (*suite*)

```
    {
      if($champ != "prenom2")
      {
        $vides[$champ] = "vide";                        #29
      }
    }
    else                                                #33
    {
      $valeur = trim($valeur);
      if($champ != "codepostal")
      {
        if(!ereg("^[A-Za-z0-9' .-]{1,65}$",$valeur))
        {
          $formats[$champ] = "incorrect";
        }
      }
      elseif($champ == "codepostal")
      {
        if(!ereg("^[0-9]{5}(\-[0-9]{4})?",$valeur))
        {
          $formats[$champ] = "incorrect";
        }
      }
    }
  }                                                     #51
  ### Si les champs ne sont pas corrects, affiche ###
  ### un message d'erreur et réaffiche formulaire ###
  if (@sizeof($vides) > 0 or @sizeof($formats) > 0) #54
  {
    if (@sizeof($vides) > 0)
    {
      echo "<b>Vous n'avez pas rempli un ou plusieurs
               champs requis. Vous devez entrer:</b><br>";
      foreach($vides as $champ => $valeur)
      {
        echo "   {$labels[$champ]}<br>";
      }
    }
    if (@sizeof($formats) > 0)
    {
      echo "<b>Un ou plusieurs champs ont des informations
               incorrectes. Corrigez le
               format de:</b><br>";
      foreach($formats as $champ => $valeur)
```

Listing 10.4 : Un script qui vérifie toutes les informations dans les champs du formulaire. (*suite*)

```
        {
          echo "   {$labels[$champ]}<br>";
        }
      }
      echo "<hr>";
      include("adresse.inc");
    }
    else                                                  #78
    {
     ### Si aucune erreur dans le formulaire, afficher ###
     ### nom et adresse envoyés par l'utilisateur     ###
      echo "<html><head><title>Nom et Adresse
              </title></head><body>\n";
      foreach($_POST as $champ=>$valeur)
      {
        if($champ != "Envoyez")
        {
          echo "{$labels[$champ]} $valeur<br>\n";
        }
      }
      echo "</body></html>";
    }
  }
?>
```

A la fin de ce listing, ont été ajoutés des numéros de lignes pour souligner quelques points importants dans le script :

- **Ligne 6** : Cette instruction inclut un fichier appelé `info.inc` qui crée un tableau appelé `labels` avec des informations utilisées plus loin dans le script. Le fichier inclus est représenté dans le Listing 10.5 (voir Chapitre 8 pour de plus amples informations sur les fichiers `include` dans les scripts).

- **Ligne 10** : Cette instruction `if` vérifie l'existence du `Submit` dans le tableau `$_POST`. Le bouton d'envoi du formulaire est appelé `Submit`. Par conséquent, si le formulaire a été envoyé, `Submit` se trouvera dans `$_POST`. Le bloc inclut un fichier appelé `adresseForm.inc` qui affiche le formulaire. Le fichier `include` est représenté au Listing 10.6. Ce bloc est exécuté au premier appel du script. Il affiche un formulaire vide.

- **Ligne 21** : Cette ligne commence par un bloc `else` dans lequel `Submit` doit être dans `$_POST`. Cette section s'exécute lorsque l'utilisateur envoie le formulaire et valide les données.

- **Ligne 23** : Cette ligne commence une boucle qui s'exécute via chaque élément dans `$_POST`. Ce bloc `foreach` vérifie chaque champ dans le formulaire.

- **Ligne 25** : Cette instruction if vérifie si tous les champs sont vides. Si le champ est rempli, le script passe à la ligne 33, le début d'un bloc qui vérifie le format du champ.

- **Ligne 29** : Cette instruction ajoute un élément dans le tableau `$vides` pour chaque champ vide. Notez, toutefois, que cette ligne ne s'exécute que si le nom de champ est `prenom2`. Car le deuxième prénom n'est pas un champ obligatoire, aussi peut-il être vide.

- **Ligne 33** : Instruction `else`. Si un champ est rempli, l'instruction `else` vérifie le format. Elle recherche dans tous les champs, à l'exception du code postal, des caractères non autorisés. Les caractères acceptés sont les lettres, les nombres, l'apostrophe, l'espace, le point et le tiret. Le format exact du champ du code postal est vérifié séparément. Si l'un des champs comporte des caractères non autorisés ou si le format du code postal n'est pas correct, un élément de ce champ est ajouté dans le tableau `$formats`.

- **Ligne 51** : La fin de cette section vérifie les champs `form`. A ce stade, le script a créé deux tableaux, `$vides` et `$formats`, qui contiennent les entrées des erreurs trouvées. Si aucune erreur n'est trouvée, les tableaux ne sont pas créés.

- **Ligne 54** : L'instruction `if` vérifie si des erreurs ont été trouvées en recherchant les deux tableaux `$vides` et `$formats`. Si elle trouve l'un des tableaux, un message d'erreur est affiché et le formulaire est réaffiché, conservant les informations que l'utilisateur a entrées correctement.

- **Ligne 78** : Cette instruction `else` s'exécute si aucune erreur n'a été trouvée dans les données du formulaire. Le bloc affiche toutes les informations que l'utilisateur a envoyées.

Notez que le script du Listing 10.4 est assez générique. Autrement dit, il traite les données de n'importe quel formulaire, excepté la section qui vérifie le format des données dans les champs. La section située entre les lignes 33 et 50 peut être personnalisée pour un formulaire à valider. Toutefois, les autres sections peuvent s'appliquer à la plupart des autres formulaires.

Le Listing 10.5 représente le fichier `include`, fichier qui crée le tableau utilisé pour afficher le formulaire et les messages d'erreur.

Listing 10.5 : Un fichier `include` qui crée le tableau.

```
<?php
/*  Script name:  info.inc
 *  Description: crée un tableau d'étiquettes à utiliser
 *               dans le formulaire.
 */
$labels = array( "prenom"=>"Prénom:",
                 "prenom2"=>"Prénom2:",
                 "nomFamille"=>"Nom de famille:",
                 "adresse"=>"Adresse:",
                 "ville"=>"Ville:",
                 "region"=>"Région:",
                 "codepostal"=>"Code postal:");
?>
```

Le Listing 10.6 représente le script qui affiche le formulaire. Il est basé sur le script du Listing 10.1 qui affiche le formulaire représenté Figure 10.2.

Listing 10.6 : Un fichier `include` qui affiche le formulaire.

```
<?php
/*  Script name:  adresse.inc
 *  Description:  Script qui affiche un formulaire.
 */
  echo "<html>
        <head><title>Adresse client</title></head>
        <body>";
  echo "<p align='center'>
        <form action='valideForm.php' method='POST'>
        <table width='95%' border='0' cellspacing='0'
              cellpadding='2'>\n";
  foreach($labels as $champ=>$valeur)
  {
    if(isset($_POST[$champ]))                          #13
    {
       $valeur = $_POST[$champ];
    }
    else
    {
       $valeur = "";
    }
    echo "<tr><td align='right'>{$labels[$champ]}</br></td>
```

Listing 10.6 : Un fichier `include` qui affiche le formulaire. (*suite*)

```
          <td><input type='texte' name='$champ' size='65'
                  maxlength='65'
                  value='$valeur'> </td> </tr>";
   }
   echo " </table>
          <div align='center'>
            <p><input type='Submit' name='Submit'
                value='Envoyez'></p></div>
          </form>";
?>
</body></html>
```

Notez que le bloc `if else` commence à la ligne 13. Ce bloc définit les valeurs qui sont affichées dans les champs du formulaire. Au premier affichage du formulaire, le tableau `$_POST` n'existe pas, car le formulaire n'a pas encore été envoyé. Par conséquent, l'instruction `if` de la ligne 13 recherche l'élément `$_POST` du champ. S'il n'existe pas, `$valeur` est définie comme vide. Si l'entrée `$_POST` existe, `$valeur` est définie dans les informations qu'a entrées l'utilisateur. La variable `$valeur` est alors utilisée lorsque le formulaire est affiché.

TRUC

Notez que la ligne qui crée le bouton d'envoi inclut un attribut `name`, ici `name='Submit'`, comme suit :

```
<p><input type='Submit' name='Submit'
               value='Submit Address'></p></div>
```

La valeur d'envoi sera alors incluse dans le tableau `$_POST`. Vous pouvez inclure deux boutons d'envoi dans un formulaire, avec des noms identiques mais des valeurs différentes, qui agiront différemment selon le bouton sur lequel aura cliqué l'utilisateur. Autrement dit, vous pouvez utiliser une instruction `if` telle que `if($_POST['Submit'] == "Submit Address")`.

La Figure 10.4 représente la page Web affichée lorsqu'un utilisateur a entré par mégarde son prénom dans le champ prenom2 et a saisi un code postal incorrect. Remarquez les deux messages qui apparaissent, indiquant le champ Prénom vide et le champ Code postal qui contient de mauvaises informations.

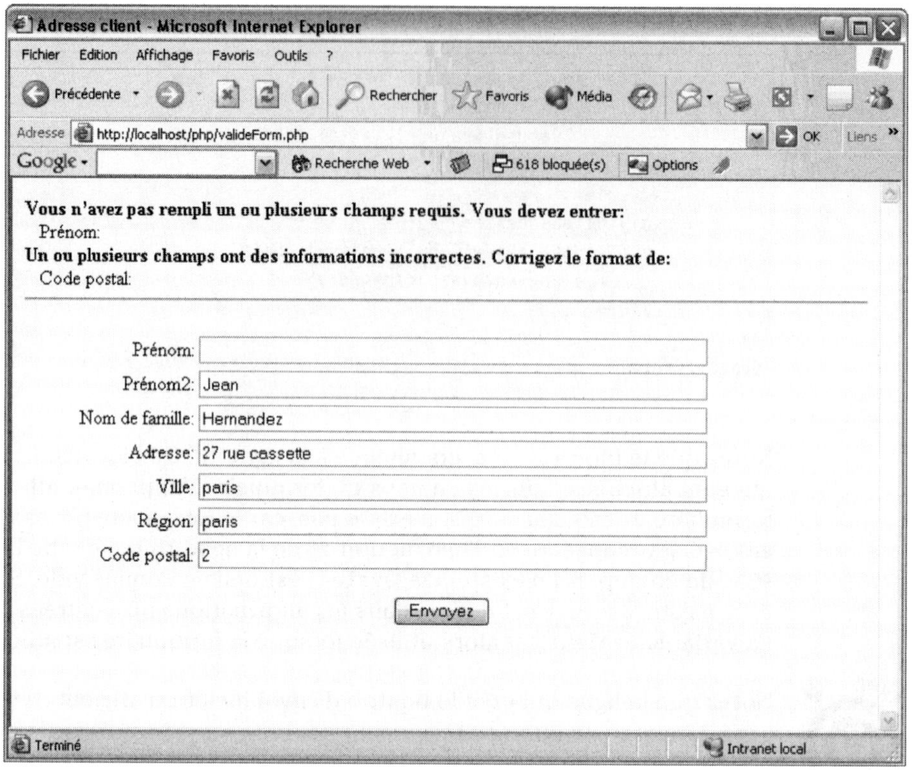

Figure 10.4 Affichage d'un formulaire dont deux entrées sontmanquantes et incorrectes.

Effacer les informations

Si vous vérifiez avec soin le format des données, vous serez en mesure d'empêcher les utilisateurs malintentionnés d'entrer des caractères malveillants dans les champs du formulaire. Si vous limitez le format d'une entrée à celui que vous acceptez, comme rechercher le format d'un code postal ou d'un numéro de téléphone, ou limitez les caractères saisis à des lettres et des chiffres, vous vous protégez. Toutefois, vous serez dans certains cas tenu d'accepter d'autres entrées. Les utilisateurs peuvent entrer des symboles mathématiques ou du code HTML. Par exemple, si vous écrivez un script pour un bulletin météorologique, vous souhaiterez que vos utilisateurs puissent utiliser n'importe quel symbole dans leurs messages.

Cependant, lorsque vous ne contrôlez pas du tout les entrées, utilisateurs, des hackers peuvent en profiter pour entrer du code malveillant dans les champs de vos formulaires. Ils peuvent par exemple entrer un script à l'aide de balises `script`. En fonction du traitement des données d'un formulaire, le script peut s'exécuter sur votre système ou être téléchargé pour s'exécuter sur le système d'un visiteur de votre site.

PHP fournit deux fonctions qui peuvent effacer les données, les rendant ainsi inoffensives :

- script_tags : Cette fonction supprime toutes les balises dans le texte. Toutefois, vous pouvez lui indiquer les balises à accepter.
- htmlspecialchars : Cette fonction convertit certains caractères spéciaux ayant une signification particulière en HTML au format HTML, ce qui permet de les afficher sans signification particulière. Les modifications sont les suivantes :
    - < devient <
    - > devient >
    - & devient &

Il vaut mieux supprimer toutes les balises dans l'entrée de l'utilisateur. Pour cela, exécutez une instruction de type :

```
$nom_famille = strip_tags($nom_famille);
```

PHP recherche un < d'ouverture et supprime tout ce qui se trouve entre ce signe < et le signe > de fermeture ou jusqu'à ce qu'il atteigne la fin de la chaîne. Vous pouvez indiquer à PHP que ces balises spécifiques sont acceptées à l'aide de l'instruction suivante :

```
$nom_famille = strip_tags($nom_famille,"<b><i>");
```

Cette instruction indique à PHP de supprimer toutes les balises dans la chaîne $nom-famille, à l'exception de <b> et de <i>.

Vous pouvez également autoriser les utilisateurs à entrer des caractères <or>. Par exemple, si les utilisateurs saisissent du texte qui sera affiché sur la page Web et qu'ils doivent afficher <or> dans une formule mathématiques ou pour afficher du code HTML, ces balises ne seront pas supprimées mais converties en entités HTML. Le HTML sera alors affiché sur une page Web comme symboles et non interprété comme des balises. Pour convertir les balises, exécutez une instruction de type :

```
$message = htmlspecialchars($message);
```

L'exemple ci-dessous présente la différence entre ces deux fonctions. Supposez que `$message` contienne le texte suivant qu'un utilisateur a entré dans votre formulaire :

```
Utilisez des balises <?php ?> pour délimiter des instructions PHP.
```

Vous pouvez utiliser les instructions suivantes pour supprimer les balises dans `$message` et retourner la valeur mise à jour :

```
$message = strip_tags($message);
echo $message;
```

La sortie de l'instruction echo sera :

```
Utilisez des balises  pour délimiter des instructions PHP.
```

Toutefois, vous pouvez tout aussi bien exécuter ces instructions :

```
$message = htmlspecialchars($message);
echo $message;
```

Dans ce cas, la sortie sera différente :

```
Utilisez des balises &lt;?php ?&gt; pour délimiter des instructions PHP.
```

et s'affichera dans le navigateur comme suit :

```
Utilisez des balises <?php ?> pour délimiter des instructions PHP.
```

La source est affichée correctement, mais comme le navigateur ne l'interprète pas comme étant une balise, il n'essaiera pas de traiter le texte comme une section PHP. Il ne fera qu'afficher la source.

TRUC

La fonction `trim` permet également d'effacer l'entrée. Les utilisateurs ajoutent souvent par mégarde des espaces au début ou à la fin d'un champ. Ces espaces supplémentaires sont quelquefois source de problèmes lorsque vous comparez une entrée à un motif. Exécutez une instruction comme ci-dessous pour supprimer ces espaces :

```
$nom_famille = trim($nom_famille);
```

Chapitre 11

Autres applications Web

Dans ce chapitre :

- Transférer les informations d'une page à l'autre.
- Utiliser des cookies.
- Utiliser des champs cachés dans des formulaires HTML.
- Utiliser des fonctions de session PHP.
- Ajouter JavaScript dans des scripts PHP.

Les applications Web les plus simples rassemblent les informations que les utilisateurs ont entrées dans des formulaires HTML et se servent de ces informations pour les afficher, les stocker ou les utiliser dans des instructions conditionnelles. (De nombreuses applications basiques sont illustrées au Chapitre 10.) Cependant, les applications Web peuvent être plus complexes et se composer de plusieurs scripts qui partagent les informations. Elles peuvent en outre accepter des fichiers envoyés par les utilisateurs à la place d'un formulaire.

Dans ce chapitre, je vais vous présenter les bases de ces applications Web complexes.

Surmonter

Les pages HTML sont sans état. Autrement dit, elles sont indépendantes les unes des autres. Lorsqu'un utilisateur clique sur un lien, le serveur Web envoie une nouvelle page dans le navigateur de l'utilisateur. Mais le navigateur ne sait absolument rien sur la page précédente. Cependant, bon nombre de pages Web dynamiques doivent transférer les informations d'une page à l'autre, comme enregistrer le nom d'un utilisateur pour pouvoir l'afficher sur une autre page.

Dans les sections suivantes, nous verrons diverses méthodes pour transférer des informations d'une page à l'autre.

Parcourir des sites Web ayant plusieurs pages

La plupart des sites Web comportent plusieurs pages Web. Un site Web statique présente un système de navigation composé de liens (qui peuvent être sous forme de boutons) sur lesquels l'utilisateur clique pour parcourir le site Web et rechercher la page désirée. Un site Web dynamique comporte également des liens permettant de le parcourir page par page, mais il existe bien d'autres moyens :

- **Retourner des liens via une instruction echo :** Les liens reroutent les utilisateurs vers une nouvelle page lorsque ces derniers cliquent dessus.
- **Formulaires** : Les formulaires font passer les utilisateurs d'une page à l'autre lorsqu'ils cliquent sur le bouton d'envoi.
- **Rediriger les utilisateurs** : PHP comporte la fonction `header` qui dirige les utilisateurs vers une nouvelle page sans que ces derniers aient besoin de faire quoi que ce soit.

Retourner des liens

Dans PHP, vous pouvez retourner via une instruction `echo` des liens HTML. L'utilisateur cliquera ensuite sur ces liens pour afficher les diverses pages du site Web. Cela revient à retourner du code HTML. Il vous suffit d'envoyer le code HTML de ces liens, comme suit :

```
echo "<a href='pagesuivante.php'>Page Suivante</a>";
```

Utiliser des formulaires

Vous pouvez également utiliser des formulaires pour afficher une autre page Web, comme vous l'avez appris au Chapitre 10. La balise `form` spécifie un script qui traite les informations du formulaire. Une fois le bouton d'envoi cliqué, le script spécifié récupère les données du formulaire et affiche une nouvelle page Web.

Le formulaire n'a pas besoin de regrouper les informations pour afficher une nouvelle page. Il peut être vide et ne contenir qu'un bouton sur lequel l'utilisateur cliquera pour accéder à une autre page. Par exemple, vous pouvez fournir un bouton étiqueté Annuler ou Suivant sur lequel l'utilisateur va cliquer, même si vous ne comptez pas stocker les informations qu'a entrées l'utilisateur. Pour cela, il suffit d'utiliser les balises `form` HTML et d'inclure une seule instruction `input` pour le bouton d'envoi. Le bouton apparaît tel quel sur la page Web et le script spécifié dans la balise `form` s'affiche dès que l'utilisateur clique sur le bouton d'envoi.

Rediriger les utilisateurs

PHP fournit également une méthode qui fait passer d'une page à l'autre l'internaute. L'utilisateur n'a pas besoin de cliquer sur un lien ou un bouton. Vous envoyez un message au serveur Web qui indique d'envoyer une nouvelle page à l'aide de l'instruction `header` PHP. Le format de la fonction est le suivant :

```
header("Location: URL");
```

L'instruction `header` envoie le message, `Location :URL`, au serveur Web. En réponse, le fichier situé à URL est envoyé au navigateur de l'utilisateur. Considérez les instructions `header` suivantes :

```
header("Location: pagesuivante.php");
header("Location: http://company.com/catalog/catalog.php");
```

L'instruction `header` présente un inconvénient majeur : elle ne peut être utilisée qu'avant que toute autre sortie ait été envoyée. Vous ne pouvez pas retourner une sortie comme du code HTML dans la page Web, puis envoyer un message requerrant un nouvelle page en plein milieu du script. L'instruction `header` n'est pas la seule instruction à présenter une telle contrainte. Reportez-vous à l'encadré sur les instructions qui doivent précéder toute sortie.

Malgré ses contraintes, l'instruction `header` est utile. C'est le seul moyen de diriger les utilisateurs vers une nouvelle page sans les faire intervenir. Elle est donc la seule instruction qui peut être utilisée dans des instructions conditionnelles pour afficher d'autres pages à différents utilisateurs. L'exemple suivant illustre comment afficher différentes pages en fonction du type de compte d'utilisateur :

```
<?php
  if ($typeAcct == "admin")
  {
    header("Location: pageAdmin.php");
  }
  else
  {
    header("Location: pageAccueil.php");
  }
?>
```

Ces instructions exécutent un script qui affiche une page `admin` aux utilisateurs qui ont un compte d'administrateur, et affichent une page d'accueil aux autres utilisateurs. Vous pouvez insérer autant d'instructions PHP que vous voulez avant la fonction `header`, à partir du moment où elles n'envoient pas de sortie. Ne placez aucun code HTML devant la fonction `header`, car le HTML est toujours envoyé au navigateur.

Les instructions qui doivent précéder la sortie

Quelques instructions PHP ne peuvent être utilisées que si elles précèdent l'envoi de toute sortie au navigateur. Les instructions `header`, `setcookie` et `session` doivent toutes précéder l'envoi d'une sortie. Si vous utilisez l'une de ces instructions après l'envoi d'une sortie, vous verrez apparaître le message suivant :

```
Warning: Cannot modify header information - headers already sent by (output
started at /test.php:2) in /test.php on line 3
```

Ce message indique le nom du fichier et la ligne envoyée avant la sortie. Vous pouvez très bien ne pas faire afficher de message. Dans ce cas, la page demandée n'apparaît pas. (Les messages d'erreur PHP dépendent du niveau d'erreur défini dans PHP. Reportez-vous au Chapitre 4 pour de plus amples informations.) Les instructions suivantes échouent, car le message `header` n'est pas la première sortie (une section HTML précède l'instruction `header`) :

```
<html>
<head><title>test header</title></head>
<body>
<?php
  header("Location: http://pierreetcompagnie.com");
?>
</body></html>
```

Comme vous pouvez le constater, les trois lignes de code HTML sont envoyées avant l'instruction `header`. Les instructions suivantes sont valables, même si elles ne présentent pas un grand intérêt, puisque les lignes HTML suivent l'instruction `header` et que l'utilisateur est déjà redirigé vers une autre page :

```
<?php
   header("Location: http://pierreetcompagnie.com");
?>
<html>
<head><title>test header</title></head>
<body>
</body>
</html>
```

Les instructions suivantes échouent :

```
 <?php
   header("Location: http://companie.com");
?>
<html>
<head><title>test header</title></head>
<body>
</body></html>
```

car, si vous regardez de plus près, vous remarquerez un espace devant la balise d'ouverture PHP. Ce seul espace représente une sortie vers le navigateur. L'instruction `header` échoue, car elle est précédée d'une sortie. Cette erreur, assez fréquente, est difficile à apercevoir.

Transférer des informations d'une page à l'autre

Quelle que soit la manière dont l'utilisateur passe d'une page à l'autre, la première page doit être accessible sur la page suivante. Dans PHP, vous pouvez passer d'une page à l'autre à l'aide de l'une de ces méthodes :

- **Ajouter des informations dans l'URL** : Vous pouvez ajouter des informations spécifiques à la fin de l'URL de la nouvelle page. Cette méthode s'applique parfaitement bien au transfert de petites quantités d'informations.

- **Stocker des informations dans des cookies** : Vous pouvez stocker des *cookies*, de petits fichiers contenant des paires `variable=valeur`, sur l'ordinateur de l'utilisateur. Une fois le cookie stocké, vous le récupérez dans n'importe quelle page Web. Cependant, de nombreux utilisateurs bloquent les cookies, aussi cette méthode n'est-elle pas très efficace.

- **Transférer des informations via des formulaires HTML** : Vous pouvez transférer des informations contenues dans des formulaires. Lorsque le client clique sur le bouton d'envoi, les données du formulaire sont envoyées dans le script suivant. Cette méthode s'applique parfaitement bien au regroupement d'informations.

- **Utiliser les fonctions session PHP** : Cette nouvelle fonction, apparue avec la version 4 de PHP, permet de configurer une session utilisateur et de stocker les informations sur un serveur. Les informations sont alors accessibles dans n'importe quelle page Web. Cette méthode s'applique particulièrement bien aux sessions qui afficheront beaucoup de pages.

Ajouter des informations dans l'URL

L'un des moyens les plus simples de transférer des informations d'une page à l'autre consiste à ajouter des informations dans l'URL. Pour cela, vous allez insérer les informations comme suit :

```
variable=valeur
```

où `variable` est le nom de variable, sans signe dollar. `valeur` correspond à la valeur stockée dans la variable. Vous pouvez insérer des paires `variable=valeur` n'importe où dans une URL. Le point d'interrogation indique le début de l'information. Voici quelques exemples :

- `<a href="pagesuivante.php?age=14">Accéder à la page suivante</a>`

- `header("Location: pagesuivante.php?age=14");`

- `<form action=" pagesuivante.php?age=14" method="POST">`

Ces instructions sont envoyées dans la variable `$age` dont la valeur est 14. La paire `variable/valeur` est envoyée à `pagesuivante.php` en l'insérant à la fin de l'URL.

Vous pouvez ajouter plusieurs paires `variable=valeur`, en les séparant par un signe *et* commercial (`&`), comme suit :

```
<form action="pagesuivante.php?pays=CA&ville=Mall" method="POST">
```

Toutes les informations transmises dans une URL sont disponibles dans le tableau `$_GET`. Dans l'exemple précédent, le script `pagesuivante.php` pourrait exécuter les instructions suivantes pour afficher les informations qui lui sont transférées :

```
echo "{$_GET['ville']}, {$_GET['pays']};
```

La sortie serait alors :

```
Mall, CA
```

Les informations sont également disponibles dans le tableau `$_REQUEST`. Vous obtiendrez le même résultat en exécutant les instructions ci-dessous :

```
echo "{$_REQUEST['ville']}, {$_REQUEST['pays']};
```

Transférer des informations dans l'URL est assez facile, notamment lorsqu'il s'agit de petites quantités d'informations. Toutefois, cette méthode présente quelques inconvénients, dont d'importants problèmes de sécurité comme :

- **Tout le monde peut les voir** : L'URL est affichée dans le champ Adresse du navigateur, ce qui signifie que les informations jointes à l'URL sont également visibles. Si ces informations sont confidentielles, mieux vaut qu'elles ne soient pas publiées. Si vous transférez par exemple un mot de passe d'une page à l'autre, vous n'allez certainement pas le transférer via l'URL.

- **Un utilisateur peut envoyer des informations dans l'URL aussi facilement que vous** : Supposez qu'un utilisateur, après s'être connecté à votre site, ajoute `auth=yes` dans l'URL. Si, sur chaque page, `$_GET['auth'] = yes`, vous laissez l'utilisateur visualiser la page. Cependant, n'importe quel utilisateur qui entre `http://www.votresite.com/page.php?auth=yes` dans son navigateur sera en mesure de visualiser les pages Web sans ouvrir de session.

- **L'utilisateur peut mettre un signet à l'URL** : Vos utilisateurs n'ont pas à enregistrer les informations que vous ajoutez dans l'URL.

- **La longueur de l'URL est limitée** : Cette limite diffère selon les navigateurs et leurs versions. Si vous transférez trop d'informations dans l'URL, l'adresse de l'URL risque de ne pas avoir suffisamment d'espace.

Transférer des informations via des cookies

Vous pouvez stocker des informations sous forme de cookies. Les *cookies* sont des petits fichiers qui contiennent des paires variable=valeur, semblables à celles que vous ajoutez dans les URL. Le navigateur de l'utilisateur stocke les cookies sur le disque. Vos scripts peuvent ensuite utiliser les informations contenues dans les cookies.

De prime abord, les cookies semblent résoudre le problème de transfert des données d'une page à l'autre. Il suffit de les cacher sur le disque dur de l'utilisateur et de les récupérer lorsque l'on en a besoin. En réalité, les cookies sont stockés et restent sur le disque de l'utilisateur, même lorsque ce dernier a quitté votre site. S'il consulte votre site un mois plus tard, les cookies sont toujours disponibles. Plus de problème ! Pas vraiment. En fait, les cookies ne sont pas sous votre contrôle, mais sous celui de l'utilisateur. Ce dernier peut à tout moment les supprimer. De plus, bon nombre d'utilisateurs configurent leur navigateur pour refuser tous les cookies ou les supprimer régulièrement. Beaucoup de personnes n'apprécient pas de stocker des choses sur leur ordinateur, notamment des fichiers qui viennent de sites Web. Cette attitude est tout à fait compréhensible, mais elle limite grandement l'utilité des cookies. Si votre application dépend des cookies et que l'utilisateur les a tous supprimés, elle ne fonctionnera plus pour cet utilisateur.

Les cookies ont été conçus à l'origine pour stocker de petites quantités d'informations pendant un court laps de temps. Les cookies disparaissent à la fin de la session de l'utilisateur, à moins que vous ne leur spécifiiez une durée de vie plus longue. Bien qu'ils restent utiles dans certains cas, tenez compte des remarques suivantes avant de les utiliser :

- **Les utilisateurs peuvent configurer leur navigateur pour refuser les cookies** : A moins que vous ne soyez sûr et certain que tous vos utilisateurs les accepteront ou que vous leur demandiez de les accepter (et qu'ils suivent vos recommandations), les cookies risquent de vous poser davantage de problèmes qu'ils n'en résoudront.

- **PHP propose de meilleures solutions** : Les fonctions `session` de PHP 4 et supérieur permettent de stocker des informations qui sont disponibles pendant toute une session. Les fonctions `session` stockent les informations sur le serveur qui, lui, n'est pas à la merci de l'utilisateur.

Néanmoins, les sessions ne sont pas une solution de stockage à long terme.

- **Vous pouvez stocker des données dans une base de données** : Si vous avez accès à une base de données, dans laquelle vous stockerez et récupérerez les informations, cette solution s'avère la meilleure. Les utilisateurs ne peuvent pas supprimer les données comme bon leur chante.

Stocker et récupérer des informations dans des cookies

Vous stockez des cookies à l'aide de la fonction `setcookie` dont la syntaxe épouse la forme suivante :

```
setcookie("variable","valeur");
```

où `variable` est le nom de variable sans signe dollar ($). Cette instruction stocke les informations dès que l'utilisateur quitte votre site. Par exemple, l'instruction suivante stocke la paire `pays=Canada` dans le fichier cookie sur l'ordinateur de l'utilisateur :

```
setcookie("pays","Canada");
```

Lorsque l'utilisateur passe à la page suivante, les informations contenues dans le cookie sont alors disponibles dans le tableau intégré `$_COOKIES`. La page suivante affiche les informations du cookie à l'aide de l'instruction ci-dessous :

```
echo "Vous vivez ".$_COOKIE['pays'];
```

dont la sortie sera :

```
Vous vivez au Canada
```

Un cookie n'est pas accessible dans le script où il a été défini, mais seulement à partir du moment où l'utilisateur change de page ou la réaffiche.

Définir des dates d'expiration

Si vous souhaitez que les informations stockées dans le cookie subsistent après la fin de session, définissez une date d'expiration du cookie, comme suit :

```
setcookie("variable","valeur",expiretime);
```

La valeur `expiretime` définit la date d'expiration du cookie. Vous définissez la valeur `expiretime` en faisant appel à l'une des fonctions `time` ou `mktime`, comme suit :

- `time` : Cette fonction retourne l'heure courante dans un format que seul l'ordinateur peut comprendre. Vous lui ajouterez un délai en secondes, comme dans les instructions ci-dessous :

```
setcookie("pays","Canada",time()+3600); #expire dans une heure
setcookie("Nom",$Nom,time()+(3*86400)) #expire dans 3 jours
```

- `mktime` : Cette fonction retourne une date et une heure dans un format que seul l'ordinateur peut comprendre. Vous pouvez définir la date et l'heure dans l'ordre suivant : heure, minute, seconde, mois, jour et année. Si l'une de ces valeurs n'est pas définie, la valeur de l'instant présent est mise par défaut. La fonction `mktime` permet de définir la date d'expiration du cookie, comme dans les instructions suivantes :

```
setcookie("pays","CA",mktime(3,0,0,4,1,2003)); #expire
                                a 3:00 AM le Avril 1, 2003
setcookie("pays","CA",mktime(13,0,0,,,)); /#expire
                                         1:00 PM aujourdhui
```

Pour supprimer un cookie, paramétrez sa valeur à rien à l'aide de l'une de ces deux instructions :

```
setcookie("nom");
setcookie("nom","");
```

La fonction `setcookie` présente un important inconvénient : elle ne peut être utilisée qu'avant toute autre sortie. Vous ne pouvez pas définir un cookie au beau milieu d'un script, si vous avez déjà retourné une quelconque sortie dans la page Web. Pour de plus amples informations, reportez-vous à l'encadré "Les instructions devant précéder une sortie".

Transférer des informations via des formulaires HTML

La manière la plus courante de passer des informations d'une page à l'autre consiste à utiliser des formulaires HTML. Un formulaire HTML est affiché avec un bouton d'envoi. Lorsqu'un utilisateur clique dessus, les informations contenues dans le formulaire sont transmises au script inclus dans la balise `form` dont la syntaxe est la suivante :

```
<form action="traitement.php" method="POST">
    balises d'un ou plusieurs champs
<input type="submit" value="chaine">
</form>
```

Le formulaire permet essentiellement de recueillir des informations que l'utilisateur a entrées et de les passer à la page suivante (voir Chapitre 10). Mais les formulaires peuvent servir à transférer d'autres types de données.

Les *champs cachés* sont des champs dans les formulaires qui envoient des informations à la page suivante et qui n'apparaissent pas dans la page Web. Ils peuvent être inclus dans le formulaire parmi d'autres types de champs ou avec un seul type. Lorsque l'utilisateur clique sur le bouton d'envoi, les informations contenues dans les champs cachés sont envoyées à la page suivante. Par exemple, les instructions ci-après passent le type de compte de l'utilisateur à la page suivante dès que l'utilisateur clique sur le bouton Page suivante :

```
<?php
  $acct = "admin";
  echo "<form action='pagesuivante.php' method='POST'>
        <input type='hidden' name='acct' value='$acct'>
        <input type='submit' value='Page Suivante'>
        </form>\n";
?>
```

La page Web affiche un bouton d'envoi Page suivante, mais ne demande pas à l'utilisateur d'entrer un quelconque renseignement. Lorsque l'utilisateur clique sur le bouton, `pagesuivante.php` s'exécute et le type de compte est disponible dans `$_POST['acct']`. Vous pouvez ainsi transférer les informations dont vous avez besoin à différents endroits de votre site. Dans cet exemple, vous pouvez exécuter ce code pour afficher quelques produits. Lorsque l'utilisateur clique sur le bouton Pagesuivante, le type de compte est envoyé à la page suivante afin d'exécuter ce script.

Utiliser des sessions PHP

Une *session* correspond au temps que passe l'utilisateur sur votre site Web. Bon nombre de visiteurs peuvent visualiser beaucoup de pages entre le moment où ils accèdent au site et le moment où ils le quittent. Vous allez fournir le maximum d'informations pendant une session complète. Depuis la version 4, PHP fournit une méthode pour le faire.

Fonctionnement d'une session PHP

PHP vous permet de définir une session et de stocker des variables session. Une fois la session créée, les variables session sont accessibles sur une autre page Web. Pour créer une session, PHP effectue ce qui suit :

1. **Il attribue un numéro ID (d'identification) de session.**

   Ce numéro est un nombre unique, qui n'a pas de signification particulière et qui est difficile à deviner. L'ID de session est conservé dans une variable système nommée PHPSESSID.

2. **Il stocke les variables session dans un fichier sur le serveur.**

   Le fichier est nommé par le numéro ID de session. Il est stocké dans un répertoire spécifié par `session.save_path` dans le fichier `php.ini`. Le répertoire session doit être créé avant d'y enregistrer les fichiers session.

3. **Il transmet le numéro ID à toutes les pages.**

   Si l'utilisateur a activé les cookies, PHP transmet l'ID de session à l'aide des cookies. S'il n'accepte pas les cookies, le comportement de PHP dépendra de l'activation de `trans-sid` dans `php.ini`. (Reportez-vous à la section "Utiliser des sessions sans cookies", plus loin dans ce chapitre.)

4. **Il récupère les variables du fichier session pour toutes les nouvelles pages.**

   Si un utilisateur ouvre une nouvelle page qui fait partie de la session, PHP récupère les variables dans le fichier via le numéro ID de session qui provient de la page précédente. Les variables sont disponibles dans le tableau `$_SESSION`.

Dans PHP 4.1.2 ou une version précédente, `trans-sid` n'est pas disponible si vous n'avez pas activé l'option `-enable-trans-sid` au moment de la compilation de PHP.

Ouvrir et fermer des sessions

Vous ouvrez une session dans chaque page à l'aide de la fonction `session_start`, comme suit :

```
session_start();
```

La fonction vérifie si un numéro ID de session est actuellement en cours d'utilisation. Si elle en trouve un, elle initialise les variables de session. Sinon, elle crée un nouveau numéro ID de session.

Comme les sessions utilisent des cookies, dans la mesure où l'utilisateur les accepte, `session_start` présente les mêmes contraintes que les cookies. Autrement dit, cette fonction doit être appelée avant toute sortie. Reportez-vous à l'encadré sur les instructions qui doivent précéder une sortie.

Vous pouvez indiquer à PHP que chaque page de votre site doit être automatiquement démarrée par l'instruction `session_start`. Pour cela, vous allez éditer le fichier `php.ini`. Si vous êtes administrateur, vous en avez le droit. Si vous ne l'êtes pas, demandez à l'administrateur de le faire. Recherchez la variable `session.auto_start` et passez sa valeur à 1. Relancez, si nécessaire, le serveur Web avant que cette modification ne prenne effet. `auto_start` étant activé, vous n'aurez plus besoin d'insérer une `session_start` au début de chaque page.

Vous pouvez restreindre l'accès de votre site aux utilisateurs qui disposent d'un ID utilisateur et d'un mot de passe en cours de validité. Si les utilisateurs se connectent à des sessions limitées, ils devront fermer leur session quand ils auront fini. Pour fermer une session, exécutez cette instruction :

```
session_destroy();
```

Elle se débarrasse de toutes les variables session stockées dans le fichier session. PHP ne transmet plus de numéro ID de session. Cependant, cette instruction n'affecte pas les variables définies dans la page en cours de visualisation, ces dernières conservent les mêmes valeurs. Si vous souhaitez supprimer les variables de la page en cours, et les empêcher d'être transférées à la page suivante, désactivez-les comme suit :

```
unset($variablename1,$variablename2,...);
```

Utiliser des variables de session PHP

Pour enregistrer une variable dans une session que vous allez utiliser sur plusieurs pages Web, stockez la valeur dans le tableau `$_SESSION`, comme suit :

```
$_SESSION['varnom'] = "Jean Smith";
```

Lorsque vous ouvrez une session sur une page Web, les valeurs stockées dans le tableau `$_SESSION` sont disponibles.

Vous pouvez arrêter de stocker des variables à tout moment ; annulez-les à l'aide de l'instruction suivante :

```
unset($_SESSION['varnom'];
```

Les deux scripts qui suivent vous montrent comment utiliser des sessions pour passer des informations d'une page à une autre. Le script du Listing 11.1 représente la première page d'une session, le Listing 11.2 la deuxième page.

Listing 11.1 : Démarrer une session.

```
<?php
 /* Script name: sessionTest1.php
  * Description: Démarre une session. Enregistre une variable session.
  */
  session_start();
  $_SESSION['session_var'] = "test";
?>
<html>
<head><title>Test page Sessions 1</title></head>
<body>
  <p>Test les fonctionnalités sessions.
  <form action="sessionTest2.php" method="POST">
  <input type="text" name="form_var" value="test">
  <input type="submit" value="Accéder à la page suivante">
  </form>
</body>
</html>
```

Dans ce script, une session est démarrée. La variable session nommée `session_var` est appelée. Un formulaire est également affiché avec un champ texte dans lequel l'utilisateur va entrer les informations. Lorsqu'il cliquera sur le bouton d'envoi étiqueté "Accéder à la page suivante", le script `sessionTest2.php` sera exécuté.

Listing 11.2 : La deuxième page d'une session.

```
<?php
 /* Script name: sessionTest2.php
  * Description: Récupère une variable dans une session existante.
  */
  session_start();
?>
<html>
<head><title>Test Sessions page 2</title></head>
<body>
<?php
  $session_var = $_SESSION['session_var'];
  $form_var = $_POST['form_var'];
  echo "session_var = $session_var<br>\n";
  echo "form_var = $form_var<br>\n";
?>
</body>
</html>
```

Ce script affiche les variables qui sont transmises dans le script précédent (`sessionTest1.php`).

Si les utilisateurs pointent leur navigateur sur `sessionTest1.php` et cliquent sur le bouton Accéder à la page suivante, ils verront apparaître la sortie suivante :

```
session_var = test
form_var = test
```

Comme vous pouvez le constater, les deux variables `session_var` et `form_var`, sont accessibles dans le tableau intégré à retourner dans le script.

Utiliser des sessions sans cookies

Bon nombre d'utilisateurs désactivent les cookies dans leur navigateur. PHP vérifie si le navigateur accepte ou non les cookies et adapte son comportement selon. Si le navigateur accepte les cookies, PHP effectue ce qui suit :

- Il paramètre la variable `$PHPSESSID` égale au numéro ID de session.
- Il utilise les cookies pour passer `$PHPSESSID` d'une page à l'autre.

Si le navigateur n'accepte pas les cookies, PHP adopte son comportement :

- Il définit une constante `SID` qui contient une paire `variable=valeur` de type `PHPSESSID=longuechaînedenombres` (la longueur de la chaîne correspond à l'ID de session).
- Il passe ou non le numéro ID de session à la page suivante, tout dépend si `trans-sid` est activé. Dans ce cas, PHP passe le numéro ID de session. Dans le cas contraire, il ne le passe pas.

`trans-sid` est désactivé par défaut. Vous l'activez en éditant le fichier `php.ini`. Recherchez la ligne qui commence par `session.use_trans_id`. Si le paramètre est à 0, `trans-sid` est désactivé. Si le paramètre est à 1, `trans-sid` est activé. Pour activer le paramètre, passez de 0 à 1. Relancez, si nécessaire, votre serveur Web avant que ces nouveaux paramètres ne prennent effet.

L'activation de `trans-sid` présente des avantages et des inconvénients :

- **Avantages** : Les sessions fonctionnent même si les cookies sont désactivés. Vous pouvez exécuter plus facilement les scripts des sessions, sans tenir compte des paramètres Cookies du navigateur.
- **Inconvénients** : Le numéro ID de session est généralement passé dans l'URL. Dans certains cas, pour des raisons de sécurité, le numéro ID de session ne devrait pas être exposé à la vue de tous dans l'adresse du navigateur, car il peut être enregistré dans les signets par l'utilisateur. Si l'utilisateur retourne ensuite sur le site, cela risque d'entraîner de nombreuses confusions entre les sessions anciennes et les nouvelles.

Sessions avec trans-sid activé

Si `trans-sid` est activé, et que l'utilisateur a bloqué les cookies dans son navigateur, PHP envoie automatiquement le numéro ID de session dans l'URL ou dans un champ caché du formulaire. Si l'utilisateur passe à la page suivante en cliquant sur un lien, la fonction `header` ou un formulaire ayant la méthode GET, le numéro ID de session est ajouté à l'URL. Si l'utilisateur passe à la page suivante en utilisant la méthode POST, le numéro ID de session est placé dans un champ caché. PHP reconnaît `PHPSESSID` comme étant le numéro ID de session et traite la session sans intervention de votre part.

NOTE TECHNIQUE

Le numéro ID de session est ajouté dans les URL des pages de votre site. Si l'URL de la page suivante inclut un nom de serveur, PHP suppose que l'URL correspond à l'adresse d'un autre site Web et n'ajoute pas le numéro ID de session. Supposez, par exemple, que l'instruction `link` soit :

```
<a href="pagesuivante.php">
```

PHP ajoutera le numéro ID de session. Mais si l'instruction est la suivante :

```
<a href="HTTP://www.pierreetcompanie.com/pagesuivante.php">
```

il n'ajoutera pas de numéro ID de session.

Sessions sans trans-sid activé

Si vous avez désactivé `trans-sid` et que l'utilisateur a bloqué les cookies dans son navigateur, PHP n'envoie pas de numéro ID de session vers la nouvelle page : vous devez le faire vous-même.

Fort heureusement, PHP comporte une constante qui vous permettra d'envoyer le numéro ID de session. Cette constante, appelée `SID`, contient une paire `variable=valeur` que vous ajouterez dans l'URL, comme suit :

```
<a href=" pagesuivante.php?<?php echo SID?> > Page Suivante </a>
```

Cette instruction place un point d'interrogation (?) à la fin du nom de fichier et la constante `SID` est alors ajoutée dans l'URL. `SID` contient le numéro ID de session. La sortie dans `echo SID` prendra la syntaxe suivante :

```
PHPSESSID=877c22163d8df9deb342c7333cfe38a7
```

L'URL de la page suivante sera affichée, comme suit :

```
pagesuivante.php?PHPSESSID=877c22163d8df9deb342c7333cfe38a7
```

Comme le numéro ID de session est ajouté à la fin de l'URL, vous allez sans doute, pour les nombreuses raisons susmentionnées dans ce chapitre, ne pas souhaiter qu'il apparaisse dans la fenêtre du navigateur de l'utilisateur. Pour cela, vous pouvez envoyer le numéro ID de session dans un champ caché du formulaire à l'aide de la méthode POST. Vous allez commencer par récupérer le numéro ID de session, puis l'envoyer dans un champ caché comme suit :

```
<?php
  $PHPSESSID = session_id();
  echo "<form action='pagesuivante.php' method='POST'>
        <input type='hidden' name='PHPSESSID'
              value='$PHPSESSID'>
        <input type='submit' value='Page Suivante'>
        </form>";
?>
```

Ces instructions effectuent les tâches suivantes :

1. La fonction `session_id` retourne le numéro ID de session et le stocke dans la variable `$PHPSESSID`.

2. `$PHPSESSID` est envoyé dans un champ caché de formulaire.

   Sur la nouvelle page, PHP recherche automatiquement PHPSESSID.

Créer des sessions pour les membres

Les fonctions `session` de PHP s'appliquent parfaitement bien à des sites Web dont l'accès est limité aux utilisateurs qui ont un nom d'utilisateur et un mot de passe. Ces types de sites contiennent généralement beaucoup de pages. L'utilisateur ne peut pas accéder à toutes. Les sessions PHP suivent la trace des utilisateurs en acceptant ou en refusant l'accès de tels utilisateurs à telles pages. Pour configurer ce type de session, vous allez :

1. Afficher une page d'ouverture de session aux utilisateurs.

2. Si l'utilisateur ouvre une session, définir et stocker une variable de session.

3. Si l'utilisateur accède à une nouvelle page, vérifier dans la variable session s'il est autorisé à le faire.

4. Si l'utilisateur est autorisé, afficher la page.

5. Si l'utilisateur n'est pas autorisé, réafficher la page d'ouverture de session.

Pour vérifier si un utilisateur peut accéder à une page, insérez les instructions ci-dessous au début de chaque page :

```
<?php
  session_start()
  if ( @$_SESSION['login'] != "go" )
  {
    header("Location: loginPage.php");
    exit();
  }
?>
```

Dans ces instructions, PHP recherche une variable de session nommée `login`, qui a été définie à l'ouverture de session pour vérifier si `$_SESSION['login']` est égal à "go". Si tel n'est pas le cas, l'utilisateur n'a pas accès et retourne à la page d'ouverture de session. Si `$_SESSION['login']` est égale à "go", le script traite le reste des instructions de la page Web.

Charger des fichiers

Vos visiteurs peuvent charger des fichiers sur votre site comme leur CV sur votre site de recherche d'emploi ou des images dans l'album photos de votre site Web.

Utiliser un formulaire pour charger un fichier

Vous pouvez afficher un formulaire qui permette à l'utilisateur de charger un fichier dans un formulaire HTML prévu à cet effet. La syntaxe générale de ce formulaire sera la suivante :

```
<form enctype="multipart/form-data"
          action="traitement.php" method="POST">
  <input type="hidden" name="MAX_FILE_SIZE" value="30000">
  <input type="file" name="user_file">
  <input type="submit" value="Charger le fichier">
</form>
```

Notez que :

- **L'attribut enctype est utilisé dans la balise form** : Vous devez définir cet attribut dans `multipart/form-data` au moment du chargement du fichier pour que ce dernier arrive en bon état.

- **Un champ caché est inclus pour envoyer une valeur (en octets) de MAX_FILE_SIZE.** Si l'utilisateur essaie de charger un fichier plus grand que cette valeur, il ne se chargera pas. En envoyant la valeur de `MAX_FILE_SIZE` dans le formulaire, tenez compte des deux paramètres dans `php.ini` :

  - `upload_max_filesize` : Le `MAX_FILE_SIZE` ne peut pas être plus grand que la valeur de `upload_max_filesize`. Si un fichier plus lourd que la valeur courante est chargé, vous devez augmenter la valeur de `upload_max_filesize` en modifiant le fichier `php.ini`. La valeur par défaut de ce paramètre est de 2 Mo.

  - `post_max_size` : Le nombre total d'informations envoyées dans le formulaire POST ne peut excéder la valeur de `post_max-size`. La valeur par défaut de ce paramètre est de 8 Mo. Vous pouvez l'augmenter si nécessaire en modifiant le fichier `php.ini`.

- **Le champ de saisie qui charge le fichier est de type file.**

La valeur de `MAX_FILE_SIZE` doit être envoyée avant le fichier à charger afin de respecter la limite de taille de fichier au fichier à charger.

Lorsque l'utilisateur envoie le formulaire, le fichier est chargé dans un emplacement temporaire. Le script qui traite le formulaire doit copier le fichier à un autre emplacement, car le fichier temporaire est supprimé dès la fin du script. Vous pouvez utiliser `phpinfo()` pour vérifier où sont stockés les fichiers temporaires. Si l'emplacement du répertoire temporaire ne vous convient pas, vous pouvez le déplacer en changeant `upload_tmp_dir` dans le fichier `php.ini`. Si aucun répertoire n'est spécifié dans `php.ini`, un répertoire par défaut sera utilisé. Comme les fichiers temporaires sont immédiatement supprimés, l'emplacement du répertoire temporaire n'est pas une question cruciale.

Accéder aux informations sur un fichier chargé

Le fichier chargé contient des informations qui le concernent et qui sont envoyées avec le formulaire. Ces informations sont stockées dans le tableau appelé `$_FILES`. Chaque fichier chargé contient un tableau d'informations. Comme n'importe quel formulaire, vous pouvez récupérer les informations contenues dans le tableau à l'aide du nom de fichier, comme suit :

```
$_FILES['nomdefichier']['name']
```

```
$_FILES['nomdefichier']['type']
$_FILES['nomdefichier']['tmp_name']
$_FILES['nomdefichier']['size']
```

Supposez que vous remplissiez le champ ci-dessous pour charger un fichier :

```
<input type="file" name="user_file">
```

Si l'utilisateur charge un fichier nommé test.txt avec ce formulaire, le tableau résultant qui déclenchera l'exécution du script ressemblera à ce qui suit :

```
$_FILES[user_file][name] = test.txt
$_FILES[user_file][type] = text/plain
$_FILES[user_file][tmp_name] = D:\WINNT\php92C.tmp
$_FILES[user_file][size] = 435
```

Dans ce tableau, `name` correspond au nom du fichier qui a été chargé, `type` au type de fichier, `tmp_name` au chemin/nom de fichier du répertoire temporaire et `size` à la taille du fichier. Remarquez que `name` ne contient que le nom du fichier, alors que `tmp_name` comporte aussi bien son chemin que son nom.

Si le fichier est trop grand, `tmp_name` dans le tableau est paramétré à `none` et la taille à `0`.

Par défaut, PHP stocke le fichier chargé temporaire dans le répertoire système de Windows (`Windows` pour Windows 98/XP et `Winnt` pour Win2000) ou dans `/tmp` sous Linux/Unix. Vous pouvez changer l'emplacement d'enregistrement des fichiers temporaires en modifiant `php.ini`. Pour cela, recherchez dans `php.ini` la ligne :

```
;upload_tmp_dir =
```

Supprimez le point-virgule qui se trouve au début de la ligne pour activer cette ligne. Insérez le chemin vers le répertoire dans lequel vous comptez enregistrer les fichiers temporaires. La ligne activée épousera la syntaxe suivante :

```
upload_tmp_dir = d:\tempfiles
```

Le répertoire `tempfiles` doit être créé. S'il ne l'est pas, PHP ignore ce paramètre et continue d'enregistrer les fichiers dans l'emplacement par défaut.

Enregistrer les fichiers chargés

L'instruction qui déplace les fichiers prend la syntaxe suivante :

```
move_uploaded_file(path/tempfilename,path/permfilename);
```

L'élément `tmp_file` dans `$_FICHIERS` stocke le nom du fichier temporaire et l'emplacement afin que l'instruction suivante puisse déplacer le fichier vers l'emplacement désiré, ici `c:\data\nouveaufichier.txt` :

```
move_uploaded_file($_FICHIERS['user_file']['tmp_name'],
    'c:\data\nouveaufichier.txt');
```

Le répertoire de destination (ici `c:\data`) doit être créé avant d'y enregistrer le fichier. Cette instruction ne crée pas de répertoire de destination.

TRUC

Le chargement de fichiers peut soulever des problèmes de sécurité. Autoriser toute personne à charger des fichiers sur votre ordinateur est un risque, les fichiers malveillants sont possibles. Aussi devez-vous vérifier tous les facteurs à risque éventuels après le téléchargement des fichiers. Pour cela, exécutez des instructions conditionnelles pour vérifier certains critères comme le type de fichier et la taille. Dans certains cas, changez le nom de fichier afin que les utilisateurs ne puissent pas savoir où se trouvent leurs fichiers ou ceux qui sont appelés.

Rassembler le tout

Le Listing 11.3 est un exemple de script complet. Ce script affiche un formulaire à remplir pour les utilisateurs qui souhaitent charger un fichier image. Il enregistre ensuite le fichier chargé, puis affiche un message une fois le fichier correctement chargé. Ce script est conçu pour les fichiers images. Il teste donc le type de fichier. Toutefois, d'autres types de fichiers peuvent être chargés. Le formulaire affiché par ce script est représenté Figure 11.1.

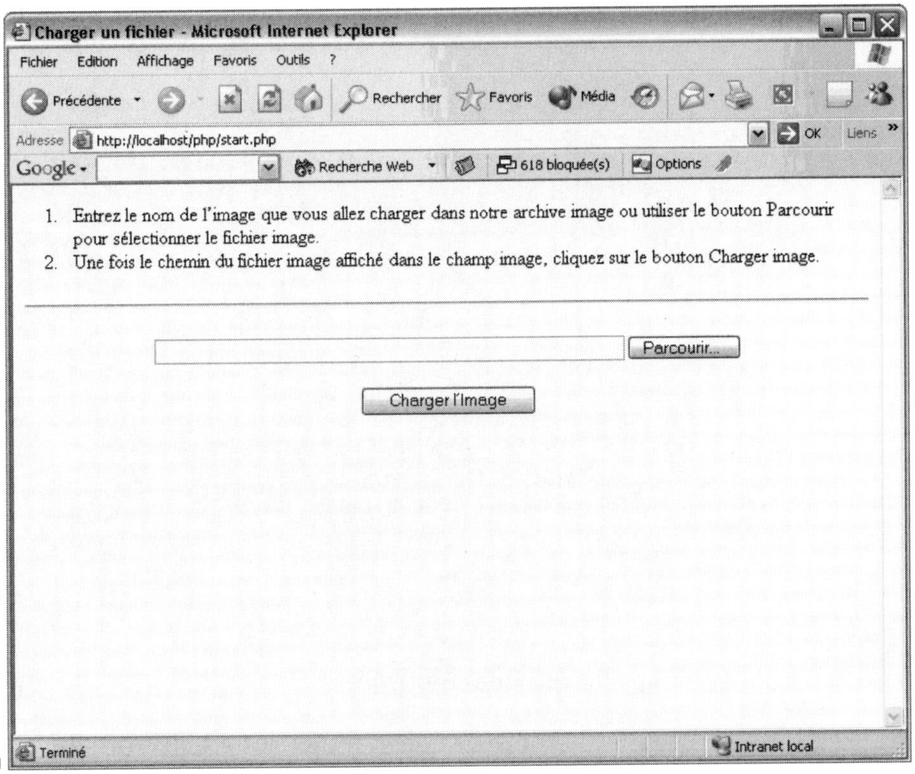

Figure 11.1 Un formulaire qui permet de charger un fichier image.

Listing 11.3 : Un script qui charge un fichier via un formulaire POST.

```
<?php
 /* Script name: chargeFichier.php
  * Description: Charge fichier via HTTP avec un formulaire POST.
  */
  if(!isset($_POST['Upload']))                              #5
  {
    include("form_upload.inc");
  } # endif
  else                                                      #9
  {
    if($_FICHIERS['pix']['tmp_name'] == "none")               #11
    {
      echo "<b>Echec du chargement de ce fichier. Vérifier sa
            taille. Fichier doit être inférieur à 500K.<br>";
      include("form_upload.inc");
      exit();
```

Listing 11.3 : Un script qui charge un fichier via un formulaire

```
    }
    if(!ereg("image",$_FICHIERS['pix']['type']))           #16
    {
      echo "<b>Ce n'est pas un fichier image. Essayez, svp, avec un autre
            fichier.</b><br>";
      include("form_upload.inc");
      exit();
    }
    else                                                   #23
    {
      $destination = 'c:\data'."\\".$_FICHIERS['pix']['name'];
      $temp_file = $_FICHIERS['pix']['tmp_name'];
      move_uploaded_file($temp_file,$destination);
      echo "<p><b>Ce fichier a été chargé correctement:</b>
            {$_FICHIERS['pix']['name']}
            ({$_FICHIERS['pix']['size']})</p>";
    }
  }
?>
```

Ce listing appelle quelques remarques :

- **Ligne 5** : Cette instruction `if` teste si le formulaire a été envoyé. S'il ne l'a pas été, le formulaire est affiché avec le fichier contenant le code du formulaire. Le fichier `include` est reproduit au Listing 11.4.
- **Ligne 9** : Début du bloc `else` qui s'exécute si le formulaire a été envoyé. Ce bloc comprend le reste du script et traite le formulaire envoyé et le fichier chargé.
- **Ligne 11** : Cette instruction `if` teste si le fichier a été correctement chargé. Si ce n'est pas le cas, un message d'erreur apparaît. Le formulaire est réaffiché.
- **Ligne 16** : Cette instruction `if` vérifie si le fichier chargé est de type image. Si ce n'est pas le cas, un message d'erreur apparaît et le formulaire est réaffiché.
- **Ligne 23** : Début d'un bloc `else` qui s'exécute si le fichier a été correctement chargé. Le fichier est déplacé vers sa destination finale. Un message apparaît indiquant que le fichier a été chargé.

Le Listing 11.4 représente le fichier `include` qui permet d'afficher le formulaire de chargement.

Listing 11.4 : Fichier `include` qui affiche le formulaire pour charger un fichier.

```
<!-- Script Name: form_upload.inc
     Description: Affiche le formulaire pour charger un fichier -->
<html>
<head><title> Charger un  fichier </title></head>
<body>
<ol><li>Entrez le nom de l'image que vous allez charger
        dans notre archive image ou utiliser le bouton Parcourir
        pour sélectionner le fichier image.</li>
    <li>Une fois le chemin du fichier image affiché dans le champ
        image, cliquez sur le bouton Charger image.</li>
</ol>
<div align="center"><hr>
<form enctype="multipart/form-data"
        action="uploadFile.php" method="POST">
  <input type="hidden" name="MAX_FILE_SIZE" value="500000">
  <input type="file" name="pix" size="60">
  <p><input type="submit" name="Upload"
        value="Charger l'Image">
</form>
</body></html>
```

Ce fichier ne contient pas de code PHP, mais du HTML.

Le formulaire qui permet aux utilisateurs de sélectionner le fichier à charger est représenté Figure 11.1. Le formulaire comporte un champ texte pour entrer un nom de fichier et un bouton Parcourir qui permet à l'utilisateur de rechercher le fichier et de le sélectionner.

Utiliser JavaScript avec PHP

Vous pouvez utiliser JavaScript dans votre page Web pour changer de page en fonction de la position du curseur de la souris ou d'un clic de souris. Vous pouvez modifier certaines informations affichées sur une page Web sans avoir à réafficher la page entière. Toutefois, vous ne pouvez pas réaliser entièrement ces effets avec PHP, car c'est un langage de programmation exclusivement côté serveur. Il ne sait pas ce qui se passe sur le PC de l'utilisateur. Il ne sait que ce qui se passe côté serveur. Si vous souhaitez modifier l'affichage d'une page Web sans renvoyer la page au serveur, vous allez devoir utiliser un langage de programmation côté client : JavaScript.

Les utilisateurs peuvent très bien désactiver JavaScript afin que leur navigateur n'exécute pas les instructions JavaScript. Votre application ne doit pas dépendre de JavaScript, à moins que vous ne soyez sûr et certain que vos visiteurs aient bien activé JavaScript dans leur navigateur.

Je n'aborderai pas le langage JavaScript, qui dépasse le cadre de ce livre. Je suppose que vous connaissez ou allez apprendre le code JavaScript. (Procurez-vous *JavaScript pour les Nuls* pour de plus amples informations.) Dans ce chapitre, je vais vous expliquer comment utiliser JavaScript dans un script PHP.

Ajouter du code JavaScript dans un script PHP

A l'instar du code HTML, le code JavaScript est compris et exécuté par le navigateur de l'utilisateur (côté client). Vous allez donc insérer du code JavaScript comme si vous ajoutiez du HTML dans un script PHP. Vous insérez du code JavaScript dans du HTML à l'aide de la balise HTML, comme suit :

```
<script language="JavaScript">
    JavaScript code
</script>
```

Tout comme le code HTML, le code JavaScript dans le code PHP est retourné via une instruction `echo`. Dans l'exemple suivant, les instructions envoient du JavaScript dans le navigateur :

```
<?php
  echo "<script language=\"JavaScript\">
          <!-
            document.write('Dernière mise à jour de cette page: '
              + document.lastModified + '<br>')
          // -->
        </script>";
?>
```

Lorsque le navigateur reçoit ces instructions, il les exécute et génère la sortie suivante :

```
Dernière mise à jour de cette page: 03/24/2003 12:01:47
```

Il s'agit de la date et de l'heure de la dernière modification du fichier contenant le script.

Vous pouvez utiliser les instructions JavaScript seules, en dehors des balises PHP, comme vous le faites avec du code HTML. Vous pouvez ajouter les instructions précédentes dans un fichier PHP sans recourir aux balises PHP ni à une instruction echo.

Utiliser des variables PHP avec JavaScript

Tout comme le HTML, vous pouvez utiliser des variables PHP avec du JavaScript. Vous pouvez ajouter la variable dans le code JavaScript. Ainsi, en reprenant l'exemple précédent, vous pouvez inclure une variable PHP comme suit :

```
<?php
  $string = "Dernière mise à jour de cette page: ";
  echo "<script language=\"JavaScript\">
          <!--
            document.write('$string'
              + document.lastModified + '<br>')
          // -->
        </script>";
?>
```

Le langage JavaScript utilise lui-même des variables. Vous pouvez définir une variable JavaScript dans la valeur d'une variable PHP. Par exemple :

```
<?php
  $string = "Dernière mise à jour de cette page: ";
  echo "<script language=\"JavaScript\">
          <!--
            var message = \"$string\";
            document.write( message
              + document.lastModified + '<br>')
          // -->
        </script>";
?>
```

Le code JavaScript ne sera pas exécuté avant qu'il ne soit interprété côté client par le navigateur. Les valeurs des variables JavaScript ne peuvent donc être passées aux variables PHP (le code PHP n'est plus disponible à ce moment). Pour ce faire, il faudra rappeler le code PHP et passer le contenu des variables JavaScript dans l'URL ou les strocker dans un cookie.

Chapitre 12

Stocker des données

Dans ce chapitre :

- Ecrire et lire des fichiers plats.
- Echanger des données entre PHP et d'autres programmes.
- Prendre en charge des bases de données dans PHP.
- Gérer les erreurs de connexion aux bases de données.

Bon nombre d'applications nécessitent un stockage d'informations à long terme. Dans PHP, vous pouvez donner accès à ces informations dans des *sessions*, temps que passent les utilisateurs sur votre site en utilisant les méthodes telles que les fonctions `session` PHP ou en envoyant des formulaires. Toutefois, vous allez sans doute stocker des informations dont vous aurez besoin le lendemain ou la semaine prochaine. Vous pouvez les stocker dans un *cookie* dont vous définirez un délai d'expiration après la fin de la session (voir Chapitre 11), mais ces informations restent vulnérables. Elles ne sont plus sous votre contrôle. L'utilisateur peut très bien les supprimer ou les modifier à tout moment, voire bloquer les cookies. Pour accéder à ces informations et les stabiliser, vous devez les stocker dans un endroit sécurisé inaccessible : un serveur.

Vous pouvez donc stocker ces informations sur le serveur dans des fichiers plats ou dans des bases de données. Les *fichiers plats* sont des fichiers texte stockés dans le système de fichiers. Ils sont lisibles pour les êtres humains en utilisant les commandes du système d'exploitation qui affichent ce type de fichier, comme `cat` dans Linux et Unix. Vous pouvez accéder à ces fichiers et les modifier avec n'importe quel éditeur de texte tel que le Bloc-notes ou vi. Les informations stockées dans un fichier plat sont comme des chaînes. Aussi, le script chargé de les récupérer doit-il connaître leur type de stockage. Par exemple, pour récupérer le nom d'un client dans un fichier, le script PHP doit savoir que ce nom est enregistré dans les 20 premiers caractères de chaque ligne.

L'utilisation d'une base de données implique l'installation et l'utilisation d'un logiciel de base de données tel que MySQL ou Oracle. Les données sont stockées dans des fichiers créés par le logiciel de base de données. Il est donc le seul à pouvoir y accéder. Les bases de données peuvent stocker des informations très complexes que vous récupérez facilement. Vous n'avez pas besoin de connaître le type d'enregistrement, il vous suffit de savoir utiliser le logiciel de base de données. Par exemple, pour récupérer le nom d'un client, le script PHP doit savoir comment demander au logiciel de la base de données le nom du client à l'aide d'un langage de communication standard SQL. Le logiciel de base de données gère le stockage et délivre les données.

Les fichiers plats présentent quelques avantages par rapport aux bases de données. Ils sont :

- **Accessibles et flexibles** : Vous pouvez créer et enregistrer des données dans n'importe quel système de fichiers de système d'exploitation. Vous n'avez pas besoin d'installer de logiciel supplémentaire. De plus, les données texte stockées dans les fichiers plats peuvent être lues par divers programmes comme les traitements de texte et les tableurs.

- **Faciles d'emploi** : Vous n'avez pas besoin d'effectuer de préparation supplémentaire comme installer un logiciel de base de données, concevoir une base de données, créer une base de données, etc. Il vous suffit de créer un fichier et de stocker les données avec les instructions dans le script PHP.

- **Plus petits** : Les fichiers plats stockent les données en occupant moins d'espace disque que les bases de données.

En résumé, un fichier plat est plus rapide et facile d'emploi. Il occupe moins d'espace disque qu'une base de données. Il est la solution idéale pour stocker de petites quantités d'informations comme une simple liste ou des blocs d'informations. Les fichiers plats sont particulièrement utiles pour accéder aux données via d'autres programmes, comme un éditeur ou un tableur. Les personnes qui ont accès au répertoire de la machine peuvent accéder aux fichiers plats. Ils sont donc d'autant plus utiles lorsque les informations doivent être partagées par plusieurs personnes.

Les bases de données ont leurs propres avantages :

- **Sécurité** : Une base de données comporte une couche de sécurité, en plus de celle fournie par le système d'exploitation. Une base de données protège mieux les données d'intrusions que les fichiers plats.

- **Accessibilité des données** : Vous stockez vos données dans une base de données à l'aide d'une structure très complexe, en spécifiant les types de données et leurs relations. L'organisation des données en facilite la recherche et la récupération.

- **Possibilité de gérer plusieurs utilisateurs** : Lorsque de nombreux utilisateurs stockent ou accèdent aux données d'un seul fichier, comme un fichier contenant des noms et adresses, une base de données garantit qu'ils auront accès chacun à leur tour au fichier afin d'éviter tout écrasement des données des autres utilisateurs.

En résumé, les bases de données demandent plus de travail et occupent plus d'espace disque que les fichiers plats, mais elles conviennent mieux à la gestion d'informations complexes. Une base de données gère l'organisation interne des données, facilitant ainsi leur récupération. Elle offre également davantage de sécurité et gère mieux des informations confidentielles et sensibles. Enfin, une base de données gère plus facilement et plus efficacement un trafic élevé lorsque les utilisateurs essaient d'accéder aux données quasiment en même temps.

Dans PHP 5, SQLite, extension de stockage des données qui combine les principaux avantages des fichiers plats et des bases de données, est inclus par défaut. SQLite stocke les données dans un fichier plat, vous n'avez donc pas besoin d'installer un logiciel de gestion de base de données. Vous utilisez SQL, le langage de communication standard des bases de données. SQLite est une bonne solution pour stocker et récupérer de petites quantités d'informations dans un fichier plat, mais il est déconseillé pour gérer des bases de données importantes et compliquées.

Fichier plat

Les fichiers plats sont faciles d'emploi, plus simples que les bases de données. Vous n'avez pas besoin de logiciel. Il vous suffit d'utiliser des instructions PHP pour lire ou écrire dans le fichier.

L'utilisation d'un fichier plat s'effectue en trois étapes :

1. **Ouvrir le fichier.**

2. **Ecrire les données dans le fichier ou les récupérer.**

3. **Fermer le fichier.**

Ces trois étapes sont développées en détail dans les sections suivantes.

Accéder aux fichiers

La première étape, avant d'écrire ou de lire des informations dans un fichier, consiste à ouvrir le fichier. L'instruction qui vous permet de le faire épouse la syntaxe suivante :

```
$fh = fopen("nomfichier","mode")
```

La variable `$fh` est utilisée dans l'instruction qui écrit ou lit les données dans le fichier, de telle sorte que PHP sait quel fichier ouvrir ou lire. `$fh` contient les informations qui identifient l'emplacement du fichier ouvert.

Vous devez utiliser un mode pour indiquer à PHP ce que vous comptez faire du fichier. Le Tableau 12.1 présente la liste des modes que vous pouvez utiliser.

Tableau 12.1 : Modes d'ouverture d'un fichier.

Mode	Ce qu'il fait	Ce qui se passe si le fichier n'existe pas
`f`	Lecture seule	Un message d'avertissement apparaît.
`r+`	Lecture et écriture	Un message d'avertissement apparaît.
`w`	Ecriture seule	Essaie de créer un fichier. Si le fichier existe, l'écrase.
`w+`	Lecture et écriture	Essaie de créer un fichier. Si le fichier existe, l'écrase.
`a`	Ajoute des données à la fin du fichier	Essaie de créer un fichier.
`a+`	Lecture et ajout	Essaie de créer un fichier.

Le nom de fichier peut être un simple nom de fichier (`nomfichier.txt`), un chemin vers ce fichier (`c:/data/nomfichier.txt`) ou une URL (`http://votre-site.com/nomfichier.text`).

Ouvrir des fichiers en mode Lecture

Vous pouvez ouvrir le fichier `fichier1.txt` pour lire les informations qu'il contient à l'aide de l'instruction suivante :

```
$fh = fopen("fichier1.txt","r");
```

Selon cette instruction, PHP recherche `fichier1.txt` dans le répertoire où se trouve le script PHP. S'il ne trouve pas le fichier, un message d'avertissement, identique à celui ci-dessous, peut ou non être affiché, en fonction du niveau d'erreur défini, comme vous l'avez appris au Chapitre 4 :

```
Warning: fopen(file1.txt): failed to open stream: No such file or directory in
d:\test2.php on line 15
```

N'oubliez pas qu'un message d'avertissement n'arrête pas l'exécution du script. Le script poursuit son exécution, mais le fichier ne s'ouvre pas. Les instructions qui lisent et écrivent dans le fichier ne seront donc pas exécutées.

Votre script doit s'arrêter, si le fichier ne s'ouvre pas. Pour cela, exécutez une instruction `die`, comme suit :

```
$fh = fopen("fichier1.txt","r")
        or die("ne peut ouvrir le fichier");
```

Comme je vous l'ai expliqué au Chapitre 8, l'instruction `die` arrête le script et affiche un message spécifié.

Ouvrir des fichiers en mode Ecriture

Vous pouvez ouvrir un fichier dans un répertoire donné pour stocker des informations à l'aide de l'instruction :

```
$fh = fopen("c:/testdir/fichier1.txt","w");
```

Si le fichier n'existe pas, il est créé dans le répertoire indiqué. Toutefois, si ce répertoire n'existe pas, il n'est pas créé et un message d'avertissement est affiché. (Vous devez créer le répertoire avant d'écrire dans un fichier de ce répertoire.)

Pour déterminer si le répertoire existe, lancez les instructions :

```
If(is_dir("c:/tester"))
{
    $fh = fopen("c:/testdir/fichier1.txt","w");
}
```

L'instruction `fopen` ne s'exécute dans cet exemple que si le répertoire est créé.

Ouvrir des fichiers sur un autre site Web

Vous pouvez également ouvrir un fichier sur un autre site Web à l'aide de l'instruction :

```
$fh = fopen("http://janet.valade.com/index.html","r");
```

Vous pouvez passer par l'URL uniquement en mode Lecture et non en mode Ecriture.

Fermer un fichier

Pour fermer un fichier, exécutez l'instruction suivante :

```
fclose($fh);
```

Dans cette instruction, `$fh` est la variable de traitement de fichier que vous avez créée pour ouvrir le fichier.

Ecrire dans un fichier

Une fois le fichier ouvert, vous allez écrire dedans à l'aide de l'instruction `fwrite` dont la syntaxe est :

```
fwrite($fh,donnéesàenregistrer);
```

Dans cette instruction, `$fh` est le fichier de traitement que vous avez créé pour ouvrir le fichier et *`donnéesàenregistrer`* les informations à stocker dans ce fichier. Ces informations peuvent être une chaîne ou une variable. Par exemple :

```
$today = date("Y-m-d");
$fh = fopen("fichier2.txt","a");
fwrite($fh,$today);
fclose($fh);
```

Ces instructions stockent la date en cours dans un fichier nommé fichier2.txt. Notez que ce fichier est ouvert en mode Ajout. Si le fichier n'existe pas, il est créé. La date sera alors écrite à la première ligne. Si le fichier existe, les données sont ajoutées à la fin du fichier. Vous pouvez ainsi créer un fichier journal qui stocke la liste des dates d'exécution du script. L'instruction `fwrite` enregistre ce que vous envoyez. A la deuxième exécution de ces instructions, fichier2.txt contiendra :

```
2003-04-222003-04-22
```

Pour stocker les deux dates sur des lignes séparées, exécutez l'instruction `fwrite` ci-dessous :

```
fwrite($fh,$today"\n");
```

`fichier2.txt` contient maintenant :

```
2003-04-22
2003-04-22
```

Ouvrez le fichier en mode `a`, si vous comptez y ajouter des informations. En mode Ecriture, le fichier est écrasé à chaque ouverture.

Lire un fichier

Vous pouvez lire un fichier à l'aide de l'instruction `fgets` dont la syntaxe est :

```
$ligne = fgets($fh)
```

Dans cette instruction, `$fh` comporte le pointeur qui permet d'ouvrir le fichier. L'instruction lit une chaîne jusqu'à ce qu'elle atteigne la fin de la ligne ou la fin du fichier. Elle stocke la chaîne dans `$ligne`. Pour lire tout un fichier, vous devez en lire toutes les lignes. La fonction PHP `feof` indique la fin du fichier. Les instructions suivantes lisent et affichent toutes les lignes dans le fichier :

```
while(!feof($fh))
{
   $ligne = fgets($fh);
   echo "$ligne;
}
```

A la première ligne, `fcof($fh)` retourne `TRUE` lorsque PHP atteint la fin du fichier. Le point d'exclamation indique que la condition à vérifier est négative. Aussi l'instruction poursuit-elle son exécution tant qu'elle n'a pas atteint la fin du fichier. Lorsqu'elle atteint la fin du fichier, l'instruction `while` s'arrête.

Si vous utilisez ces instructions pour lire le fichier journal de la section précédente, vous obtenez la sortie suivante :

```
2003-04-22
2003-04-22
```

Comme vous pouvez le constater, une nouvelle ligne de caractères est ajoutée à la lecture de cette ligne. Dans certains cas, vous ne souhaiterez pas voir apparaître de nouvelle ligne. Vous la supprimerez à l'aide des instructions suivantes :

```
while(!feof($fh))
{
   $line = rtrim(fgets($fh));
   echo "$ligne;
}
```

La fonction `rtrim` supprime tous les espaces vides ainsi que la nouvelle ligne de caractères. La sortie de ces instructions sera alors :

```
2003-04-222003-04-22
```

Lire des fichiers bloc par bloc

Dans bien des cas, vous ne souhaiterez lire que des chaînes d'un fichier. Pour cela, vous indiquerez à `fgets` de lire un certain nombre de caractères à l'aide de l'instruction suivante :

```
$ligne = fgets($fh,n)
```

Cette instruction indique à PHP de lire une chaîne de `n-1` caractères sur une ligne ou jusqu'à la fin du fichier.

Par exemple, les instructions ci-dessous :

```
while(!feof($fh))
{
   $char4 = fgets($fh,5);
   echo "$char4\n";
}
```

ne lisent que des chaînes de quatre caractères dans tout le fichier et génèrent la sortie suivante :

```
2003-
-04-
22

2003
-04-
22
```

Notez la présence d'une nouvelle ligne à la fin de chaque ligne lue du fichier.

Lire un fichier dans un tableau

Pour lire un fichier dans un tableau, exécutez les instructions suivantes :

```
$fh = fopen("fichier2.txt","r");
while(!feof($fh))
{
   $content[] = fgets($fh);
}
fclose($fh);
```

Le résultat est le tableau `$content` dont chaque élément correspond à une ligne du fichier. Les clés du tableau sont des nombres.

PHP comporte une fonction raccourcie pour ouvrir et fermer tout le contenu d'un tableau. L'instruction ci-dessous produit le même résultat que les cinq lignes précédentes :

```
$content = file("fichier2.txt");
```

L'instruction ouvre le `fichier2.txt`, place chaque ligne dans une cellule du tableau `$content`, puis ferme le fichier.

N'OUBLIEZ PAS

La fonction `file` peut ralentir l'exécution du script, si le fichier que vous souhaitez ouvrir est volumineux. Tout dépend de l'espace mémoire dont vous disposez. Si l'exécution du script vous paraît ralentie, essayez de lire le fichier avec `fgets` et non `file` pour accélérer l'exécution du script.

Vous pouvez indiquer à la fonction `file` d'ouvrir automatiquement des fichiers dans le répertoire `include` (voir Chapitre 8) à l'aide de l'instruction suivante :

```
$content = file("fichier2.txt",1);
```

`1` indique à PHP de rechercher le `fichier2.txt` dans le répertoire `include` et non dans le répertoire en cours d'utilisation.

Lire un fichier dans une chaîne

Vous allez sans doute placer tout le contenu d'un fichier dans une longue chaîne, pour pouvoir l'envoyer dans un message électronique par exemple. PHP comporte une fonction qui vous le permet :

```
$content = file_get_contents("file2.txt",1);
```

La fonction `file_get_contents` fonctionne comme la fonction `file`, excepté qu'elle place tout le contenu d'un fichier dans une chaîne et non dans un tableau. L'instruction exécutée, vous retournez `$content` comme suit :

```
echo $content;
```

dont la sortie sera :

```
2003-04-22
2003-04-22
```

La sortie apparaît sur deux lignes distinctes, car la fin des lignes de caractères est lue et stockée comme faisant partie de la chaîne. Lorsque vous retournez la chaîne, vous retournez aussi la fin de la ligne de caractères, ce qui génère une nouvelle ligne.

La fonction `file_get_contents` date de la version 4.3.0 de PHP. Elle n'est pas incluse dans les versions antérieures.

Echanger des données avec d'autres programmes

Les fichiers plats sont particulièrement utiles pour transmettre des informations à d'autres programmes ou pour lire dans PHP des données provenant d'autres programmes. Pratiquement tous les logiciels peuvent lire ou écrire des données dans des fichiers plats. Votre traitement de texte, par exemple, enregistre vos documents dans son propre format que lui seul peut comprendre. Toutefois, vous pouvez enregistrer le document au format texte. Le document texte est un fichier plat qui contient du texte que peuvent lire d'autres logiciels. Votre traitement de texte peut lire ce fichier texte, même si son contenu a été écrit par un autre logiciel.

Lorsque le script PHP enregistre des informations dans un fichier texte, celles-ci peuvent être lues par n'importe quel logiciel qui a les capacités de lire des fichiers texte. Cependant, certains logiciels exigent un format spécifique. Une application de carnet d'adresses peut lire par exemple des données d'un fichier plat, mais nécessite que ces informations épousent des conventions spécifiées, comme les 20 premiers caractères d'une ligne correspondent au nom et les 20 caractères suivants aux adresses, etc. Vous devez connaître le format que requiert le logiciel pour lire un fichier plat. Ecrivez ensuite le fichier plat dans le script PHP en respectant les conventions de format à l'aide des instructions `fwrite` présentées dans la section "Ecrire dans un fichier" ci-avant dans ce chapitre.

Un fichier CSV (*comma separed values*, littéralement fichier séparé par une virgule) est un format standard pour transférer des informations d'un programme à l'autre. Il permet de transférer des informations qui peuvent être organisées en table, en lignes et en colonnes. Les tableurs sont lus et écrits dans des fichiers CSV. Un fichier CVS permet également de transférer des données entre différents logiciels de bases de données tels que MySQL et Microsoft Access.

La structure d'un fichier CSV est composée de toutes les lignes d'une table sur une ligne du fichier et les colonnes sur une autre ligne, séparées par une virgule. Par exemple, un carnet d'adresses se présentera sous forme d'un fichier CSV comme suit :

```
Jean Sourit,10 rue Avenir.,Paris,IDF,75750
Marie Paul,56 rue des Oiseaux.,Paris,IDF,11111
Louis Rale,12 rue Elmer.,Paris,TX,88888
```

Excel lira ce fichier dans une table de cinq colonnes. La virgule indique la fin d'une colonne et le début d'une autre. Outlook peut également lire ce fichier dans le carnet d'adresses, ainsi que bien d'autres programmes.

Les instructions suivantes créent le fichier CSV :

```
$address[] = "Jean Sourit,10 rue Avenir.,Paris,IDF,75750";
$address[] = "Marie Paul,56 rue des oiseaux.,Paris,IDF,11111";
$address[] = "Louis Rale,12 rue Elmer.,Paris,TX,88888";
$fh = fopen("carnetadresse.txt","a");
for ($i=0;$i<3;$i++)
{
  fwrite($fh,$address[$i]."\n");
}
fclose($fh);
```

PHP peut lire le fichier CSV avec les fonctions `file` ou `fgets` présentées dans la section "Lire un fichier dans un tableau". Toutefois, il comporte une fonction nommée `fgetcsv` spécifiquement dédiée à cette tâche. Si vous faites appel à cette fonction, la ligne est stockée dans un tableau, dont chaque entrée de colonne correspond à un élément du tableau. Vous pouvez ainsi utiliser cette fonction pour lire la première ligne du fichier CSV carnet d'adresses, comme suit :

```
$address = fgetcsv($fh,1000);
```

Dans cette instruction, `$fh` correspond au traitement du fichier et 1000 au nombre de caractères à lire. Pour lire toute une ligne, précisez un nombre de caractères supérieur à la ligne la plus longue. L'exécution de cette instruction produit le tableau suivant :

```
$address[0] = Jean Sourit
$address[1] = 10 rue Avenir.
```

```
$address[2] = Paris
$address[3] = IDF
$address[4] = 75750
```

Le fichier CSV fonctionne aussi bien pour transférer des données dans de nombreuses applications. Toutefois, si une virgule fait partie d'une donnée, les virgules ne serviront pas à séparer les colonnes. Supposez par exemple que l'une des lignes soit :

```
Pierre Compagnie, Inc.,12 rue Avenir.,Paris,IDF,75750
```

La virgule dans le nom de l'entreprise divisera celui-ci en deux colonnes : Pierre Compagnie dans la première et Inc. dans la seconde, soit six colonnes au lieu de cinq. Si les données comportent une virgule, vous devrez utiliser un autre caractère (on utilise généralement des tabulations pour séparer des colonnes). Ce type de fichier est appelé *fichier TSV*. Vous pouvez écrire un fichier TSV en insérant `"\t"` dans le fichier de sortie à la place de la virgule.

Pour lire un fichier contenant des tabulations, spécifiez le séparateur de colonnes dans l'instruction, comme suit :

```
$address = fgetcsv($fh,1000,"\t");
```

Vous pouvez bien évidemment utiliser d'autres caractères pour séparer les colonnes.

Le script repris au Listing 12.1 contient une fonction qui convertit tout fichier CSV en fichier TSV.

Listing 12.1 : Script qui convertit un fichier CSV en fichier TSV.

```
<?php
 /* Script name: Convertir
  * Description: Lit un fichier CSV file et retourne
  * un fichier TSV. Le fichier CSV doit avoir une
  * extension CSV.
  */
  $monfichier = "test";                          #7
  function convert($nomfichier)                   #8
  {
    if(@$fh_in = fopen("{$nomfichier}.csv","r"))  #10
    {
```

Listing 12.1 : Script qui convertit un fichier CSV en fichier

```
      $fh_out = fopen("{$nomfichier}.tsv","a");        #12
      while(!feof($fh_in))                            #13
      {
        $ligne = fgetcsv($fh_in,1024);                 #15
        if($ligne[0] == "")                            #16
        {
          fwrite($fh_out,"\n");
        }
        else {                                        #20
          fwrite($fh_out,implode($ligne,"\t")."\n"); #21
        }
      }
      fclose($fh_in);
      fclose($fh_out);
    }
    else {                                            #27
      echo "Ce fichier n'existe pas\n";
      return FALSE;
    }
    echo "Conversion terminée!\n";
    return TRUE;                                      #32
  }
  convert($monfichier);                                 #34
?>
```

Notez que dans le Listing 12.1 :

- **Ligne 7** : Cette ligne définit le nom de fichier à tester.
- **Ligne 8** : Cette ligne définit une fonction nommée `convert()` qui comporte un seul paramètre, `$nomfichier`.
- **Ligne 10** : Cette ligne ouvre un fichier dont le nom de fichier est transmis à la fonction avec une extension `.csv`. Ce fichier est ouvert en mode Lecture. Si le fichier est ouvert, les instructions de conversion dans le bloc `if` sont exécutées. Si le fichier n'est pas trouvé, le début du bloc `else` à la ligne 27 est exécuté.
- **Ligne 12** : Cette ligne ouvre un fichier dont le nom de fichier est transmis à la fonction avec une extension `.tsv`. Le fichier est ouvert en mode Ajout. Le fichier se trouve dans le répertoire en cours d'utilisation dans le script. Si le fichier se trouve dans un autre répertoire dans lequel vous pensez qu'il risque ne pas s'ouvrir en mode Ecriture, l'instruction `if` est

exécutée ici pour tester le fichier ouvert et effectuer quelque action s'il ne s'ouvre pas.

- **Ligne 13** : Cette ligne lance une boucle `while` qui se poursuit à la fin du fichier.
- **Ligne 15** : Cette instruction lit une ligne dans le fichier d'entrée du tableau `$ligne`. Chaque entrée de colonne est stockée dans un élément du tableau.
- **Ligne 16** : Cette instruction vérifie si la ligne du fichier d'entrée contient du texte. Si elle n'en contient pas, une nouvelle ligne de caractères est stockée dans le fichier de sortie. Par conséquent, les lignes vides du fichier d'entrée sont stockées dans le fichier de sortie.
- **Ligne 20** : Si la ligne dans le fichier d'entrée n'est pas vide, elle est convertie au format TSV et écrite dans le fichier de sortie.
- **Ligne 21** : Cette instruction convertit la ligne et l'écrit dans le fichier de sortie dans une seule instruction. La fonction `implode` convertit le tableau `$ligne` en chaîne, dont les éléments sont séparés par des tabulations.
- **Ligne 27** : Ce bloc `else` est exécuté si le fichier d'entrée n'est pas trouvé. Un message d'erreur est retourné et la fonction vaut `FALSE`.
- **Ligne 32** : La fonction a terminé avec succès, elle retourne `TRUE`.
- **Ligne 34** : Cette ligne fait appel à la fonction, passant celle-ci en paramètre dans la variable `$monfichier`.

Bases de données

Pour mieux protéger des données plus complexes et gérer l'accès à ces données de beaucoup d'utilisateurs, une base données s'avère être une meilleure solution de stockage qu'un fichier plat. Aussi, si vous connaissez et utilisez un logiciel de base de données, l'utilisation d'une base de données n'en sera que plus simple.

Logiciel de base de données

Une *base de données* est un fichier électronique qui stocke des informations de manière structurée afin que vous puissiez les trouver quand vous en avez besoin. Une base de données peut être petite et avoir une structure simple pour stocker des adresses et des numéros de téléphone ou énorme et présenter une structure complexe comme celle d'Amazon qui contient toutes ses données.

D'un point de vue technique, le terme *base de données* fait référence à un fichier ou à un groupe de fichiers qui contient les données. Vous accédez à ces données à l'aide d'un ensemble de programmes appelé *système de gestion de bases de données* (SGBD). Quasiment tous les SGBD sont actuellement des systèmes de gestion de bases de données relationnelles (SGBDR), dans lesquels les données sont organisées et stockées dans un jeu de tables apparentées.

La prise en charge de bon nombre des SGBD de PHP en constitue la puissance. PHP supporte plus d'une vingtaine de bases de données, des plus connues au moins répandues, dont :

- IBM DB2
- Informix
- Ingres
- Microsoft SQL Server (MS SQL)
- mSQL
- MySQL
- Oracle
- PostgreSQL
- Sybase

En outre, PHP prend en charge le standard ODBC (Open Database Connectivity), une méthode d'accès aux bases de données standard développée par Microsoft. De nombreux SGBD comprennent ODBC, notamment les SGBD Windows. Avec la prise en charge ODBC de PHP, vous pouvez accéder à bon nombre de bases de données qui ne sont pas spécialement supportées, comme DB2 ou Access. ODBC vous permet également d'accéder à plusieurs bases de données avec le même code. Pour communiquer avec une base de données à l'aide de ODBC, les bases de données doivent avoir ODBC installé. Reportez-vous à la documentation de votre base de données pour savoir comment installer la prise en charge ODBC de votre base de données.

Si vous avez installé une base de données et savez l'utiliser, vous allez sans aucun doute stocker et récupérer des données dans cette base avec des scripts PHP. Si vous n'avez pas de base de données, choisissez-en une. Sélectionner et installer une base de données se fait indépendamment de PHP. Installez la base de données, vérifiez son bon fonctionnement et apprenez à l'utiliser.

Vous choisirez un SGBDR en fonction de vos besoins. Recherchez les options et sélectionnez celui qui correspond le mieux à vos besoins. Considérez les critères suivants :

- **Le prix** : Le prix d'un SGBDR est variable, de gratuit à des milliers d'euros. MySQL, mSQL et PostgreSQL sont des logiciels open source ; autrement dit, ils sont gratuits. D'autres, comme Sybase, MS SQL Server et Oracle, sont des logiciels commerciaux dont le prix peut passer d'assez raisonnable à astronomique.

- **Fonctionnalités** : Les fonctionnalités proposées varient selon le SGBDR que vous aurez choisi. mSQL comporte un petit jeu de fonctionnalités qui peut être suffisant. En revanche, Oracle peut tout faire, même conduire votre voiture ! En général, plus un SGBDR comporte de fonctionnalités, plus il nécessite de ressources et plus son prix est élevé. Par conséquent, n'installez pas tout un énorme ensemble de fonctionnalités dont vous n'avez pas besoin.

- **Ressources** : Certains SGBDR requièrent plus de ressources, d'espace disque et de mémoire que les autres. mSQL et MySQL sont des systèmes légers, nécessitant une petite surcharge. En revanche, Oracle peut consommer beaucoup de ressources en fonction des produits et des outils que vous avez installés.

- **Support technique** : Les logiciels open source et commerciaux fournissent différents supports :

  - **Commerciaux** : Les logiciels commerciaux fournissent un support technique. Certains clients peuvent payer ce support technique ou attendre des heures au téléphone. En général, ces entreprises répondent aux questions et aident au dépannage.

  - **Open source** : Les logiciels open source ne mettent pas à disposition de support technique par téléphone. C'est la communauté des utili-

> sateurs qui s'en charge. Vous trouverez de nombreux forums de discussion qui mettent en relation les utilisateurs ayant besoin d'aide et ceux qui peuvent les aider. Une simple question postée sur un forum peut recevoir une réponse bien plus rapide que celle fournie par l'assistance téléphonique des logiciels commerciaux.

Une fois que vous avez choisi votre logiciel de base de données, installez-le et testez-le. Vous devrez concevoir et créer une base de données à laquelle vous pourrez accéder via un script PHP. En règle générale, une base de données se compose de deux parties : une structure, qui contient les données, et les données elles-mêmes.

La structure comporte la base de données et les tables dans la base de données qui contiennent les données. Vous devez concevoir la structure de la base de données avant de stocker quoi que ce soit. Les tables SGBDR sont organisées comme les autres tables, en colonnes et en lignes. Supposez par exemple que vous mettiez en ligne un catalogue présentant tous vos produits afin que les visiteurs puissent les voir et passer leurs commandes. Vous allez créer une base de données appelée `Catalogue` dans laquelle vous créerez une table nommée `Produits` qui contiendra tous vos produits. Chaque ligne de la table `Produits` présentera un produit. Les colonnes de la ligne comporteront les informations sur chaque produit. Par exemple, si le produit est un vêtement, chaque ligne de la table contiendra des informations sur chaque vêtement que vous vendez. Les colonnes comporteront par exemple la désignation du vêtement (robe, pantalon, chemise, etc.), sa description, sa taille, sa couleur, etc.

Lorsque vous créez une table, donnez un nom à chaque colonne, appelé *nom de champ*. Dans la table `Produits`, nommez les colonnes comme suit :

- Type
- Description
- Taille
- Couleur
- Prix

Votre base de données peut contenir plusieurs autres tables telles qu'une table sur le prix de la livraison et une autre sur le montant de la TVA.

Outre la conception et la création d'une base de données, vous devez vous informer sur la sécurité des SGBDR. Les bases de données présentent l'avantage de protéger les données à un certain niveau de sécurité, mais ce dernier complique le stockage et la récupération des données. N'importe qui ne peut pas accéder à une base de données. Aussi, avant d'utiliser la base de données, allez-vous créer un compte d'utilisateur et un mot de passe valides. Si vous utilisez une base de données d'un hébergeur, demandez un compte d'utilisateur et un mot de passe. Si vous installez une base de données, vous devez administrer vous-même les comptes.

Une fois la structure de la base de données créée, ajoutez des données dans les tables et récupérez les données. PHP vous permet de le faire très facilement.

La prise en charge des bases de données de PHP

PHP communique avec les bases de données avec des fonctions spécifiquement conçues pour interagir avec elles. Il inclut un jeu de fonctions pour chacune des bases de données qu'il prend en charge. Pour communiquer avec MySQL 4.0 et les versions antérieures, vous utiliserez des fonctions telles que `mysql_connect()` et `mysql_query()` ; pour communiquer avec MySQL 4.1 ou les versions suivantes, vous utiliserez des fonctions de type `mysqli_connect()` et `mysqli_query()`. Pour communiquer avec Sybase, les fonctions que vous utiliserez seront de type `sybase_connect()` et `sybase_query()`.

Par défaut, PHP inclut la prise en charge de ODBC. Pour utiliser d'autres bases de données, ajoutez la prise en charge de cette base. Si vous passez par un hébergeur, demandez à son personnel de vous fournir la prise en charge de la base de données. Si vous faites tourner votre site Web sur votre propre ordinateur, ajoutez la prise en charge de la base de données dans PHP. Pour cela, utilisez l'une des méthodes présentées dans les sections suivantes.

Configurer la prise en charge d'une base de données dans Unix/Linux/Mac

La prise en charge d'une base de données est une option d'installation incluse dans les étapes de l'installation. Reportez-vous à l'Annexe A de ce livre. Par exemple, pour inclure la prise en charge de mSQL, vous allez insérer les options en ligne de commande suivantes lors de l'installation :

```
./configure --with-msql=/usr/msql
```

Le Tableau 12.2 présente quelques options d'installation. Si la base de données est installée dans un emplacement par défaut, vous n'avez pas besoin d'inclure le paramètre `DIR`. Vous pouvez utiliser l'option sans paramètre, comme suit :

```
./configure --with-msql
```

Tableau 12.2 : Options d'installation de bases de données PHP.

Base de données	Options d'installation	Paramètre DIR par défaut
IBM DB2	with-ibm-db2=DIR	/home/db2inst1/sqllib
Informix	with_informix=DIR	Pas de paramètre par défaut
Ingres II	with_ingres	/ll/ingres
Msql	with_msql=DIR	/usr/local/Hugues
MySQL 4.0 ou précédente	with-mysql=DIR	/usr/local/mysql
MySQL 4.1 ou ultérieure	with-msqli=DIR	Pas de paramètre par défaut. DIR doit être le chemin du fichier mysql_config qui est installé avec MySQL 4.1 ou supérieure
Oracle 7 ou version plus récente	with-oci8	Le paramètre DIR par défaut est contenu dans la variable environnementale ORACLE_HOME
Version antérieure à Oracle	with-oracle=DIR	Le paramètre DIR par défaut est contenu dans la variable environnementale ORACLE_HOME
PostgreSQL	with-pgsql=DIR	/usr/local/pgsql
Sybase	with-sybase=DIR	/home/sybase
Sybase-CT	with-sybase-ct=DIR	/home/sybase

Une fois que vous avez compilé PHP avec l'option d'installation, vérifiez si la prise en charge de la base de données a été correctement activée à l'aide de la fonction phpinfo. La prise en charge et les paramètres de la base de données apparaissent dans la sortie de phpinfo.

Configurer la prise en charge d'une base de données dans Windows

Pour activer la prise en charge d'une base de données dans Windows, vous allez :

1. **Copier le fichier dll (Dynamic Link Library) de la base de données dans le répertoire système.**

2. **Activer la prise en charge de la base de données.**

Vous utiliserez ensuite la fonction `phpinfo` pour vérifier si la prise en charge de la base de données a bien été activée. Les informations et les paramètres de la base de données apparaissent dans la sortie de `phpinfo`.

Copier le fichier dll

Les dll sont inclus dans le fichier zip que vous avez téléchargé sur le site Web PHP. Reportez-vous à l'Annexe A pour savoir comment télécharger et installer manuellement PHP depuis le fichier zip. Une fois PHP installé, vous trouverez le répertoire nommé `extensions` dans le répertoire d'installation de PHP. Ce répertoire contient le dll de la base de données. Son chemin devrait être du type `c:\php\extensions`.

Copiez le dll dont vous avez besoin dans le répertoire système, lequel est `windows\system` (98/ME), `winnt\system32` (NT/2000) ou `windows\system32` (XP). Par exemple, pour ajouter la prise en charge de PostgreSQL de PHP dans Windows 2000, vous allez copier `c:\php\extensions\php_pgsql.dll` dans `c:\winnt\system32\php_pgsql.dll`.

Si vous passez par le programme d'installation de PHP, les dll de la base de données ne seront pas téléchargées. Téléchargez le fichier zip d'installation de PHP. Ouvrez ensuite le fichier, recherchez le fichier dll approprié et copiez-le dans le répertoire système.

Activer la prise en charge de la base de données

Vous allez activer la prise en charge de la base de données dans le fichier `php.ini`. Recherchez une liste d'instructions de type :

```
;extension=php_pgsql.dll
;extension=php_msql.dll
```

Cette liste comprend une instruction pour chaque base de données prise en charge. Notez le point-virgule au début de chaque ligne. Ce point-virgule est un caractère de commentaires dans le fichier `php.ini`. Ces instructions figurent de commentaire dans cette liste et ne sont donc pas activées. Recherchez l'instruction de prise en charge de votre base de données et supprimez le point-virgule pour activer la prise en charge :

```
extension=php_pgsql.dll
```

Cette instruction active la prise en charge de PostgreSQL. Après avoir enregistré le fichier php.ini, relancez le serveur Web, si nécessaire, pour valider vos modifications.

Si vous activez la ligne de la prise en charge de la base de données dans php.ini, mais n'avez pas copié le fichier dll dans le répertoire système, vous verrez apparaître un message d'erreur semblable à celui-ci :

```
Unknown(): Unable to load dynamic library 'php_pgsql.dll'. The specified
module could not be found.
```

Si vous suivez correctement ces deux étapes (copier le fichier dll dans le répertoire système et activer correctement la ligne dans php.ini), mais que le logiciel de base de données n'est pas installé, vous verrez apparaître un message d'erreur semblable à celui-ci :

```
The dynamic link library msql.dll could not be found in the specified path
```

N'OUBLIEZ PAS

Utilisateurs de MS SQL : Vous devez impérativement installer aussi bien les outils MS SQL Server Client que le serveur de la base de données. Microsoft fournit ces outils sur le CD.

N'OUBLIEZ PAS

Utilisateurs de MySQL : Vérifiez que vous avez utilisé le bon fichier dll php_mysql.dll pour MySQL 4.0 ou précédents et php_mysqli.dll pour MySQL 4.1.

Communiquer avec votre base de données

La plupart des bases de données comprennent SQL (Structured Query Language), un langage informatique qui permet de communiquer avec une base de données. Vous envoyez une instruction SQL, appelée *requête*, au SGBDR qui lui indique ce que vous voulez faire. Les requêtes SQL peuvent instruire les SGBDR pour créer une base de données, une table dans la base, pour stocker, récupérer, supprimer des données et effectuer bien d'autres tâches.

Même si la plupart des bases de données comprennent SQL, il existe quelques différences dans SQL avec les diverses bases de données. Par exemple, mSQL comprend un jeu limité de requêtes SQL, mais Oracle et Sybase comportent un jeu très étendu de requêtes SQL qui surpasse l'emploi usuel de SQL.

Une présentation complète de SQL dépasse le cadre de ce livre. Si vous utilisez une base de données MySQL, consultez *PHP et MySQL pour les Nuls*, vous apprendrez comment SQL fonctionne avec les bases de données. Si vous souhaitez avoir une description complète de SQL et de ses fonctionnalités, reportez-vous à *SQL pour les Nuls*.

Bien que je ne traite pas en détail de SQL, je vais vous présenter deux requêtes SQL que j'ai utilisées dans les exemples de ce livre afin de vous montrer comment utiliser votre base de données. Pour récupérer des données dans une base de données, lancez la requête suivante :

```
SELECT * FROM nomtable
```

Cette requête récupère toutes les données contenues dans la table. L'astérisque (*) est un caractère spécial, appelé un *joker* ou *caractère de remplacement*, qui sélectionne tous les champs d'une table. Supposez que vous récupériez les données de la base de données `Catalogue`, présentée dans la section "Logiciel de base de données". Cette base de données contient une table nommée `Produits`. Vous pouvez utiliser la requête suivante pour récupérer toutes les données de la table `Produits` :

```
SELECT * FROM Produits
```

Pour ajouter un nouvel enregistrement dans une table, exécutez la requête suivante :

```
INSERT INTO nomtable (nomchamp1,nomchamp2, ...) VALUES (valeur1,valeur2, ...)
```

Cette requête crée dans la table une nouvelle ligne qui contient des valeurs spécifiées et ajoute les valeurs fournies dans les champs nommés. Par exemple, dans la base de données Catalogue susmentionnée, vous pouvez ajouter un nouveau produit comme suit :

```
INSERT INTO Produits (Type,Description,Taille,Couleur,Prix) VALUES ("T-
shirt","100% coton","L","Noir",20)
```

Notez que les chaînes sont mises entre guillemets et non les nombres. Notez également que chaque champ nommé comporte une valeur listée. La base de données fait apparaître un message d'erreur, si le nombre de valeurs n'est pas égal au nombre de champs.

Dans la section suivante, je vais vous expliquer comment utiliser un script pour interagir avec une base de données.

Utiliser PHP avec une base de données

Quelle que soit votre base de données, vous allez interagir avec elle, comme suit :

1. **Se connecter à la base de données.**

2. **Envoyer une requête SQL qui contient des instructions du logiciel de base données.**

3. **Si vous avez récupéré des données, les traiter.**

4. **Fermer la connexion à la base de données.**

Se connecter à la base de données

Vous allez commencer par vous connecter à la base de données. Pour cela, vous devez utiliser une fonction PHP. Cette fonction doit comporter les trois éléments suivants :

- **L'emplacement** : La base de données n'est pas nécessairement sur la même machine que celle où est installé PHP. Vous devez donc indiquer à la fonction PHP le nom de l'ordinateur où est stockée la base de données (*nom d'hôte*). Vous allez également lui donner un nom de domaine (de type `mapetiteentreprise.com`) ou une adresse IP (de type `172.17.204.2`). Si la base de données se trouve sur la même machine que PHP, utilisez `localhost` pour le nom d'hôte.

- **Nom du compte d'utilisateur** : Vous devez également indiquer un nom d'utilisateur valide qui peut accéder à la base de données. L'administrateur système est chargé de le configurer. Si vous passez par un hébergeur, il est tenu de vous fournir un compte d'utilisateur valide.

- **Mot de passe** : Pour accéder à la base de données, vous devez avoir un mot de passe. L'administrateur de la base de données est chargé de le configurer. Si vous passez par un hébergeur, il doit vous donner le mot de passe du compte d'utilisateur.

- **Nom de la base de données** : Un SGBDR peut créer et maintenir beaucoup de bases de données. Aussi devez-vous lui indiquer la base que vous comptez utiliser.

Pour des raisons de sécurité, conservez les informations sur la connexion à votre base de données dans un fichier séparé et utilisez-les dans un script PHP avec une instruction `include`. Comme les fichiers `include` sont stockés dans un emplacement sécurisé, ces informations sont mieux protégées que dans le script lui-même. Dans les exemples suivants, le fichier `include` nommé `info.inc` est exécuté avec ces instructions :

```
$host = "localhost";
$account = "admin";
$password = "secret";
$dbname = "Catalog";
```

Ce fichier est ensuite inclus dans un script PHP qui doit accéder à la base de données via l'instruction suivante :

```
include("info.inc");
```

La fonction `connect` PHP n'est pas la même pour tous les SGBDR. C'eût été trop simple ! Toutefois, même si les fonctions diffèrent d'une base de données à l'autre, leur syntaxe suit le même modèle. Par exemple, le logiciel d'application de base de données dédié aux sites Web, MySQL, utilise deux fonctions pour se connecter à la base de données :

```
$connect = mysql_connect($host,$account,$password);
$db = mysql_select_db("Catalog",$connect);
```

La première instruction se connecte au logiciel de gestion de la base de données, la seconde précise la base de données à accéder.

De même, mSQL et Sybase nécessitent deux fonctions séparées pour se connecter à la base, tout comme MySQL. Ils utilisent des instructions similaires :

```
$connect = msql_connect($host,$account,$password);
$db = msql_select_db("Catalog",$connect);
```

et:

```
$connect = sybase_connect($host,$account,$password);
$db = sybaseselect_db("Catalog",$connect);
```

D'autres bases de données, comme PostgreSQL, ne requièrent qu'une seule fonction :

```
$connect = pg_connect("host=$host user=$user password=$password
dbname=Catalog");
```

La syntaxe pour se connecter à d'autres systèmes de gestion de bases de données est similaire. Toutefois, Oracle, qui utilise l'interface OCI8, se distingue des autres :

```
$connect = OCILogon($account,$password);
```

La connexion à Oracle nécessite également de définir une variable environnementale `ORACLE_SID` à l'instance d'Oracle désirée.

Pour déterminer la syntaxe exacte de la connexion à la base de données, recherchez dans le manuel en ligne de PHP sur le site `www.php.net` la fonction qui correspond à votre SGBDR.

Envoyer une requête à la base de données

Une fois la connexion établie entre PHP et la base de données, vous pouvez effectuer n'importe quelle action comme récupérer, modifier ou insérer de nouvelles données. Les requêtes SQL indiquent à la base de données le type d'action que vous comptez réaliser. Vous envoyez la requête SQL à l'aide d'une autre fonction PHP. Encore une fois, la syntaxe de ces instructions varie d'un SGBDR à l'autre, mais suit le même modèle. Par exemple, pour MySQL, vous envoyez la requête via les instructions suivantes :

```
$sql = "SELECT * FROM Produits";
$result = mysql_query($sql,$connect);
```

La première instruction stocke la requête SQL dans la variable `$sql`. L'instruction SQL récupère toutes les données contenues dans la table `Produits`. La fonction `mysql_query` envoie la requête dans `$sql` à la base de données via la connexion établie précédemment et est stockée dans `$connect`. Les données sont alors stockées dans une table temporaire. `$result` (ou tout autre nom pour cette variable) contient un pointeur vers la table temporaire.

Pour PostgreSQL, les instructions sont similaires :

```
$sql = "SELECT * FROM Produits";
$result = pg_query($connect,$sql);
```

La première instruction crée une requête SQL et la stocke dans `$sql`. La seconde exécute la requête et retourne les données. Pour Oracle, il faut deux fonctions PHP pour exécuter une requête, comme le montre l'exemple suivant :

```
$sql = "SELECT * FROM Produits";
$query = OCIParse($connect,$sql);
$result = OCIExecute($query);
```

La première instruction crée la requête SQL. Notez que cette première instruction est la même dans les trois bases de données. Les deux autres instructions pour Oracle sont nécessaires pour exécuter l'instruction et retourner les résultats.

Toute requête SQL est envoyée avec les mêmes fonctions. La requête dans ces trois exemples retourne les données, mais les requêtes qui ne retournent pas les données sont envoyées avec la même fonction, comme dans l'exemple ci-dessous :

```
$first_name = "Jean";
$last_name = "Sourit";
$sql = "INSERT INTO Client (firstName,lastName) VALUES ('$first_name','$last_
name')";
$result = mysql_query($sql);
```

Si la requête ne retourne aucune donnée, $result vaut `TRUE` et ne contient aucun pointeur sur les données récupérées.

Pour savoir quelle méthode employée pour envoyer une requête, recherchez dans le manuel en ligne sur le site Web PHP `www.php.net` la fonction qui correspond à votre SGBDR.

Traiter les données

Une requête vous permet de récupérer des données, et par là même de les utiliser dans votre script PHP. Vous pouvez, par exemple, afficher des cases à cocher en fonction des données que vous avez extraites de la base de données, afficher des données dans une page Web pour que les utilisateurs puissent les modifier ou encore utiliser ces données comme texte par défaut dans un formulaire HTML. Pour traiter les données retournées, vous allez les récupérer dans la table temporaire.

Les données sont stockées sous forme de lignes et de colonnes dans la table. Pour récupérer une ligne dans la table et la stocker dans un tableau dont les noms des champs correspondent aux clés du tableau, vous allez utiliser des fonctions PHP. Dans MySQL, l'instruction est :

```
$row = mysql_fetch_array($result);
```

Dans la section précédente, vous avez enregistré et stocké les résultats dans une variable nommée `$result`. Dans cette instruction, vous indiquez à PHP le résultat à rapporter à l'aide de `$result`. `mysql_fetch` retourne une ligne de données dans la table temporaire spécifiée par `$result`.

Après l'exécution de cette instruction, le tableau `$row` contient tous les champs dans la table temporaire :

```
$row['firstName'] = Jean
$row['lastName'] = Sourit
```

Pour traiter toutes les données dans la table temporaire, exécutez une boucle qui récupérera chaque ligne, une par une, jusqu'à la fin de la table. Dans PostgreSQL, la boucle `while` ressemblera à ce qui suit :

```
while($row=pg_fetch_asoc($result))
{
   foreach($row as $value)
   {
      echo "$value<br>";
   }
}
```

La boucle `while` est exécutée une seule fois pour chaque ligne dans la table temporaire. Un tableau nommé `$row` est créé à chaque tour de boucle, contenant les données de cette ligne. La boucle `foreach` parcourt le tableau et affiche tous les noms de champs et les données dans chaque champ.

Dans l'exemple suivant avec PostgreSQL, une boucle `for` est exécutée pour traiter les données, produisant le même résultat que dans l'exemple précédent avec MySQL :

```
$Nrows = pg_num_rows($result);
for($i=0;$i<$Nrows;$i++)
{
   $row = pg_fetch_row($result,$i);
   foreach($row as $value)
   {
      echo "$value<br>";
   }
}
```

Dans cet exemple, la fonction `pg_num_rows` retourne le nombre de lignes qui se trouvent dans la table temporaire. (MySQL comporte une fonction similaire, `mysql_num_rows($result)`.) La boucle `for` est configurée pour faire un tour de boucle pour chaque ligne de la table temporaire. A l'intérieur de la boucle `for`, une ligne est sélectionnée dans la table. `foreach` traite alors chaque ligne. Notez que `$i` est passée en paramètre à `pg_fetch_rows` pour lui indiquer la ligne à rapporter.

L'exemple suivant produit le même résultat, cette fois dans Oracle :

```
$Nfields = OCINumCols($result);
while (OCIFetch($result))
{
   for($i=1;$i<=$Nfields;$i++)
   {
      $value = OCIResult($result,$i);
      echo "$value<br>";
   }
}
```

Dans cet exemple, `$Nfields` correspond au nombre de champs dans la table. `OCIFetch` récupère une ligne dans la table. La boucle `while` poursuit son exécution jusqu'à ce qu'il n'y ait plus de lignes à récupérer. `OCIResult` retourne la valeur d'un champ dans la ligne. La boucle `for` parcourt la ligne, récupérant la valeur de chaque champ dans la ligne et l'affichant.

Les exemples précédents illustrent le strict minimum de l'emploi des fonctions PHP pour interagir avec un SGBDR. PHP offre de nombreuses fonctions pour chaque SGBDR telles que `mysql_affect_rows`, qui retourne le nombre de lignes modifiées par la requête, ou `pg_field_name` qui retourne les noms des champs.

Bien que les fonctions bases de données de PHP soient similaires, elles présentent suffisamment de différences pour que vous recherchiez les fonctions appropriées à votre SGBDR. Consultez la documentation du site PHP. Elle présente quelques exemples. Si vous utilisez MySQL, reportez-vous à *PHP & MySQL pour les Nuls.*

Fermer la connexion

Toutes les connexions aux bases de données se ferment à la fin du script. Toutefois, il vaut mieux les fermer dans le script pour éviter tout problème éventuel. Vous fermez une connexion à une base de données exactement de la même manière que vous l'ouvrez. Par exemple, dans MySQL, exécutez la fonction suivante pour fermer la connexion à une base de données :

```
mysql_close($connect);
```

Les exemples suivants sont d'autres fonctions qui vous permettent de fermer une connexion :

```
ocilogoff($connect);   # Oracle
pg_close($connect);    # PostgreSQL
mssql_close($connect); # MS SQL
```

Gestion des erreurs

Lorsque vous utilisez une fonction `connect` PHP, la fonction tente d'établir une connexion à une base de données, mais elle ne réussit pas toujours. Le logiciel peut se planter, ou vous utiliser un compte d'utilisateur ou un mot de passe invalide. Si vous essayez de vous connecter à une base de données MySQL avec un mot de passe invalide, vous verrez apparaître le message suivant :

```
Warning: mysql_connect(): Access denied for user: 'root@localhost' (Using
password: YES) in c:\test12.php on line 10
```

Ce message affiche votre nom d'utilisateur et vous indique si vous utilisez un mot de passe. Dans ce cas, il vous demande de l'utiliser, mais ne précise pas de quel mot de passe il s'agit. L'instruction signifie que MySQL ne vous permet pas d'accéder à la base de données, car le compte d'utilisateur et le mot de passe sont invalides.

Ce message est un avertissement et non une erreur. Par conséquent, après l'affichage du message, PHP continue d'exécuter le script. Cependant, vous souhaiterez en général que le script s'arrête. Aussi, allez-vous insérer une instruction `die` pour arrêter l'exécution du script si la connexion à la base de données échoue. Dans l'exemple suivant, une instruction `die` est exécutée en cas d'échec de la connexion à la base de données PostgreSQL :

```
$connect = pg_connect("host=$host user=$user password=$password
dbname=Catalog")
    or die("Can't connect to database");
```

Cette instruction exécutée, le script s'arrête si la connexion échoue. Le message dans l'instruction `die` est affiché. Utilisez une instruction `die` avec toutes les fonctions de base de données afin que l'exécution du script puisse s'arrêter si la fonction ne parvient pas à s'exécuter.

Lorsque vous utilisez une fonction pour récupérer des données dans une table temporaire, vous voyez apparaître un message d'avertissement. Supposez par exemple que vous insériez les instructions ci-dessous dans un script :

```
$sql = "SELECT * FROM Produiits";
$result = mysql_query($sql);
$row = mysql_fetch_array($result);
```

Dans cet exemple, l'erreur de frappe dans le nom de la table (les deux `i` dans `Produits`) génère le message suivant :

```
Warning: mysql_fetch_array(): supplied argument is not a valid MySQL result
resource in test.php on line 9
```

Ce message indique que `$result` ne contient pas de ressource valide. Autrement dit, `$result` ne contient pas de pointeur sur une table composée de lignes et de colonnes. Le message signifie que la requête SQL n'est pas exécutée comme prévu ou que le résultat n'est pas celui escompté. Dans cet exemple, le nom de la table n'est pas correct, ce qui a causé l'échec de l'exécution, retournant `FALSE`. `$result` contient `FALSE`, résultat invalide lorsqu'il est utilisé dans la fonction `mysql_fetch_array`.

Aucun message d'avertissement n'apparaît si la fonction `mysql_query` est exécutée, même si la fonction SQL a échoué. Un message d'erreur MySQL est généré, mais n'est pas affiché, à moins que vous ne l'ayez spécifié. Dans ce cas, vous devez réécrire votre script en précisant d'arrêter son exécution si la requête SQL échoue et d'afficher le message d'erreur MySQL pour indiquer le type de problème. Pour cela, utilisez la fonction `mysql_error`. Modifiez les instructions précédentes comme suit :

```
$sql = "SELECT * FROM Produiits";
$result = mysql_query($sql)
      or die("Query failed: ".mysql_error());
$row = mysql_fetch_array($result);
```

La sortie de ces instructions sera la suivante :

```
Query failed: Table 'Catalog.produiits' doesn't exist
```

En cas d'échec de l'exécution de la requête, l'instruction `die` affiche un message, le message d'erreur de MySQL généré par `mysql_error`, et le script s'arrête.

Les procédures de gestion d'erreur conseillées pour PHP s'appliquent aussi bien aux fonctions bases de données. Les utilisateurs ne doivent pas voir apparaître ce type de message. En revanche, vous souhaiterez recevoir les erreurs dans un fichier journal (la gestion des erreurs est abordée au Chapitre 4).

Rassembler le tout

Dans les précédentes sections, vous avez découvert les fonctions qui permettent d'interagir avec une base de données dans des scripts PHP. Dans cette section, tous les exemples seront réunis dans des scripts complets.

Dans le premier exemple, nous supposons que vous avez une base de données nommée `Ventes`, qui contient une table `Clients`. Les prénom, nom de famille et numéro de téléphone de chaque client sont stockés dans cette table. Le script reproduit au Listing 12.2 affiche tous les noms et numéros de téléphone dans une page Web.

Listing 12.2 : Script qui affiche la liste Clients.

```
<?php
/* Script name: AfficherClients
 * Description: Récupère tous les enregistrements clients
 *              dans la base de données PostgreSQL et affiche
 *              une liste Clients sur une page Web.
 */
 include("info.inc");     # contient les variables connect
 $connect = pg_connect("host=$host user=$user
           password=$password dbname=Sales")
    or die("Ne peut pas se connecter à la base de données");
 $sql = "SELECT * from Clients";
 $result = pg_query($sql)
          or die("Echec de la requête: ".mysql_error());
 $Nrows = pg_num_rows($result);
 echo "<html>
    <head><title>Liste des clients</title></head>
    <body>
    <table width=\"100%\" border=\"0\">\n";
 for($i=0;$i<$Nrows;$i++)
 {
    echo "<tr>";
    $row = pg_fetch_row($result,$i);
    echo "<td>{$row[1]}, {$row[0]}</td>
          <td>{$row[2]}</td>";
    echo "</tr>\n";
 }
 echo "</table></body></html>";
?>
```

Le script récupère toutes les informations sur les clients dans la table Clients. Il exécute ensuite une boucle `for` pour retourner ces informations dans la page Web sous forme de table HTML.

Le second exemple crée une liste de cases à cocher dans une page Web dans laquelle les utilisateurs peuvent sélectionner le type de produit qu'ils veulent voir. Le script reproduit dans le Listing 12.3 récupère la liste des types de produits dans une base de données MySQL. Cette table comporte deux champs : TypeProduit et Description.

Listing 12.3 : Script qui crée des cases à cocher.

```
<html>
<head><title>Tester Fichiers</title></head>
<body>
```

Listing 12.3 : Script qui crée des cases à cocher. (*suite*)

```
<?php
/* Script name: AfficherCasesàCocher
 * Description: Récupère tous les éléments des cases à cocher dans une
 *              base de données MySQL et crée la liste de toutes
 *              les cases à cocher dans une page Web.
 */
 include("info.inc");     # contient les variables connect
 $connection = mysql_connect($host,$user,$password)
       or die ("Ne peut pas se connecter au serveur");
 $db = mysql_select_db("Catalog",$connection)
       or die ("Ne peut pas sélectionner de base de données");
 $query = "SELECT * FROM TypeProduit";
 $result = mysql_query($query)
       or die("Echec de la requête: ".mysql_error());
 echo "<html><head><title>TypeProduit</title></head>
   <body><div style='margin-left: .2in'>
   <h3>Quel produit vous intéresse?</h3>\n";
 ## crée le formulaire qui contient les cases à cocher ##
 echo "<form action='processform.php' method='post'>\n";
 echo "<hr><table width='100%'>";
 while ($row = mysql_fetch_array($result))
 {
    echo "<tr>";
    echo "<td width='20%'><b><input type='checkbox'
      name=\"interest['TypeProduit']\"
      value=\"{$row['TypeProduit']}\">{$row['TypeProduit']}
      </b></td>\n";
    echo "<td>{$row['Description']}</td>";
    echo "</tr>\n";
 }
 echo "</table>";
 echo "<p><input type='submit' value='Selectionnez un produit'>
       </form>\n";
?>
</div></body></html>
```

Ce script crée un formulaire HTML qui contient une table HTML. Une boucle `while` crée chaque ligne de la table et remplit cette dernière avec les informations récupérées dans la base de données. Notez que la condition `while` rapporte une ligne dans la table temporaire stockée dans l'emplacement contenu dans `$result`. Cette boucle `while` poursuit son exécution et se termine à la dernière ligne.

Notez les variables tableau retournées dans les cellules. Le nom des éléments du tableau doit être mis entre accolades, sinon une erreur d'analyse est générée.

Le script du Listing 12.3 produit la page Web représentée Figure 12.1. La liste des cases à cocher contient tous les types dans la table de la base de données. Si vous ajoutez d'autres types dans cette base, ils seront affichés par ce script.

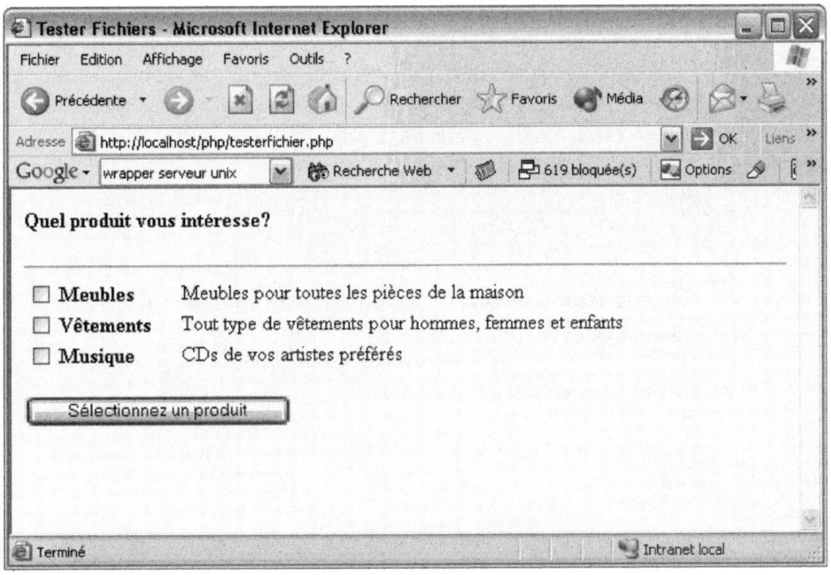

Figure 12.1 Une page contenant des cases à cocher générée par le Listing 12.3.

SQLite

SQLite vous permet d'interagir avec vos données comme si elles étaient une base de données, en utilisant des fonctions sans que vous ayez à installer un logiciel de base de données. Vous utilisez SQL comme si vous stockiez des données dans une base, mais les données sont en fait stockées dans un fichier plat. SQLite présente l'avantage d'un fichier plat, il consomme très peu de ressources. En outre, l'utilisation de SQLite vous épargne de longues séances d'apprentissage des commandes système qu'exigent l'ouverture et la manipulation d'un fichier plat. Enfin, grâce à SQLite, la plupart des tâches courantes s'effectuent plus rapidement que dans une base de données. Il présente néanmoins quelques inconvénients propres au fichier plat : une sécurité moindre et l'incapacité à gérer des données complexes. En résumé, SQLite est une solution rapide et simple de stockage de données dans un fichier plat, mais il ne remplacera pas une base de données si vous avez une foule de données complexes ou devez les protéger.

Le stockage et la récupération des données avec SQLite ressemblent étrangement aux méthodes présentées dans la précédente section. Vous utilisez SQL pour communiquer avec le fichier des données et employez les fonctions PHP pour envoyer des requêtes SQL et récupérer les données. Vous allez suivre les mêmes étapes :

1. **Se connecter au fichier de données.**

   Comme avec une base de données, vous allez commencer par établir une connexion avec le fichier plat. Pour vous connecter au fichier plat, utilisez la fonction PHP suivante :

```
$db = sqlite_open("testdb");
```

   Cette instruction ouvre le fichier de données `testdb`. Si le fichier n'existe pas, il est créé.

2. **Envoyer une requête SQL.**

   Pour envoyer une requête SQL, utilisez la fonction `sqlite_query`, comme suit :

```
$sql = "SELECT * FROM Produits";
$result = sqlite_query($db,$sql);
```

3. **Si vous récupérez des données dans le fichier, traitez-les.**

   Comme dans une base de données, les données récupérées sont stockées dans une table temporaire composée de lignes et de colonnes. Vous ferez appel aux fonctions PHP pour récupérer une ligne dans la table temporaire et la stockerez dans un tableau dont les noms de champs correspondent aux clés du tableau, comme suit :

```
$row = sqlite_fetch_array($result);
```

   Cette instruction exécutée, le tableau `$row` contient tous les champs de la table temporaire :

```
$row['firstName'] = Jean
$row['lastName'] = Sourit
```

Pour traiter toutes les données de la table temporaire, exécutez une boucle pour récupérer les lignes une par une, comme suit :

```
while($row=sqlite_fetch_array($result))
{
   foreach($row as $value)
   {
      echo "$value<br>";
   }
}
```

4. **Fermer la connexion au fichier de données.**

   Une fois que vous avez terminé de stocker ou/et de récupérer des données, fermez le fichier à l'aide de l'instruction suivante :

```
sqlite_close($db);
```

SQLite n'échappe pas à la gestion des erreurs dont nous avons parlé. En cas d'échec de la requête, un message d'erreur SQLite est généré, mais pas affiché, à moins que vous n'ayez inséré l'instruction `die` pour le spécifier. Par conséquent, les instructions suivantes gèrent des erreurs tout en envoyant la requête SQL :

```
$sql = "SELECT * FROM Produits";
$result = sqlite_query($sql)
       or die("Query failed: ".sqlite_error());
$row = sqlite_fetch_array($result);
```

Reportez-vous à la section consacrée à l'utilisation des bases de données avec PHP. Cette section s'applique aussi bien à SQLite. A la différence près que, dans SQLite, les données sont stockées dans un fichier plat et non dans des fichiers spécifiques à la base de données utilisée.

Chapitre 13

PHP et votre système d'exploitation

Dans ce chapitre :

- Manipuler des fichiers.
- Exécuter des programmes sans PHP.
- Transférer des fichiers d'une machine à l'autre.
- Envoyer des messages électroniques et de pièces jointes.

PHP comporte toute une panoplie de fonctionnalités pour gérer les fichiers. Vous pouvez créer, copier, supprimer, déplacer, rechercher des données dans des fichiers. Vous pouvez exécuter n'importe quel programme sur votre ordinateur, qu'il s'agisse ou non d'un script PHP. Vous pouvez transférer des fichiers d'un ordinateur à l'autre ou encore envoyer des informations via votre messagerie électronique. Dans ce chapitre, je vais vous expliquer comment utiliser PHP pour réaliser sur votre ordinateur tout ce dont vous avez rêvé.

Gérer des fichiers

Toutes les informations que vous enregistrez sur votre disque dur sont classées dans des *fichiers*. Au lieu de les stocker dans un gros "tiroir", ce qui rendrait difficile toute recherche, les fichiers sont stockés dans de nombreux tiroirs, appelés *répertoires* ou *dossiers*. Un *système de fichiers* est classé dans une structure hiérarchique. Il est composé d'un niveau supérieur appelé *racine*, tel que `c:\` sur Windows ou `/` sur Linux. Le répertoire racine contient tous les autres répertoires. Chaque répertoire peut contenir d'autres répertoires, etc. La structure du système de fichiers peut avoir autant de niveaux que vous voulez.

Un *répertoire* est un type de fichier spécifique que vous utilisez pour classer d'autres fichiers. Il est composé d'une liste de fichiers et des informations requises par le système d'exploitation pour rechercher ces fichiers. Un répertoire peut contenir des fichiers et d'autres répertoires.

Des fonctions PHP spécifiques vous permettent d'ouvrir, de lire ou d'écrire dans des fichiers (voir le Chapitre 12). Vous pouvez, entre autres, consulter, copier, supprimer et renommer des fichiers. Dans ce chapitre, je vous présente les fonctions qui vous permettent de réaliser ces tâches de gestion de fichiers et de répertoires.

NOTE TECHNIQUE

Dans ce chapitre, je ne traite pas toutes les fonctions de gestion de fichiers, mais les plus utiles. Si vous avez besoin d'effectuer une action précise sur un fichier ou un répertoire, consultez la documentation en ligne sur le site Web PHP. Si une telle fonction n'existe pas, vous pouvez toujours utiliser les commandes du système d'exploitation ou un autre langage de programmation (voir la section "Utiliser les commandes du système d'exploitation", plus loin dans ce chapitre).

Récupérer des informations sur les fichiers

Pour obtenir des informations sur un fichier, faites appel aux fonctions PHP qui vous permettent d'effectuer des recherches dans un script.

Vous pouvez déterminer si un fichier a été créé avec l'instruction `file_exists`, comme suit :

```
$result = file_exists("doc.txt");
```

Une fois cette instruction exécutée, `$result` vaut soit `TRUE`, soit `FALSE`. Cette fonction est généralement utilisée dans une instruction conditionnelle comme celle-ci :

```
if(!file_exists("doc.txt"))
{
    echo "Fichier non trouvé!\n";
}
```

Une fois que vous savez si le fichier existe, vous pouvez rechercher toutes sortes d'informations à son sujet.

Le Tableau 13.1 présente de nombreuses fonctions PHP pour rechercher des fichiers.

Tableau 13.1 : Fonctions pour récupérer des informations sur un fichier.

Fonction	Ce qu'elle fait	Sortie
`is_file("doc.txt")`	Teste si le fichier est un fichier régulier et non un répertoire ou bien un autre type de fichier spécial	`TRUE` ou `FALSE`
`is_dir("doc.txt")`	Teste si le fichier est un répertoire	`TRUE` ou `FALSE`
`is_ executable("do.txt")`	Teste si le fichier est un exécutable	`TRUE` ou `FALSE`
`is_writable("doc.txt")`	Teste si vous pouvez écrire dans le fichier	`TRUE` ou `FALSE`
`is_readable("doc.txt")`	Teste si vous pouvez lire le fichier	`TRUE` ou `FALSE`
`fileatime("doc.txt")`	Retourne la date et l'heure du dernier accès au fichier	Horodatage Unix (de type `1057196122`) ou `FALSE`
`filectime("doc.txt")`	Retourne la date et l'heure de création du fichier	Horodatage Unix ou `FALSE`
`filemtime("doc.txt")`	Retourne la date et l'heure de la dernière modification du fichier	Horodatage Unix ou `FALSE`
`filegroup("doc.txt")`	Retourne l'ID du groupe du fichier	Entier qui est un ID (identificateur) du groupe ou `FALSE`
`fileowner("doc.txt")`	Retourne l'ID utilisateur du propriétaire du fichier	Entier qui est un ID (identificateur) du groupe ou `FALSE`
`filesize("doc.txt")`	Retourne la taille du fichier en octets	Entier ou `FALSE`

Tableau 13.1 : Fonctions pour récupérer des informations sur un fichier. (*suite*)

Fonction	Ce qu'elle fait	Sortie
`filetype("doc.txt")`	Retourne le type du fichier	Type de fichier (tel que `file`, `dir`, `link`, `char`) ou `FALSE` en cas d'erreur ou si le type ne peut être identifié
`basename("/t1/do.txt")`	Retourne le nom de fichier dans le chemin	`do.txt`
`dirname("/t1/do.txt")`	Retourne le nom de répertoire dans le chemin	`/t1`

La fonction `pathinfo()` retourne des informations sur un chemin/nom de fichier. Exécutez l'instruction suivante :

```
$pinfo = pathinfo("/topdir/nextdir/doc.txt");
```

Une fois l'instruction exécutée, le tableau `$pinfo` contient les trois éléments suivants :

```
$pinfo[dirname] = /topdir/nextdir
$pinfo[basename] = stuff.txt
$pinfo[extension] = txt
```

Certaines informations sont spécifiques à Linux/Unix/Mac et d'autres à Windows.

NOTE TECHNIQUE

Lorsque vous testez un fichier avec l'une des fonctions `is_something`, toute erreur de saisie comme une faute dans le nom de chemin retournera un `FALSE`. Par exemple, `is_dir("tyme")` retournera `FALSE` si `"tyme"` est un fichier et non un répertoire. Mais il peut retourner également `FALSE` si `"tyme"` n'existe pas et que vous vouliez entrer ce type.

ATTENTION !

Les horodatages d'Unix sont retournés par quelques fonctions de cette liste. Vous pouvez les convertir en date via la fonction `date`, présentée au Chapitre 5.

Copier, renommer et supprimer des fichiers

Au Chapitre 12, vous avez appris à créer un fichier et à écrire dedans. Dans cette section, nous verrons, entre autres, comment copier ou supprimer un fichier.

Si vous copiez un fichier dans un autre, vous obtenez deux copies du fichier avec deux noms différents. Copier un fichier est utile pour sauvegarder des fichiers importants. Pour copier un fichier, exécutez l'instruction `copy`, comme suit :

```
copy("ancienfichier.txt","nouveaufichier.txt");
```

Cette instruction copie `ancienfichier.txt` dans `nouveaufichier.txt`. Si un fichier nommé `nouveaufichier.txt` existe déjà, il est écrasé. Si vous ne souhaitez pas l'écraser, utilisez les instructions suivantes :

```
If(!file_exists("nouveaufichier.txt"))
{
     copy("ancienfichier.txt","nouveaufichier.txt");
}
else
{
     echo "Fichier existe déjà!\n";
}
```

puis renommez le fichier à l'aide de l'instruction `rename` :

```
rename("anciennom.txt","nouveaunom.txt");
```

Si vous essayez de renommer un fichier avec le nom d'un autre fichier, un message d'avertissement apparaît :

```
Warning: rename(ancienfichier.txt,nouveaufichier.txt): File exists in
c:test.php on line 17
```

et le fichier n'est pas renommé.

Pour supprimer un fichier, exécutez l'instruction `unlink`, comme suit :

```
unlink("mauvaisfichier.txt");
```

Une fois cette instruction exécutée, le fichier est supprimé. Cependant, si le fichier n'existe pas, l'instruction `unlink` fera comme si elle l'avait supprimé. PHP ne vous indique pas que ce fichier n'existe pas. Aussi, prenez garde aux erreurs de frappe !

Classer les fichiers

Les fichiers sont classés en *répertoires*, également appelés *dossiers*. Dans cette section, vous allez découvrir comment créer et supprimer des répertoires, et comment récupérer la liste des fichiers contenus dans un répertoire.

Créer un répertoire

Pour créer un répertoire, faites appel à la fonction `mkdir`, comme suit :

```
mkdir("testdir");
```

Cette instruction crée un nouveau répertoire nommé `testdir` dans le même répertoire où réside le script. Autrement dit, si le script se trouve dans `/test/test.php`, le nouveau répertoire sera dans `/test/testdir`. Si un répertoire porte déjà ce nom, un message d'avertissement apparaît :

```
Warning: mkdir(): File exists in d:/test/test.php on line 5
```

et le nouveau répertoire n'est pas créé.

Commencez par vérifier si le répertoire est déjà créé en exécutant les instructions suivantes :

```
If(!is_dir("monnouveaurep"))
{
   mkdir("monnouveaurep");
}
else
{
   echo "Répertoire existe déjà!";
}
```

Une fois le répertoire créé, vous pouvez organiser son contenu en copiant ou en déplaçant des fichiers. Reportez-vous à la section précédente,"Copier, renommer et supprimer des fichiers".

Pour créer un répertoire dans un autre répertoire, utilisez le nom de chemin complet, comme suit :

```
mkdir("/topdir/nextdir/monnouveaurep");
```

ou bien un chemin relatif :

```
mkdir("../monnouveaurep");
```

Si votre script se trouve dans `/topdir/test/makedir.php`, le nouveau répertoire sera stocké dans `is /topdir/monnouveaurep`.

Pour modifier un autre répertoire, exécutez l'instruction suivante :

```
chdir("../autrerep");
```

Construire une liste de tous les fichiers d'un répertoire

Disposer d'une liste de tous les fichiers contenus dans un répertoire est assez pratique, notamment si vous proposez aux utilisateurs de télécharger ou d'afficher des fichiers images dans un répertoire donné.

PHP comporte des fonctions d'ouverture et de lecture des répertoires. Pour ouvrir un répertoire, exécutez l'instruction `opendir`, comme suit :

```
$dh = opendir("/topdir/testdir");
```

Si vous essayez d'ouvrir un répertoire qui n'existe pas, vous voyez apparaître un message d'avertissement de type :

```
Warning: opendir(testdir): failed to open dir: Invalid argument in test13.php
on line 5
```

Dans l'instruction précédente, la variable `$dh` est un *gestionnaire de répertoires*, un pointeur sur le répertoire ouvert que vous allez utiliser pour lire dedans. Pour lire un nom de fichier dans un répertoire, faites appel à la fonction `readdir` :

```
$nomfichier = readdir($dh);
```

Cette instruction exécutée, `$nomfichier` contient le nom de fichier. Seul le nom de fichier est stocké dans `$nomfichier` et non son chemin complet. Pour lire tous les noms de fichiers dans un répertoire, exécutez une boucle `while`, comme suit :

```
while($nomfichier = readdir($dh))
{
   echo $nomfichier."\n";
}
```

La fonction `readdir` n'a aucun contrôle sur l'ordre d'apparition des noms de fichiers. Aussi, attendez-vous à ne jamais voir s'afficher les noms de fichiers dans l'ordre que vous avez prévu.

Supposez que vous créiez une galerie qui expose toutes les images d'un répertoire dans une page Web. Pour cela, vous allez faire appel aux fonctions `opendir` et `readdir`. Le Listing 13.1 représente le script qui crée cette galerie d'images.

Listing 13.1 : Script qui crée une galerie d'images.

```
<?php
 /* Script name: afficheGalerie
  * Description: Affiche tous les fichiers image qui sont
  *              stockés dans un répertoire spécifié.
  */
 echo "<html><head><title>Galerie d'images</title></head>
      <body>";
 $dir = "../test1/testdir/";                           #8
 $dh = opendir($dir);                                  #9
 while($nomfichier = readdir($dh))                      #10
 {
   $nomchemin = $dir.$nomfichier;                       #12
   if(is_file($nomchemin) and ereg("\.jpg$",$nomfichier)) #13
   {
      $galerie[] = $nomchemin;
   }
 }
 sort($galerie);                                       #16
 foreach($galerie as $image)                           #17
 {
   echo "<hr>";
   echo "<img src='$image'><br>";
 }
?>
</body></html>
```

Notez dans ce script :

- **Ligne 8** : Cette instruction stocke le nom du répertoire dans `$dir` pour l'utiliser ultérieurement dans le programme. Notez que le / est placé à la fin du nom du répertoire.
- **Ligne 9** : Cette ligne ouvre le répertoire.
- **Ligne 10** : Cette ligne exécute une boucle `while` qui lit tous les noms de fichiers dans le répertoire.
- **Ligne 12** : Cette ligne crée une variable `$nomchemin` qui s'avère être le nom complet du fichier.

  Si le / n'est pas placé à la fin du nom du répertoire à la ligne 8, `$nomchemin` ne sera pas un chemin valide.
- **Ligne 13** : Cette ligne vérifie si le fichier est un fichier image en recherchant l'extension `.jpg`. Si le fichier a une extension `.jpg`, le nom de chemin complet du fichier est ajouté dans le tableau `$galerie`.
- **Ligne 16** : Cette ligne trie le tableau de telle sorte que les images sont affichées par ordre alphabétique.
- **Ligne 17** : Cette ligne exécute la boucle `foreach` qui affiche les images dans la page Web.

Utiliser les commandes du système d'exploitation

Vous pouvez utiliser les nombreuses commandes de votre système d'exploitation en les entrant à l'invite de commandes. Si vous souhaitez par exemple vérifier si tels fichiers se trouvent dans tel répertoire, exécutez la commande `dir` dans la fenêtre Invite de commandes de Windows ou la commande `ls` dans Unix/Linux. Pour copier un fichier, utilisez la commande `copy` dans l'Invite de commandes de Windows ou la commande `cp` dans Unix/Linux. (Pour accéder à la fenêtre Invite de commandes dans Windows 2000, sélectionnez Démarrer/Programmes/Accessoires/Invite de commandes.)

Dans cette section, je suppose que vous connaissez la syntaxe et utilisez les commandes de votre système d'exploitation. La présentation de ces commandes dépasse le cadre de ce livre. Toutefois, vous allez découvrir dans cette section comment exécuter des commandes de votre système d'exploitation dans un script PHP.

PHP comporte des fonctions qui effectuent les actions les plus largement utilisées. Vous pouvez par exemple visualiser les fichiers d'un répertoire en faisant appel aux fonctions `opendir` et `readdir`, ou encore copier un fichier à l'aide de la fonction `copy`.

Mais si vous souhaitez copier tout un répertoire, examiner ou changer le chemin ou effacer l'écran, il vous sera plus facile de passer par une commande système telle que `ls` ou `dir` que d'écrire une boucle avec les fonctions `openddir` et `readdir`, ou encore de lancer un programme d'un autre langage. Vous avez peut-être écrit un programme en Perl qui effectue précisément l'action dont vous avez besoin ? Dans ce cas, vous n'allez pas écrire un nouveau programme PHP qui fera la même chose. Pas de problème. Vous pouvez recourir à toutes ces solutions dans PHP.

PHP vous permet d'exécuter les commandes système ou de lancer d'autres programmes à l'aide des méthodes suivantes :

- **backticks (apostrophes obliques)** : PHP exécute les commandes système mises entre backticks (`) et affiche le résultat.
- **fonction system** : Cette fonction exécute une commande système et affiche la sortie dont elle retourne la dernière ligne.
- **fonction exec** : Cette fonction exécute une commande système, stocke la sortie dans un tableau et retourne la dernière ligne de la sortie.
- **fonction passthru** : Cette fonction exécute une commande système et affiche la sortie.

Vous pouvez exécuter n'importe quelle commande dans l'Invite de commandes de votre système d'exploitation. La commande est exécutée telle quelle. Vous pouvez exécuter de simples commandes : `ls` ou `dir`, `rename` ou `mv`, `rm` ou `del`. Si votre système d'exploitation vous permet de transférer ou de rerouter une sortie, vous pourrez le faire dans la commande système que vous utilisez dans PHP. Si votre système d'exploitation vous permet d'entrer deux commandes sur une seule ligne, vous pourrez faire de même dans PHP. Les exemples de commandes ci-dessous peuvent être exécutés dans PHP, en fonction du système d'exploitation :

```
dir
rm badfile.txt
dir | sort
```

```
cd c:\php ; dir      (Non valide dans Windows)
"cd c:\php && dir"  (Windows 2000)
dir > dirfile
sort < unsortedfile.txt
```

TRUC

L'exécution d'une commande système peut être longue. Dans ce cas, exécutez-la en arrière-plan (si votre système d'exploitation le permet) tout en laissant PHP poursuivre l'exécution du script. Vous devrez alors rediriger la sortie dans un fichier et non dans le script, pour que PHP puisse terminer l'exécution du script avant celle de la commande système.

Messages d'erreur dans les commandes système

Aucune de ces méthodes d'exécution de commandes système n'affiche ni ne retourne un message d'erreur en cas d'échec de la commande système. Vous déduisez que la commande système n'a pas bien fonctionné, car vous n'obtenez pas le résultat escompté. Comme ces fonctions ne retournent pas de messages d'erreur, vous ne pouvez pas savoir ce qui est à l'origine de cet échec.

En ajoutant quelques caractères supplémentaires dans la commande système, vous pouvez néanmoins faire retourner ou afficher un message d'erreur. Dans la plupart des systèmes d'exploitation, si vous insérez les caractères `2>&1` à la fin de la commande système, un message d'erreur est envoyé là où la sortie est retournée. Par exemple, si vous exécutez cette instruction :

```
$result = system("di c:\php");
```

la fonction `system` affichera le répertoire dans lequel s'exécute la commande système. Notez, cependant, que ce `dir` est mal orthographié. `di` est mis à la place de `dir`. Il n'existe aucune commande système appelée `di`. Aussi, la commande système ne sera pas exécutée et rien n'apparaîtra. Si vous aviez utilisé l'instruction suivante :

```
$result = system("di c:\php 2>&1");
```

un message d'erreur aurait été affiché. Sur Windows 2000, ce message est :

```
'di' is not recognized as an internal or external command, operable program or
batch file.
```

Attention ! Ne mettez aucun espace entre `2>&1` ! La syntaxe nécessite que ces caractères soient regroupés sans espace.

Utiliser des backticks

Pour exécuter une commande système, il suffit de la mettre entre *backticks*(apostrophes obliques [`]), comme suit :

```
$result = `dir c:\php`;
```

La variable `$result` contient la sortie de l'instruction ; dans cet exemple, la liste des fichiers contenus dans le répertoire `c:\php`. Si vous retournez `$result`, la sortie affichera :

```
Volume in drive C has no label.
 Volume Serial Number is 374E-15E5

 Directory of C:\PHP

05/18/2003  08:15a      <DIR>          .
05/18/2003  08:15a      <DIR>          ..
05/18/2003  04:19p      <DIR>          cli
05/18/2003  04:19p      <DIR>          dlls
05/18/2003  04:19p      <DIR>          extensions
05/18/2003  04:19p                  96 go-pear.bat
05/18/2003  04:19p              32,883 install.txt
05/18/2003  04:19p               3,276 license.txt
05/18/2003  04:19p              36,823 magic.mime
05/18/2003  04:19p      <DIR>          mibs
05/18/2003  04:19p             148,151 news.txt
05/18/2003  04:19p      <DIR>          openssl
05/18/2003  04:19p      <DIR>          pdf-related
05/18/2003  04:19p      <DIR>          PEAR
05/18/2003  04:19p              49,152 php.exe
05/18/2003  04:19p               3,872 php.gif
05/18/2003  04:19p              39,851 php.ini-dist
05/18/2003  04:19p              41,383 php.ini-recommended
05/18/2003  04:19p               7,970 php5embed.lib
05/18/2003  04:19p           1,470,464 php5ts.dll
05/18/2003  04:19p             203,174 php5ts.lib
05/18/2003  04:19p      <DIR>          sapi
05/18/2003  08:42a      <DIR>          includes
              13 File(s)      2,037,095 bytes
              11 Dir(s)     566,263,808 bytes free
```

L'opérateur backtick est désactivé si `safe_mode` est activé. Lors de l'installation de PHP, `safe_mode` est paramétré à `OFF` par défaut. Seul l'administrateur peut l'activer.

Faire appel à la fonction system

La fonction `system` exécute une commande système, affiche la sortie et retourne la dernière ligne de la sortie dans la commande système. Pour l'exécuter, entrez l'instruction suivante :

```
$result = system("dir c:\php");
```

Cette instruction exécutée, le listing du répertoire est affiché. `$result` contient la dernière ligne de la sortie de cette commande. Si vous retournez `$result`, vous voyez apparaître :

```
11 Dir(s)     566,263,808 bytes free
```

Le contenu de `$result` avec la fonction `system` correspond à la dernière ligne de la sortie dans cette commande `dir`.

Faire appel à la fonction exec

La fonction `exec` exécute une commande système, mais n'affiche pas sa sortie. En fait, elle stocke la sortie dans un tableau dont chaque ligne de la sortie correspond à un élément du tableau. La dernière ligne de la sortie est retournée.

Si vous souhaitez savoir de combien de fichiers et d'espace libre vous disposez dans un répertoire, exécutez une commande sans enregistrer la sortie dans un tableau à l'aide de l'instruction suivante :

```
$result = exec("dir c:\php");
```

Cette commande est exécutée, mais sa sortie n'est pas affichée. La variable `$result` contient la dernière ligne de la sortie. Si vous retournez `$result`, vous voyez apparaître :

```
11 Dir(s)     566,263,808 bytes free
```

La sortie correspond à la dernière ligne de la sortie de la commande `dir`. Si vous souhaitez stocker toute la sortie dans un tableau, exécutez la commande ci-dessous :

```
$result = exec("dir c:\php",$dirout);
```

Cette instruction exécutée, le tableau `$dirout` contient le listing du répertoire avec une ligne pour chaque élément. Vous affichez ce listing comme suit :

```
foreach($dirout as $line)
{
   echo "$line\n";
}
```

La boucle affichera alors :

```
Volume in drive C has no label.
 Volume Serial Number is 384E-15E5

 Directory of C:\PHP

05/18/2003  08:15a      <DIR>          .
05/18/2003  08:15a      <DIR>          ..
05/18/2003  04:19p      <DIR>          cli
05/18/2003  04:19p      <DIR>          dlls
05/18/2003  04:19p      <DIR>          extensions
05/18/2003  04:19p                  96 go-pear.bat
...
```

Vous pouvez également exécuter les instructions suivantes pour récupérer des éléments spécifiques dans le tableau de sortie :

```
echo $dirout[3];
echo $dirout[7];
```

dont la sortie sera :

```
Directory of C:\PHP
05/18/2003  04:19p      <DIR>          cli
```

Faire appel à la fonction passthru

La fonction `passthru` exécute une commande système et affiche la sortie comme si elle était retournée. Pour exécuter une commande système, utilisez l'instruction suivante :

```
passthru("dir c:\php");
```

L'instruction affiche le listing du répertoire, mais ne retourne rien. Vous n'avez donc pas besoin d'utiliser une variable pour stocker les données retournées.

La sortie est affichée dans un formulaire brut. Il n'est pas traité. Vous pouvez faire appel à cette fonction dans une sortie binaire.

Questions de sécurité

Lorsque vous exécutez une commande système, vous autorisez un utilisateur à effectuer une action sur votre ordinateur. Si la commande se trouve dans le répertoire `dir c:\php`, tout marche à merveille. En revanche, si elle réside dans `is rm /bin/*` ou `del c:\*.*`, vous n'obtiendrez pas le même résultat. Soyez donc très vigilant lorsque vous faites appel à des fonctions pour exécuter des commandes en dehors de votre script.

Tant que vous exécutez des commandes que vous écrivez vous-même, comme `dir` ou `ls`, tout va bien. Mais lorsque vous commencez à exécuter des commandes qui comprennent des données envoyées par les utilisateurs, soyez doublement vigilant. Supposez que votre application crée un répertoire dans lequel sont envoyés les noms des utilisateurs qu'ils ont entrés dans un formulaire. Un utilisateur saisit Martin dans le champ du formulaire nommé `repertoireNom`. Le script qui traite le formulaire contient la commande suivante :

```
$repertoireNom = $_POST['repertoireNom'];
exec("mkdir $repertoireNom");
```

Comme `$repertoireNom=Martin`, `mkdir Martin` correspond à la commande qui est exécutée. Le répertoire est créé à la grande surprise de tout le monde.

Toutefois, supposez que l'utilisateur saisisse `Martin; rm *` dans le formulaire `$repertoireNom=Martin; rm *`, la commande qui s'exécute sera `mkdir Martin;rm *`. Sur bien des systèmes d'exploitation, comme Linux/Unix, le point-virgule est le caractère qui sépare deux commandes, aussi ces deux commandes tiendront-elles sur une seule ligne et seront exécutées comme suit :

```
mkdir Martin
rm *
```

Le répertoire Martin est créé, mais tous les fichiers que contenait le répertoire en cours d'utilisation sont supprimés !

Si vous utilisez une variable dans une commande système, soyez également vigilant. Vous devez connaître sa provenance. Si elle n'est pas issue de votre script, vérifiez sa valeur avant de l'utiliser ! Dans l'exemple précédent, vous auriez pu ajouter du code afin que le script vérifie si cette variable contenait des lettres et des chiffres avant de l'utiliser dans la commande `mkdir`.

Utiliser FTP

Internet compte des millions de transferts de fichiers d'un ordinateur à l'autre par jour. Lorsque deux collègues à l'autre bout de la terre doivent se partager des fichiers, il n'y a pas de problème. Un transfert ne prend que quelques secondes et les deux collègues obtiennent les fichiers dont ils ont besoin.

Vous pouvez transférer des fichiers via votre serveur Web (voir Chapitre 11) ou FTP. Dans cette section, vous allez apprendre à transférer des fichiers via FTP.

FTP est indépendant du Web. Ce protocole de transfert de fichiers vous permet de transférer des fichiers dans un script PHP pour le Web ou un script indépendant du Web. Vous pouvez récupérer le listing d'un répertoire qui se trouve sur un autre ordinateur, ou bien télécharger ou charger un seul ou plusieurs fichiers en une seule fois.

FTP est un logiciel client/serveur. Pour transférer des fichiers de votre ordinateur à une machine distante, vous connectez votre PC au serveur FTP de l'ordinateur distant et lui envoyez des requêtes.

Pour utiliser FTP dans vos scripts, activez la prise en charge de FTP au moment de l'installation de PHP pour Windows. Si vous compilez PHP sur Unix/Linux/Mac, activez l'option d'installation de prise en charge FTP, comme suit :

```
--enable-ftp
```

Reportez-vous à l'Annexe A pour de plus amples informations sur les options d'installation.

Se connecter à un serveur FTP

Pour se connecter au serveur FTP de l'ordinateur avec lequel vous allez échanger des fichiers, faites appel à la fonction `ftp_connect`, comme suit :

```
$connect = ftp_connect("janet.valade.com");
```

ou passez par l'adresse IP :

```
$connect = ftp_connect("172.17.204.2");
```

Une fois connecté, ouvrez une session sur le serveur FTP. Pour cela, vous devez avoir un ID utilisateur et un mot de passe. Ces ID utilisateur et mot de passe peuvent être personnels ou génériques pour quiconque se connecte. Certains sites publics utilisent l'ID utilisateur anonyme et l'adresse électronique de l'utilisateur comme mot de passe. En fait, par mesure de sécurité, il vaut mieux placer l'ID utilisateur et le mot de passe dans un fichier séparé, et inclure le fichier si nécessaire (voir Chapitre 8).

La fonction `ftp_login` vous permet d'ouvrir une session sur un serveur FTP après l'établissement de la connexion. Cette instruction suppose que vous disposiez d'un compte d'utilisateur et d'un mot de passe stockés dans les variables :

```
$login_result = ftp_login($connect,$idutilisateur,$motpasse);
```

Si vous essayez d'ouvrir une session sans établir de connexion au serveur FTP, vous voyez apparaître le message d'avertissement suivant :

```
Warning: ftp_login() expects parameter 1 to be resource, boolean given in d:\
test1\test13.php on line 9
```

Ce message n'arrêtera pas le programme. La session ne s'ouvrira pas, mais le script continuera de s'exécuter. Comme le reste de ce script dépend de la connexion FTP, vous devez arrêter son exécution en cas d'échec des fonctions. Les instructions ci-dessous stoppent le script :

```
$connect = ftp_connect("janet.valade.com")
          or die("Ne peut pas se connecter au serveur");
$login_result = ftp_login($connect,$idutilisateur,$motpasse)
          or die("Ne peut pas ouvrir de session sur le serveur");
```

Après avoir ouvert une session FTP, vous allez lui envoyer des requêtes pour effectuer des tâches comme récupérer le listing d'un répertoire ou charger et télécharger des fichiers.

Récupérer le listing d'un répertoire

L'instruction `ftp_nlist` récupère le listing d'un répertoire sur un ordinateur distant et le stocke dans un tableau, comme suit :

```
$filesArr = ftp_nlist($connect,"données");
```

Le second paramètre entre parenthèses correspond au nom du répertoire. Si vous ne le connaissez pas, demandez au serveur FTP de vous donner le nom du répertoire courant, comme suit :

```
$directory_name = ftp_pwd($connect);
$filesArr = ftp_nlist($connect,$directory_name);
```

Une fois l'instruction `ftp_nlist` exécutée, FTP envoie le listing du répertoire qui est stocké dans un tableau, un seul nom de fichier pour chaque élément du tableau. Vous affichez ensuite le listing du répertoire dans le tableau, comme suit :

```
foreach($filesArr as $value)
{
    echo $value\n;
}
```

Télécharger et charger des fichiers via FTP

Pour télécharger un fichier sur un ordinateur distant, faites appel à la fonction `ftp_get`, comme dans les instructions suivantes :

```
ftp_get($connect,"nouveaufichier.txt","données.txt",FTP_ASCII);
```

Le premier nom de fichier, `nouveaufichier.txt`, est celui du fichier que vous venez de télécharger sur votre ordinateur ; le second, `données.txt`, celui du fichier que vous souhaitez télécharger.

`FTP_ASCII` indique à FTP le type de fichier à télécharger. Les modes de fichiers sont `FTP_ASCII` et `FTP_BINARY`. Les fichiers binaires sont des fichiers en langage machine. Vous pouvez déterminer le mode de fichier dont vous avez besoin en examinant le contenu du fichier. Si le contenu est constitué de caractères que vous comprenez, ce fichier est en mode ASCII. Si le contenu vous paraît bien étrange, le fichier est binaire. Par exemple, les fichiers images sont binaires.

Vous pouvez charger un fichier à l'aide d'une fonction `ftp_put`, comme suit :

```
ftp_put($connect,"nouveaufichier.txt","données.txt",FTP_ASCII);
```

Le premier nom de fichier, `nouveaufichier.txt`, est celui du fichier que vous venez de charger sur l'ordinateur distant ; le second, `données.text`, celui du fichier que vous souhaitez charger.

Une fois que vous avez terminé le transfert de fichiers via FTP, fermez la connexion à l'aide de l'instruction suivante :

```
ftp_close($connect);
```

Le script reproduit au Listing 13.2 télécharge tous les fichiers d'un répertoire ayant une extension `.txt`. Ces fichiers sont téléchargés sur un ordinateur distant via FTP.

Listing 13.2 : Script pour télécharger des fichiers via FTP.

```
<?php
 /* Script name: telechargeFichiers
  * Description: Télécharge tous les fichiers ayant une
  *              extension txt dans un répertoire via FTP.
```

Listing 13.2 : Script pour télécharger des fichiers via FTP. (*suite*)

```
 */
$dir_name = "données/";
$connect = ftp_connect("janet.valade.com")
    or die("Ne peut se connecter au serveur FTP ");
$login_result = ftp_login($connect,$IDutilisateur,$motpasse)
    or die("Ne peut ouvrir de session");
$filesArr = ftp_nlist($connect,$dir_name);
foreach($filesArr as $value)
{
   if(ereg("\.txt$",$value))
   {
     if(!file_exists($value))
     {
        ftp_get($connect,$value,$dir_name.$value,FTP_ASCII);
     }
     else
     {
        echo "Fichier $value existe déjà!\n";
     }
   }
}
ftp_close($connet);
?>
```

Le script récupère le listing d'un répertoire sur l'ordinateur distant et le stocke dans `$filesArr`. L'instruction `foreach` parcourt les noms de fichiers dans `$filesArr` et vérifie si les fichiers ont une extension `.txt`. Dans ce cas, le script vérifie si un fichier porte le même nom. Si le fichier n'a pas le même nom, il est téléchargé. Si le fichier existe, un message est affiché et le fichier n'est pas téléchargé.

Autres fonctions FTP

Outre les options de téléchargement via FTP, vous pouvez modifier un répertoire sur l'ordinateur distant ou en créer un nouveau. Le Tableau 13.2 présente la plupart des fonctions FTP.

Tableau 13.2 : Fonctions FTP.

Fonction	Ce qu'elle fait
`ftp_cdup($connect)`	Passe directement au répertoire situé au-dessus du répertoire courant.
`ftp_chdir($connect, "`*`nomrepertoire`*`")`	Modifie les répertoires sur l'ordinateur distant.
`ftp_close($connect)`	Ferme une connexion FTP.
`ftp_connect("`*`nomserveur`*`")`	Etablit une connexion sur l'ordinateur. *Nomserveur* peut être un nom de domaine ou une adresse IP.
`ftp_delete($connect,"`*`chemin/nomfichier`*`")`	Supprime un fichier sur l'ordinateur distant.
`ftp_exec($connect,"`*`commande`*`")`	Exécute une commande système sur l'ordinateur distant.
`ftp_fget($connect,$fh, "`*`données.txt`*`",FTP_ASCII)`	Télécharge le contenu du fichier de l'ordinateur distant dans un fichier ouvert. `$fh` est le nom du gestionnaire de fichiers du fichier ouvert (reportez-vous au Chapitre 12).
`ftp_fput($connect,"nouveau.txt", $fh,FTP_ASCII)`	Charge un fichier sur un ordinateur distant. `$fh` est le gestionnaire du fichier ouvert.
`ftp_get($connect,"d.txt", "sr.txt",FTP_ASCII)`	Télécharge un fichier sur l'ordinateur distant. `sr.txt` est le nom du fichier à télécharger et `d.txt` celui du fichier téléchargé.
`ftp_login($connect, $IDutilisateur,$motdepasse)`	Ouvre une session sur le serveur FTP.
`ftp_mdtm($connect, "`*`nomfichier.txt`*`")`	Récupère la date et l'heure de la dernière modification du fichier.
`ftp_mkdir($connect, "`*`nomrepertoire`*`")`	Crée un nouveau répertoire sur l'ordinateur distant.
`ftp_nlist($connect, "`*`nomrepertoire`*`")`	Récupère la liste des fichiers dans un répertoire distant. Les fichiers sont retournés dans un tableau.
`ftp_put($connect,"d.txt", "sr.txt",FTP_ASCII)`	Charge un fichier sur l'ordinateur distant. `sr.txt` est le nom du fichier à charger et `d.txt` celui du fichier sur l'ordinateur distant.

Tableau 13.2 : Fonctions FTP. (*suite*)

Fonction	Ce qu'elle fait
`ftp_pwd($connect)`	Récupère le nom du répertoire courant de l'ordinateur distant.
`ftp_rename($connect, "`*`anciennom`*`","`*`nouveaunom`*`")`	Renomme un fichier sur l'ordinateur distant.
`ftp_rmdir($connect, "`*`nomrepertoire`*`")`	Supprime un fichier sur l'ordinateur distant.
`ftp_size($connect, "`*`nomfichier.txt`*`")`	Retourne la taille du fichier sur l'ordinateur distant.
`ftp_systype($connect)`	Retourne le type de système d'exploitation du serveur de fichiers distant, comme Unix, par exemple.

Utiliser le courrier électronique

L'application sur Internet la plus largement utilisée est bien la messagerie électronique. De nombreuses applications PHP requièrent l'utilisation de cet outil désormais indispensable. Des applications, qui permettent aux clients de commander des produits, leur envoient un message électronique pour récapituler leurs commandes. Si des utilisateurs créent un compte, l'application leur envoie un message pour vérifier leur adresse électronique. Lorsque l'utilisateur clique sur le lien "J'ai oublié mon mot de passe", l'application lui envoie immédiatement, via courrier électronique, son mot de passe. D'autres applications envoient tous les mois des lettres de diffusion à des listes d'abonnés. Bref, la messagerie électronique offre une multitude d'usages.

PHP comporte une fonction qui simplifie grandement l'envoi de messages électroniques. Dans cette section, vous allez apprendre à envoyer des messages électroniques depuis votre application.

Configurer PHP pour envoyer des messages électroniques

Les messages électroniques sont envoyés par un serveur d'envoi de messages électroniques. Pour envoyer un message, vous devez accéder à ce type de serveur. Si vous envoyez des messages électroniques directement de chez vous, vous utilisez un serveur d'émission de messages électroniques. Vous devez indiquer à PHP le nom de ce serveur pour envoyer des messages depuis votre script.

TRUC

Le serveur de courrier électronique est généralement un serveur SMTP (Simple Mail Transfer Protocol). Si vous utilisez un réseau local à votre bureau, un modem chez vous ou un fournisseur d'accès à Internet via modem, vous envoyez vos messages électroniques via un serveur SMTP. Ce serveur a une adresse que vous devez connaître.

Vous connaissez le nom de votre serveur d'envoi de messages électroniques grâce à votre logiciel de messagerie électronique. Ce dernier le connaît et l'a sans doute stocké quelque part. Examinez les paramètres de votre logiciel de messagerie électronique, vous trouverez le nom du serveur d'envoi de messages électroniques. Dans Outlook Express, vous le trouverez en effectuant ces étapes :

1. **Sélectionnez Outils/Comptes.**
2. **Dans la liste des comptes, sélectionnez Courrier électronique.**
3. **Cliquez sur Propriétés.**
4. **Cliquez sur l'onglet Serveur.**

Un champ affiche le nom de votre serveur de messagerie électronique.

Si vous ne parvenez pas à trouver le nom du serveur, demandez-le à l'administrateur du courrier électronique. Si vous passez par un fournisseur d'accès à Internet (FAI), demandez-le-lui. Ce nom prend la forme suivante :

```
mail.nomfai.net
```

Si vous utilisez Linux/Unix, le serveur doit être sendmail.

Le nom de votre serveur sous vos yeux, ouvrez `php.ini`. Recherchez les lignes suivantes :

```
[mail function]
; Pour Win32 seulement.
SMTP = localhost

; Pour Win32 seulement.
sendmail_from = moi@localhost.com
```

```
; Pour Unix seulement.  Donnez autant d'arguments que vous voulez (default:
"sendmail -t -i").
;sendmail_path =
```

Les utilisateurs de Windows doivent changer les deux premiers paramètres. Au premier paramètre, ils vont insérer le nom de leur serveur d'envoi de messages électroniques, comme suit :

```
SMTP = mail.nomfai.com
```

Le deuxième paramètre correspond à l'adresse de retour qui est envoyée avec votre message électronique. Passez ce paramètre à l'adresse de retour que vous allez utiliser, comme suit :

```
sendmail_from = Janet@Valade.com
```

Le troisième paramètre ne concerne que les utilisateurs d'Unix. Le paramètre par défaut est correct, mais, s'il ne fonctionne pas, demandez à l'administrateur système le chemin correct vers le serveur de messagerie électronique.

TRUC

Utilisateurs d'Unix : Des chemins vers sendmail corrects sont `/usr/sbin/sendmail` ou `/usr/lib/sendmail`. Si votre système n'utilise pas sendmail, il existe généralement un wrapper de serveur de messagerie électronique. Par exemple, les utilisateurs de Qmail essaieront `/var/qmail/bin/sendmail` ou `/var/qmail/bin/qmail-inject`.

NOTE TECHNIQUE

Redémarrez votre serveur Web pour que les paramètres de messagerie électronique prennent effet dans `php.ini`.

Envoyer des messages électroniques

La fonction PHP appelée `mail` vous permet d'envoyer des messages électroniques depuis votre script. Sa syntaxe est :

```
mail(adresse,sujet,message,en-têtes);
```

Vous devez remplir les valeurs suivantes :

- `adresse` : L'adresse électronique qui reçoit le message.
- `sujet` : Une chaîne d'une ligne qui résume le sujet du message électronique.
- `message` : Le contenu du message.
- `en-têtes` : Une chaîne qui paramètre les valeurs de l'en-tête du message électronique.

Vous pouvez configurer et envoyer un message électronique comme suit :

```
$to = "janet@valade.com";
$subj = "Test";
$mess = "Ceci est un test de la fonction mail";
$headers = bcc:techsupport@mapetiteentreprise.com\r\n
$mailsend = mail($to,$subj,$mess,$headers);
```

Le message est envoyé à l'adresse stockée dans la variable `$to`. Vous pouvez envoyer un message à plusieurs personnes à l'aide de l'instruction suivante :

```
$to= "janet@valade.com,moi@mapetiteentreprise.com";
```

La chaîne `$headers` dans cet exemple envoie aussi une copie cachée du message au `techsupport`. Vous pouvez inclure plusieurs en-têtes comme suit :

```
$header = "cc:tech@mapetiteentreprise.com\r\
nbcc:vente@mapetiteentreprise.com";
```

Les en-têtes sont facultatifs. Seuls les trois premiers paramètres sont requis.

La variable `$mailsend` retourne `TRUE` ou `FALSE`. Cependant, `TRUE` ne garantit pas que le message sera reçu là où il a été envoyé. Cette valeur signifie simplement que le message est parti.

Envoyer des pièces jointes

Dans certains cas, vous préférerez envoyer des informations sous forme de pièces jointes plutôt qu'un message électronique. Vous pouvez, par exemple, envoyer un contrat de trente pages à tous vos clients dans une pièce jointe et non l'inclure dans le corps du message.

Pour envoyer une pièce jointe, vous allez envoyer un en-tête électronique qui spécifie que le message comporte une pièce jointe. Cet en-tête épousera la syntaxe suivante :

```
Content-disposition: attachment; nomfichier=test.txt
```

L'en-tête indique au logiciel de messagerie électronique que le message envoyé comporte une pièce jointe, le fichier `test.txt`. L'exemple suivant illustre l'envoi d'un court message dans une pièce jointe, même s'il est assez peu probable que vous l'utilisiez :

```
$to = "janet@valade.com";
$subj = "Tester une pièce jointe";
$mess = <<< END
Ceci est le message test.
Ce message devrait arriver en pièce jointe.
Voyons ce qui se passe.
END;
$headers = "Content-disposition: attachment; nomfichier=test.txt\n";
$headers .= "cc:vente@mapetiteentreprise.com\n";
$mailsend = mail($to,$subj,$mess,$headers);
```

Ce message électronique est composé de deux en-têtes : l'en-tête `Content-disposition` et l'en-tête `cc`. Ils sont tous les deux écrits dans une seule chaîne stockée dans la variable `$headers`. Chaque en-tête se termine par `\n`. Dans certains logiciels de messagerie électronique, vous le remplacerez par `\r\n`.

En général, vous envoyez une pièce jointe pour transmettre le contenu d'un fichier. Pour cela, il vous suffit de lire le fichier dans une variable que vous enverrez par la suite sous forme de message. Reportez-vous au Chapitre 12 sur la lecture des données dans un fichier.

Pour lire un fichier que vous comptez envoyer en pièce jointe, stockez le fichier à lire dans une seule et longue chaîne à l'aide de la fonction `file_get_contents`, comme suit :

```
$mess = file_get_contents("nomfichier");
```

Le Listing 13.3 reproduit un script qui envoie un fichier texte en pièce jointe.

Listing 13.3 : Script qui envoie un fichier texte sous forme de pièce jointe.

```
<?php
 /* Script name: Testmessage
  * Description: Envoie un fichier texte en pièce
  *              jointe.
  */
$nomfichier = "mesdonnées.txt";
$mess = file_get_contents($nomfichier);
$to = "janet@valade.com";
$subj = "Envoyer mesdonnées en pièce jointe ";
$headers = "Content-disposition: attachment; nomfichier=mesdonnées.txt\n";
if(!$mailsend = mail($to,$subj,$mess,$headers))
{
   echo "Message non envoyé\n";
}
else
{
   echo "Message envoyé\n";
}
?>
```

Ce script lit le contenu de la chaîne via `file_get_contents`. L'en-tête est stocké dans `$headers`. Le message électronique est ensuite envoyé avec la fonction `mail`. Une instruction `if` teste la fonction `mail` en retournant le message approprié.

Vous pouvez bien évidemment envoyer d'autres types de fichiers que des fichiers texte. Pour cela, vous devez envoyer des en-têtes qui indiquent au logiciel de messagerie électronique le type de fichier envoyé. Ce type d'en-tête est appelé `Content-type` ; vous l'envoyez comme suit :

```
Content-type: typecontenu
```

Le type de contenu d'un fichier texte est `text/plain`, le type de fichier des exemples précédents. En général, `text/plain` est le type par défaut. Un autre type de fichier texte est le fichier HTML, dont le type de contenu est `text/html`.

Les autres types de fichiers sont des fichiers binaires. Les fichiers image, audio et vidéo sont tous des fichiers binaires. Voici quelques-uns de leurs types :

```
image/gif
image/jpeg
audio/x-wav
audio/vnd.rn-realaudio
video/mpeg
video/avi
```

Vous pouvez également envoyer des fichiers d'application. Certains seront des fichiers texte, d'autres des fichiers binaires. Par exemple, un fichier RTF est de type texte, alors qu'un document Word ou une feuille de calcul Excel sont de type binaire. Le type général des fichiers binaires est `application/octet-stream`. Si le fichier est binaire, mais que vous ne savez pas quelle application l'a généré, essayez `application/octet-stream`.

Les fichiers binaires peuvent être encodés lorsqu'ils sont envoyés via un courrier électronique pour qu'ils arrivent en bon état. PHP comporte des fonctions qui encodent les fichiers :

```
$mess = chunk_split(base64_encode($chaine));
```

La variable `$chaine` contient le contenu du fichier binaire stocké par la fonction `fread`.

En outre, si vous envoyez un fichier encodé, vous devez l'indiquer au logiciel de messagerie électronique dans un en-tête de type :

```
Content-Transfer-Encoding: base64
```

Le script du Listing 13.4 illustre l'envoi d'un fichier image (binaire et encodé) en pièce jointe.

Listing 13.4 : Script qui envoie un fichier image en pièce jointe.

```
<?php
 /* Script name: mailGraphic
  * Description: Envoie un fichier image en pièce
  *              jointe.
  */
$nomfichier = "logo.gif";
$fh = fopen($nomfichier,"rb");
$fileContent = fread($fh,filesize($nomfichier));
fclose($fh);
```

Listing 13.4 : Script qui envoie un fichier image en pièce

```
$mess = chunk_split(base64_encode($fileContent));
$to = "janet@valade.com";
$subj = "Envoyer une image en pièce jointe";
$headers = "Content-disposition: attachment; nomfichier=logo.gif\n";
$headers .= "Content-type: image/gif\n";
$headers .="Content-Transfer-Encoding: base64\n";
if(!$mailsend = mail($to,$subj,$mess,$headers))
{
   echo "Message non envoyé\n";
}
else
{
   echo "Message envoyé\n";
}
?>
```

Ce script encode le contenu du fichier pour le stocker dans `$mess`. Il comprend les en-têtes requis au transfert des informations qui ne sont pas du texte.

Chapitre 14

Extensions PHP

Dans ce chapitre :

- Comprendre les extensions.
- Installer PEAR.
- Utiliser des paquetages PEAR.

L'architecture PHP se compose du cœur de PHP et de ses extensions. Le cœur de PHP offre la fonctionnalité de base du langage.

La grande puissance et la souplesse de PHP dépendent essentiellement de ces centaines de fonctions que sont les fonctions intégrées et les fonctions disponibles dans une extension PHP. Tout au long de ce livre, vous avez découvert bon nombre de fonctions intégrées de PHP. En outre, l'Annexe B présente une liste de ces fonctions. Toutefois, PHP en comporte bien d'autres dans ses extensions.

La plupart des fonctions PHP se trouvent dans les extensions qui délimitent les capacités de PHP. Quelques extensions principales sont compilées dans PHP et sont toujours accessibles par défaut. D'autres sont incluses dans la distribution de PHP, mais vous devrez peut-être les ajouter avant de pouvoir en bénéficier. Les fonctions de base de données de PHP font partie de ces fonctions que vous devez activer avant de les utiliser (reportez-vous au Chapitre 12). De plus, les extensions sont généralement écrites par des particuliers. L'une des meilleures extensions de PHP reste PEAR (PHP Extension and Application Repository).

Dans ce chapitre, je vous présente ces extensions et vous explique comment les récupérer et les utiliser.

Extensions de base

La distribution de base de PHP comprend plusieurs extensions. Une fois celles-ci compilées dans PHP, vous pouvez les utiliser. Vous n'avez pas besoin de savoir ce qu'elles sont ni comment les activer. Vous pouvez simplement utiliser leur fonctionnalité. (En réalité, si vous ne souhaitez pas vous en servir, désactivez-les en vous reportant à l'Annexe A.)

Pour déterminer les extensions qui sont activées au moment de l'installation de PHP, examinez la sortie générée par `phpinfo()`. Elle affiche une liste de paramètres de PHP et de ses extensions. Voici la liste des extensions qui sont activées par défaut :

- **BCMath** : Bibliothèque de fonctions de calcul bien plus précise que les nombres à virgule flottante.
- **calendar** : Bibliothèque qui fournit des fonctions pour convertir divers formats de calendriers : julien, grégorien, républicain français, etc.
- **COM** : Fournit un accès aux objets COM.
- **ctype** : Fonctions d'analyse de caractères qui vérifient par exemple si les caractères sont des caractères alphabétiques ou des signes de ponctuation.
- **ftp** : Fonctions qui permettent de se connecter et d'envoyer des requêtes à un serveur FTP.
- **odbc** : Fonctions qui permettent d'utiliser des bases de données ODBC.
- **pcre** : Fonctions qui permettent d'utiliser des expressions régulières compatibles avec Perl.
- **session** : Fonctions qui permettent de créer et d'utiliser les sessions intégrées PHP.
- **SQLite** : Fonctions qui permettent de stocker des données dans des fichiers plats avec SQL.
- **tonenizer** : Fonctions qui permettent d'analyser du code PHP.
- **wddx** : Fonctions qui permettent d'utiliser WDDX, un standard basé sur XML, pour échanger des données entre applications.
- **xml** : Une bibliothèque qui permet d'analyser des documents XML.

- **zlib** : Une bibliothèque qui permet de lire et d'écrire des fichiers compressés gzip.

Cette liste répertorie les extensions qui sont effectivement compilées dans PHP. Toutefois, elle a pu varier depuis la rédaction de ce livre. Elle s'est peut être agrandie ou a raccourci.

Si vous avez téléchargé et installé des fichiers binaires Windows pour PHP, ces extensions sont compilées dans des fichiers binaires. Si vous avez compilé votre propre interpréteur PHP sur Linux ou Unix, ces extensions sont incluses par défaut. Si vous souhaitez en supprimer quelques-unes, vous devez le faire avant la compilation. Par exemple, si vous n'envisagez pas d'utiliser les fonctions session, vous devez désactiver une option d'installation (voir l'Annexe A), comme suit :

```
--disable-session
```

En général, les extensions intégrées sont celles que les utilisateurs utilisent le plus. Vous ne les supprimerez sans doute pas.

Extensions standards

Bien des extensions incluses dans la distribution PHP ne sont pas compilées dans l'interpréteur. Autrement dit, vous disposez des fichiers requis, mais la prise en charge de ces extensions n'est pas intégrée. Vous devez donc les activer pour pouvoir en bénéficier. Ces extensions sont généralement moins utilisées que les extensions de base. Les développeurs PHP vous fournissent les extensions, mais ne les compilent pas pour gagner des ressources.

Si vous devez utiliser l'une des extensions PHP, vous allez devoir l'ajouter. Cette opération n'est pas difficile. Si vous compilez PHP lors de son installation, il vous suffit d'activer l'option d'installation dont vous avez besoin. (Reportez-vous aux instructions d'installation de l'Annexe A.) La plupart des utilisateurs Linux, Unix et Mac compilent PHP au moment de l'installation, ce qui n'est pas le cas des utilisateurs Windows.

Si vous téléchargez et installez une copie binaire de PHP au lieu de compiler votre propre interpréteur PHP, installez l'une de ces extensions standards, comme suit :

1. **Copiez le fichier dll approprié du sous-répertoire des extensions dans le répertoire système.**

Le sous-répertoire des extensions se trouve dans `c:\php\ext`. Votre répertoire système réside dans `windows\system` (Win98/Me), `winnt\system32` (Windows NT/2000) ou `windows\system32` (XP).

2. **Ouvrez le fichier `php.ini` et recherchez une ligne du type :**

```
;extension=php_gd2.dll
```

3. **Supprimez le point-virgule en début de ligne.**

Voici les extensions les plus utilisées :

- **Extensions base de données** : Bon nombre de personnes utilisent les extensions base de données. Elles fournissent les fonctions qui permettent d'interagir avec un type spécifique de base de données. Comme nous l'avons dit précédemment, l'extension de base de données ODBC est comprise par défaut dans PHP. (Reportez-vous au Chapitre 12 consacré aux fonctions base de données de PHP.)

- **Librairie GD** : Cette bibliothèque figure parmi les extensions de PHP les plus utilisées. Elle permet d'utiliser les fonctions de sortie d'images et de HTML. Vous pouvez créer et manipuler des images dans plusieurs formats comme JPEG, GIF, PNG et autres.

  ATTENTION !

  Depuis PHP 4.3.0, la version embarquée de GD est de bien meilleure facture. Utilisez cette version au lieu d'installer une version externe de GD. Pour cela, compilez PHP en activant l'option d'installation `with-gd2` (voir Annexe A), sans spécifier le chemin de répertoire (ne pas utiliser `=DIR`).

- **Extension PDF** : Cette bibliothèque de fonctions vous permet de créer un document PDF. Vous pouvez définir les polices, le texte et ajouter des images.

- **cURL** : Cette bibliothèque vous permet de communiquer avec toutes sortes de serveurs tels que HTTPS, Telnet, FTP, LDAP et autres.

La plupart des extensions comportent des fonctions qui interagissent avec des bibliothèques logicielles. Par exemple, les extensions base de données fournissent des fonctions qui interagissent avec un logiciel de base de données spécifique. Vous devez donc installer le logiciel approprié pour que les extensions fonctionnent (vous installerez par exemple le logiciel Oracle pour que les extensions base de données Oracle puissent fonctionner). Certaines bibliothèques peuvent être déjà installées sur votre ordinateur. Si ce n'est pas le cas, téléchargez et installez les bibliothèques requises. Lisez attentivement sur le site de PHP la documentation en ligne dédiée à l'extension que vous comptez utiliser. Recherchez des informations sur les bibliothèques requises. Certaines d'entre elles sont fournies dans la distribution PHP. Elles sont stockées dans le répertoire où est installé PHP. Il vous faudra alors les copier dans le répertoire système de Windows, par exemple.

Le Tableau 14.1 présente la liste des extensions les plus souvent incluses dans la distribution PHP, excepté les extensions de base de données qui sont décrites au Chapitre 12.

Dans ce tableau, tous les noms dll commencent par `php_` et se trouvent dans le répertoire `php/ext`. `DIR` est le répertoire d'installation de la bibliothèque du logiciel. Si `DIR` n'est pas utilisé, un répertoire par défaut le remplace.

Tableau 14.1 : Extensions PHP.

Extension	Description	Nom dll	Option d'installation
`bzip2 Compression`	Lit/écrit des fichiers compressés `bzip2`	`_bz2.dll`	`--with-bz2=DIR`
`ClibPDF`	Crée des documents PDF	`_cpdf.dll`	`--with-cpdflib=DIR`
`Crack`	Vérifie si un mot de passe peut être ou non craqué	`_crack.dll`	`--with-crack=DIR`
`cURL`	Communique avec divers types de serveurs	`_curl.dll`	`--with-curl=DIR`
`Domxml`	Lit/crée des documents XML	`_domxml.dll`	`--with-dom=DIR`
`FDF`	Traite des formulaires comportant un document PDF	`_fdf.dll`	`--with-fdftk=DIR`
`GD`	Sort des images	`_gd2.dll`	`--with-gd2`
`gettext`	Prend en charge le langage natif	`_gettext.dll`	`--with-gettext=DIR`
`iconv`	Convertit des chaînes entre encodage de jeu de caractères	`_iconv.dll`	`--with-iconv=DIR`
`IMAP`	Gère des messages électroniques	`_imap.dll`	`--with-imap=DIR`

Tableau 14.1 : Extensions PHP. (*suite*)

Extension	Description	Nom dll	Option d'installation
JAVAIntègre une prise en charge Java		_java.dll	--with-java=DIR
LDAP	Accède aux serveurs répertoire	_ldap.dll	--with-ldap=DIR
Multi-byte String	Traite les idéogrammes japonais et autres	_mbstring.dll	--with-mbstring=LANG (le japonais est la langue par défaut)
Mcrypt Encryption	Crypte des chaînes	_mcrypt.dll	--with-mcrypt=DIR
Mhash	Crée des sommes de contrôle et plus	_mhash.dll	--with-mhash=DIR
Mime type	Détermine le type de contenu	_mime_magic.dll	--with-mime-magic
Ming for Flash	Crée des films au format Flash	_ming.dll	--with-ming
OpenSSL	Fournit un transfert de données sécurisé	_openssl.dll	--with-openssl=DIR
PDF	Crée des fichiers PDF	_pdf.dll	--with-pdflib=DIR
Printer	Ecrit des données pour des imprimantes sous Windows	_printer.dll	N/A
Shared Memory	Lit/écrit des segments de mémoire partagés	_shmop.dll	--enable-shmop
SNMP	Gère des objets SNMP	_snmp.dll	--with-snmp=DIR
Sockets	Interface bas niveau de communication socket	_sockets.dll	--enable-sockets
XML-RPC	Ecrit dans des serveurs clients XML-RPC	_xmlrpc.dll	--with-xmlrpc=DIR

Tableau 14.1 : Extensions PHP. (*suite*)

Extension	Description	Nom dll	Option d'installation
XSLT	Extensible StyleSheet Language Transformations	_xslt.dll	--enable-xslt
Zip Files	Lit des fichiers zip	_zip.dll	--with-zip=DIR

Vous pouvez à tout moment supprimer ou ajouter l'une de ces extensions dans la distribution PHP.

Utiliser PEAR

PEAR (PHP Extension and Application Repository) est une bibliothèque structurée du code open source. Il a été conçu par des développeurs indépendants, mais il gère la distribution du code de divers projets.

PEAR a développé une puissante méthode de distribution. Le code d'un projet est distribué en paquetages. Les développeurs désireux de contribuer à une extension ou à une application doivent respecter ses standards : inclure des éléments spécifiés dans le paquetage de leur code, comme la documentation, et respecter le codage et les méthodes standards de PEAR pour la gestion des erreurs. Cette structure homogène en fait un code promu à un bel et long avenir. Si le développeur d'une application PEAR gagne au Loto et part s'installer à Tahiti, une autre personne peut reprendre plus facilement la maintenance du code abandonné grâce à la cohérence de la structure et de ses méthodes standards.

N'est pas labellisé projet PEAR qui veut. Seul du code de haute qualité, conforme aux standards PEAR, sera accepté. Les contributeurs doivent maintenir leur code et fournir de la documentation.

Trouver un paquetage PEAR

D'après le site Web PEAR (`http://pear.php.net`), PEAR compterait quelque 185 paquetages. Le logiciel PHP en compte six lorsque vous le téléchargez :

- **DB** : Couche d'abstraction de base de données qui vous permet d'interagir avec différentes bases de données avec le même jeu de fonctions.

- **Net_SOCKET** : Interface Socket Net. Une interface de classes dans les sockets TCP.
- **Net_SMTP** : Fournit une implémentation du protocole SMTP (Simple Mail Transfer Protocol) utilisant Net_Socket.
- **Mail** : Fournit diverses méthodes pour consulter et envoyer des messages électroniques.
- **XML_Parser** : Un parser XML basé sur l'extension XML intégrée de PHP.
- **PHPUnit** : Permet d'automatiser les tests des fonctions et classes PHP.

Vous trouverez ces paquetages PEAR dans le répertoire d'installation de PHP dans `PEAR/packages` ou `PEAR/go pear bundle`. Ces paquetages sont des fichiers compressés (zip). Vous pouvez utiliser le programme d'installation PEAR pour installer un paquetage PEAR.

Le site Web PEAR (`pear.php.net`) présente tous les paquetages disponibles. Parcourez les catégories pour rechercher des paquetages ou bien recherchez un paquetage dans la base de données.

Notez les liens Link Packages et Search Packages dans le panneau gauche de la page Web. Si vous cliquez sur le lien Link Packages, vous verrez apparaître les catégories suivantes :

- Authentication
- Benchmarking
- Caching
- Configuration
- Console
- Database
- Date and Time
- Encryption
- File Formats
- File System

- Gtk Components
- HTML
- HTTP
- Images
- Internationalization
- Logging
- Mail
- Math
- Networking
- Numbers
- Payment
- PEAR
- PHP
- Processing
- Science
- Streams
- Structures
- Text
- Tools and Utilities
- Web Services
- XML

Si vous cliquez sur une catégorie, une page apparaît, en affichant tous les paquetages. Si vous cliquez sur un paquetage en particulier, vous voyez apparaître une page affichant des informations détaillées sur ce paquetage.

Tous les paquetages listés dans la section doivent être installés avant l'exécution du paquetage courant. Vous trouverez également des liens pour télécharger ces paquetages. Toutefois, vous n'aurez pas à le faire manuellement, le programme d'installation de PEAR s'en chargera.

Si vous cliquez sur le lien Search Packages, vous voyez apparaître un formulaire qui vous permet de rechercher par nom, catégorie, auteur ou date. Les résultats de la recherche listent des liens vers les paquetages qui correspondent à votre recherche.

La page d'informations d'un paquetage affiche une description suffisamment courte pour vous en faire une idée. Vous trouverez néanmoins des informations plus détaillées dans le manuel dont le lien est affiché dans le panneau gauche de la page d'accueil. Cliquez dessus pour accéder à la table des matières. La Section IV Packages comporte un lien vers chaque catégorie de paquetage. Cliquez sur la catégorie qui vous intéresse, puis sur un paquetage. Vous verrez apparaître une abondante documentation, y compris des instructions sur l'utilisation des classes/fonctions dans ce paquetage.

Vous pouvez revenir à la page d'accueil du site PEAR en cliquant sur la poire dans le coin supérieur gauche !

Une fois que vous avez repéré le paquetage que vous voulez, notez son nom. Vous allez l'installer dans les sections suivantes.

Installer PEAR

PEAR comporte un gestionnaire de paquetages qui administre les paquetages PEAR. Ce gestionnaire est inclus dans votre distribution PEAR. Le programme d'installation installe, désinstalle et met à jour les paquetages. Il tient un registre des paquetages installés et peut afficher une liste des paquetages disponibles, vérifier les informations sur des paquetages et effectuer bien d'autres tâches de gestion.

Installer PEAR en compilant PHP

Si vous avez compilé PHP, le programme d'installation PEAR a été intégré et les six applications PEAR embarquées ont été installées. Pour vérifier si le programme d'installation s'est bien exécuté, lancez `pear.php` dans le répertoire PHP. Pour cela, entrez `pear` : une liste d'options PEAR apparaît. Vous pouvez également entrer `pear list-all`, la liste de tous les paquetages apparaîtra (cette opération peut prendre une minute ou deux, le temps du téléchargement sur Internet).

Dans les versions antérieures à PHP 4.3.0, le programme d'installation PEAR n'est pas inclus au moment de la compilation et de l'installation de PHP. Recherchez un script qui télécharge et installe les composants PEAR sur `go-pear.org`.

Installer PEAR sur Windows

Si vous avez installé PHP via le programme d'installation, PEAR n'a pas été installé. Pour ce faire, effectuez les étapes suivantes :

1. **Téléchargez les composants PEAR.**

   Téléchargez le fichier zip Windows pour une installation manuelle, comme expliqué à l'Annexe A. Décompressez ensuite le répertoire PEAR dans le répertoire où est installé PHP, en général le repertoire `c:\php\pear`. Si vous avez installé PHP en suivant les instructions de l'Annexe A, tous les composants de PEAR devraient y être. Vous n'avez pas besoin de les télécharger encore une fois.

2. **Insérez le répertoire PEAR dans le chemin de fichier** `include` **:**

   Ouvrez `php.ini` et recherchez la ligne ci-dessous :

```
include_path = ".;c:\php\includes;c:\php\PEAR"
```

   Si le chemin n'inclut pas le répertoire PEAR, ajoutez-le comme dans l'exemple de cette ligne `php.ini`.

3. **Téléchargez et installez le programme d'installation PEAR.**

   Double-cliquez sur `go-pear.php` (ou `go-pear.bat`) dans le répertoire où PHP est installé. Le script go-pear ouvre une fenêtre d'invite de commandes et affiche un message de bienvenue :

```
Welcome to go-pear!

Go-pear will install the 'pear' command and all the files
needed by it. This command is your tool for PEAR
 installation and maintenance.

Go-pear also lets you download and install the PEAR
packages bundled with PHP: DB, Net_Socket, Net_SMTP, Mail,
```

```
XML_Parser, phpUnit.

If you wish to abort, press Control-C now, or press Enter:
```

Le programme vous pose quelques questions et installe le programme d'installation. Il vous demande si vous souhaitez installer l'option des paquetages embarqués. Lorsqu'il a terminé, il affiche un dernier message.

Une fois le programme d'installation installé (et les 6 programmes si vous avez accepté de les installer), un programme nommé `pear.bat` se trouve dans le répertoire PHP. Vous pouvez tester `pear.bat` en l'exécutant dans l'Invite de commandes. Pour cela, entrez `pear` : une liste des options PEAR apparaît. Autrement, entrez `pear-list-all` : la liste de tous les paquetages apparaît.

Si vous entrez en ligne de commandes `list-all` avec le programme d'installation PEAR, il affiche une liste de tous les programmes disponibles. Recherchez les noms de tous les programmes qui vous intéressent. Notez bien leurs noms exacts pour pouvoir les installer.

Installer un paquetage PEAR

Pour installer un paquetage PEAR, vous allez utiliser le programme d'installation PEAR (le fichier `pear.bat` que vous avez installé dans la précédente section). Dans la section précédente, vous avez testé ce programme d'installation pour obtenir la liste de tous les paquetages. Dans cette section, vous allez découvrir comment installer un paquetage à l'aide du programme d'installation PEAR.

Pour installer un paquetage, entrez ce qui suit dans le répertoire PHP (`c:\php`) :

```
pear install nompaquetage
```

Le programme d'installation PEAR télécharge le fichier du paquetage sur le site Web PEAR et l'installe. Par exemple, vous installez `Mail` comme suit :

```
pear install Mail
```

PEAR affiche ensuite :

```
downloading Mail-1.0.2.tgz ...
...done: 12,287 bytes
requires package 'Net_SMTP'
Mail: dependencies failed
```

Cette sortie indique que `Mail` a été téléchargé et que ce paquetage requiert `Net_SMTP` pour s'exécuter. La sortie précise également que `Net_SMTP` n'est pas installé. Vous ne pouvez donc pas installer `Mail`. Vous devez installer `Net_SMTP` pour pouvoir installer `Mail`.

Une fois que vous avez installé `Net_SMTP`, puis `Mail`, si vous essayez d'installer encore une fois `Mail`, le programme d'installation PEAR affiche le message suivant, vous indiquant que `Mail` est déjà installé :

```
Mail already installed
```

Pour récupérer la liste de tous les paquetages PEAR effectivement installés, entrez la ligne suivante :

```
pear list
```

Pour mettre à jour un paquetage, entrez la commande suivante :

```
pear upgrade Mail
```

dont la sortie affichera :

```
downloading Mail-1.0.2.tgz ...
...done: 12,287 bytes
upgrade to a newer version (1.0.2 is not newer than 1.0.2)
```

Si vous essayez d'installer un paquetage sans vous connecter à Internet, le programme d'installation affichera le message ci-dessous :

```
Connection to pear.php.net:80 failed
```

Pour désinstaller un paquetage, entrez :

```
pear uninstall Mail
```

La sortie suivante apparaîtra :

```
uninstall ok: Mail
```

Utiliser un paquetage PEAR

Une fois le paquetage installé, vous allez utiliser ses fonctions ou méthodes.

Accéder à un paquetage PEAR

Le paquetage installé, un fichier portant son nom (avec une extension .php) réside dans le répertoire PEAR. Par exemple, si vous avez installé Mail, le répertoire PEAR contient un fichier nommé Mail.php. Pour utiliser un paquetage PEAR, vous allez inclure ce fichier dans votre script. Pour utiliser le paquetage Mail, par exemple, exécutez l'instruction suivante :

```
require_once("Mail.php");
```

require_once permet de vérifier que tout le fichier Mail.php n'est pas inclus plusieurs fois. require arrête l'exécution du script si Mail.php n'est pas trouvé.

Reportez-vous au manuel en ligne du site Web PEAR pour obtenir de plus amples informations sur les méthodes ou fonctions d'un paquetage.

Comme DB est l'un des paquetages les plus utilisés de PEAR, la section suivante illustre l'utilisation de ce paquetage via un petit programme.

Initiation à DB, exemple de paquetage PEAR

La bibliothèque DB vous permet d'interagir avec différentes bases de données en utilisant les mêmes fonctions. Au Chapitre 12, vous avez appris que PHP comporte plusieurs jeux de fonctions bases de données, soit un jeu différent spécifique à chaque base de données. Vous allez donc utiliser des fonctions de type mysql_connect et pg_connect pour pouvoir accéder à ces bases de données.

Si vous changez de base de données, les fonctions base de données peuvent causer de nombreux problèmes. Supposez que votre base de données soit de type MySQL, et qu'un beau matin votre chef vous annonce qu'il vient de se procurer Oracle et que vous devez tout transférer dans Oracle ! Non seulement vous allez déplacer toutes les données, mais vous devrez aussi rechercher tous les endroits dans vos scripts qui font mention des fonctions base de données MySQL pour les changer en fonctions base de données Oracle. Certaines de ces fonctions ont une syntaxe différente, d'autres des paramètres qui sont dans un autre ordre.

Si vous êtes de nature optimiste, vous ne passerez jamais à une autre base de données. Toutefois, dans le futur, la probabilité zéro n'existe pas. Vous pouvez très bien utiliser une autre interface de base de données.

Interagir avec une base de données

Pour utiliser le paquetage DB de PEAR, vous allez suivre les mêmes étapes présentées au Chapitre 12 pour interagir avec une base de données :

1. **Se connecter à la base de données.**

2. **Envoyer à la base de données une requête qui lui indique l'action à réaliser.**

3. **Si des informations sont retournées dans la requête, traiter les informations.**

Pour vous connecter à une base de données via PEAR DB, il vous suffit d'indiquer les paramètres du compte d'utilisateur et du mot de passe, ainsi que le SQL à exécuter et le type de la base de données avec laquelle PEAR va communiquer. DSN (Data Source Required) correspond aux informations requises correctement formatées. En utilisant les informations de DSN, DB prend en charge la syntaxe. Pour transmettre les informations requises à DB, exécutez les instructions suivantes :

```
$host = "localhost";
$user = "admin";
$passwd = "secret";
$dbname = "Ventes";
$dbtype = "mysql";
$dsn = "$dbtype://$dbuser:$dbpasswd@$host/$dbname";
```

La variable `$dsn` contient les informations dont PEAR DB a besoin pour se connecter à une base de données. Vous le connectez à la base de données comme suit :

```
$db = DB::connect($dsn);
```

Une fois connecté à la base de données, envoyez une requête SQL comme suit :

```
$sql = "SELECT * from Clients";
$result = $db->query($sql);
```

Si la requête retourne des données, comme ici la requête `SELECT`, vous pouvez accéder aux informations à l'aide de l'instruction DB suivante :

```
$row = $result->fetchRow(DB_FETCHMODE_ASSOC);
```

Dans cette instruction, la méthode `fetchRow` retourne une ligne de résultats dans un tableau associé dont les noms des champs correspondent aux clés du tableau. Vous pouvez ensuite utiliser les données de ce tableau comme n'importe quel tableau.

Comme vous pouvez le constater, si vous changez de base de données, vous changez uniquement la valeur contenue dans `$dbtype` et rien d'autre. En effectuant ce petit travail supplémentaire, vous éliminez tous les problèmes dus au passage d'un SGBDR à l'autre. PEAR DB prend en charge les types de bases de données suivants :

- mysql (MySQL)
- pgsql (PostgreSQL)
- ibase (InterBase)
- msql (Mini SQL)
- mssql (Microsoft SQL Server)
- oci8 (Oracle 7/8/8I)
- odbc (ODBC, Open Database Connectivity)
- sybase (Sybase)
- ifx (Informix)
- fbsql (FrontBase)

Pour passer d'une base de données à l'autre (par exemple de MySQL à Sybase), il vous suffit de changer `$dbtype = "mysql";` en `$dbtype = "sybase";`.

Gestion des erreurs

Comme vous l'avez appris au Chapitre 12, les instructions qui interagissent avec une base de données peuvent échouer. Le logiciel de base de données peut se planter au moment où le script tente de se connecter. L'exécution du script devra alors s'arrêter et vous recevrez un message d'informations.

DB fournit une méthode `isError` qui vous permet de rechercher les erreurs. Cette méthode vérifie si la variable vaut `TRUE` ou recherche un objet `error`. Si la variable contient un objet `error`, appliquez la méthode `getMessage` pour vérifier le type de message d'erreur. Les instructions suivantes illustrent l'emploi de `isError` :

```
$db = DB::connect($dsn);
if(DB::isError($db))
{
   die($db->getMessage());
}
```

La méthode `isError` vérifie le contenu de `$db`. Si `$db` contient `TRUE`, la fonction `connect` a réussi et les instructions du bloc `if` ne sont pas exécutées. Mais si `$db` contient un objet error, le bloc `if` est exécuté. Dans ce cas, le bloc `if` contient une instruction `die`, qui affiche un message et arrête l'exécution du script. `$db->getMessage` récupère le message d'erreur stocké dans `$db`. Supposez que les informations que vous utilisez en construisant le DSN comportent une erreur de frappe dans le nom de la base de données. L'instruction `connect` échoue et `die` affiche le message suivant :

```
DB Error: no such database
```

Rassembler le tout

Le script du Listing 14.1 affiche la liste des clients d'une base de données. Ce script produit la même sortie que celle du Chapitre 12, et utilise les fonctions base de données PostgreSQL. Le script du Chapitre 12 est ici modifié par l'utilisation de la bibliothèque PEAR DB.

Listing 14.1 : Script qui affiche une liste de clients.

```
<?php
/* Script name: AfficheClient-DB
 * Description: Récupère tous les enregistrements clients dans une
 *              base de données et affiche la liste
```

Listing 14.1 : Script qui affiche une liste de clients. (*suite*)

```
 *              Clients dans une page Web.
 */
 require_once("DB.php");     # inclut les classes PEAR DB
 $host = "localhost";
 $dbuser = "admin";
 $dbpasswd = "secret";
 $dbname = "Ventes";
 $dbtype = "pgsql";
 $dsn = "$dbtype://$dbuser:$dbpasswd@$host/$dbname";
 $db = DB::connect($dsn);
 if(DB::isError($db))
 {
   die($db->getMessage());
 }
 $sql = "SELECT * from Clients";
 $result = $db->query($sql)
 if(DB::isError($result))
 {
   die($result->getMessage());
 }
 echo "<html>
    <head><title>Liste des clients</title></head>
    <body>
    <table width=\"100%\" border=\"0\">\n";
 while($row = $result->fetchRow(DB_FETCHMODE_ASSOC))
 {
    if(DB::isError($row))
    {
       die($row->getMessage());
    }
    echo "<tr>";
    echo "<td>{$row['nomfamille']}, {$row['prenom']}</td>
          <td>{$row['telephone']}</td>";
    echo "</tr>\n";
 }
 echo "</table></body></html>";
?>
```

La sortie de ce script est une liste de noms de clients :

```
Nomfamille, Prenom     numerotelephone
```

L'accès aux bibliothèques PEAR est assez simple. Le programme d'installation PEAR installe le paquetage. Il ne vous reste plus qu'à insérer une instruction `require_once`. Toutefois, chaque paquetage a ses propres fonctions, classes et méthodes pour accomplir des tâches. Aussi, d'une certaine manière, devez-vous les apprendre comme s'il s'agissait d'un nouveau langage. En outre, toutes vos connaissances en PHP ne vous seront d'aucune utilité. Certains paquetages PEAR sont documentés dans le manuel PEAR, dans des livres et autres sites en ligne. D'autres ne le sont pas du tout.

Cinquième partie

Les dix commandements

"N'avez-vous jamais l'impression que ce projet risque de se planter à tout moment ?"

Dans cette partie...

Ces chapitres sont une sorte d'approfondissement de votre savoir PHP. Gravez dans votre mémoire les trucs et astuces, et autres conseils prodigués dans cette partie. N'oubliez pas non plus de consulter l'immense documentation en ligne sur PHP qui se propage sur le Web.

Chapitre 15

Dix astuces pour rechercher les sources d'un problème dans un script

Dans ce chapitre :

- Repérer les erreurs les plus fréquentes.
- Interpréter les messages d'erreur.

Vous allez sans doute commettre toutes les erreurs citées dans ce chapitre. Vous ne pouvez pas écrire de scripts sans faire de fautes. Il suffit de le reconnaître, de jurer vos grands dieux que l'on ne vous y prendra plus et de les corriger. Le message que vous verrez apparaître à maintes reprises est le suivant :

```
Parse error: parse error in c:\test.php on line 7
```

C'est la manière dont PHP vous interpelle pour vous signifier qu'il y a quelque chose qu'il ne comprend pas. Ce message indique le fichier et le numéro de ligne que PHP ne comprend pas. Quelquefois le message indique l'erreur, d'autres fois il affiche le résultat de l'erreur produite un peu plus haut dans le script.

Oublier des points-virgules

Toutes les instructions PHP se terminent par un point-virgule (;) . PHP arrête la lecture d'une instruction quand il atteint un point-virgule. Si vous omettez un point-virgule à la fin d'une instruction, l'interpréteur poursuit la lecture de l'instruction à la ligne suivante. Considérez, par exemple, les deux instructions ci-dessous :

```
$test = 1
echo $test;
```

Elles ne signifient pas grand-chose pour PHP. Pour lui, ces deux instructions tiennent sur une ligne. Aussi affichera-t-il un message d'erreur de type :

```
Parse error: parse error in c:\test.php on line 2
```

Cette erreur est très courante. Quand vous aurez pris l'habitude de placer à chaque fin de ligne un point-virgule, prenez garde à ne pas en mettre à la fin de votre adresse !

Pas assez de signes égal

Pour vérifier si deux valeurs sont égales dans une instruction de comparaison, vous allez mettre deux signes égal sur une ligne. Or, vous risquez de ne mettre qu'un seul signe égal, en appliquant ce que vous avez appris à l'école primaire : que 2 + 2 = 4. Cette erreur s'avère difficile à repérer, car elle ne génère aucun message d'erreur. Votre script se contente d'adopter un étrange comportement comme des boucles infinies ou un bloc `if` qui ne s'exécutera jamais. Je suis toujours aussi étonnée de contempler un script de type :

```
$test = 0;
while ( $test = 0 )
{
   $test++;
}
```

sans comprendre pourquoi il tourne sans cesse.

Noms de variables mal orthographiés

Cette erreur ne produit pas non plus de message d'erreur. Le script se contente d'adopter un étrange comportement. Si vous orthographiez mal le nom d'une variable, PHP considère cette dernière comme nouvelle et effectue exactement ce que vous lui avez demandé. C'est une autre manière élégante d'écrire une boucle infinie :

```
$test = 0;
while ( $test == 0 )
{
   $Test++;
}
```

N'oubliez pas que pour PHP `test` n'est pas la même chose que `Test` !

Oublier des dollars !

L'omission d'un signe dollar ($) dans le nom d'une variable est également difficile à repérer, au moins produit-elle un message d'erreur vous indiquant où se trouve le problème. Cette erreur génère l'inévitable et désormais classique message :

```
Parse error: parse error in test.php on line 7
```

Guillemets mal placés

Vous pouvez avoir mis beaucoup trop ou pas assez de guillemets, comme dans cet exemple :

```
$test = "<table width="100%">";
```

PHP considère le deuxième guillemet devant 100 comme le guillemet de fin et lit donc 1 comme une instruction, ce qui n'a pas de sens. Et voilà qu'apparaît un autre sentencieux message "parse error". La ligne aurait pu être corrigée ainsi :

```
$test = "<table width='100%'>";
```

ou :

```
$test = "<table width=\"100%\">";
```

Vous pouvez aussi oublier un guillemet, comme dans cet exemple :

```
$test = "<table width='100%'>;
```

PHP va continuer de lire les lignes suivantes jusqu'à ce qu'il atteigne un guillemet. Peut-être le trouvera-t-il plusieurs lignes plus loin ? Dans ce cas, la ligne signalée dans le message d'erreur peut prêter à confusion. L'erreur s'est produite bien plus haut dans le script, là où vous avez oublié le guillemet.

Vous obtenez le même résultat si vous oubliez une apostrophe ('). Reportez-vous au Chapitre 5 pour une explication sur la différence entre guillemet et apostrophe.

Sortie invisible

Certaines instructions comme `header` doivent être exécutées avant toute sortie générée par le script. Si vous essayez d'exécuter ces instructions après la sortie, elles échoueront. Les instructions suivantes ne fonctionnent pas, car le message d'en-tête n'est pas la première sortie :

```
<html>
<?php
   header("Location: http://entreprise.com");
?>
```

`<html>` ne fait pas partie de la section PHP et est donc envoyé au navigateur. Vous auriez dû écrire :

```
<?php
   header("Location: http://entreprise.com");
?>
<html>
```

De même, les instructions suivantes :

```
 <?php
   header("Location: http://entreprise.com");
?>
<html>
```

ne fonctionnent pas, car la première ligne PHP commence par un espace. L'espace est interprété comme une sortie dans le navigateur qui affichera alors une page Web vide. L'instruction d'en-tête échoue, car elle est précédée d'une sortie. Cette erreur fréquente reste assez difficile à repérer.

Tableaux numérotés

La première valeur d'un tableau en PHP est le zéro (`0`). Or, pour les êtres humains, toute liste commence à 1. Cette différence fondamentale est source d'erreurs. Considérez les instructions suivantes :

```
$test = 1;
while ( $test <= 3 )
{
   $array[] = $test;
   $test++;
}
echo $array[3];
```

Aucune sortie ne sera générée (ni de notification). J'en conclus qu'il y a une erreur dans ma boucle. Pourtant, elle semble correcte dans le tableau suivant :

```
$array[0]=1
$array[1]=2
$array[2]=3
```

`$array[3]` ne comporte aucune valeur.

Inclure des instructions PHP

Si un fichier est lu dans une instruction `include` d'une section PHP, il paraît évident que ses instructions seront traitées comme des instructions PHP. Après tout, PHP ajoute les instructions dans le script, là où elles ont été insérées. Toutefois, PHP ne partage pas forcément cet avis. Si un fichier nommé `fichier1.inc` contient les instructions suivantes :

```
if ( $test == 1 )
      echo "Hi";
```

et qu'elles sont ainsi incluses dans le script principal :

```
<?php
$test = 1;
include ("fichier1.inc");
?>
```

la page Web affichera non pas le mot `Hi` mais :

```
if ( $test == 1 ) echo "Hi";
```

Le fichier est interprété comme du HTML. Pour envoyer `Hi` dans la page Web, `fichier1.inc` doit contenir des balises PHP :

```
<?php
if ( $test == 1 )
      echo "Hi";
?>
```

Oublier des parenthèses et accolades

Les parenthèses et accolades vont par paire. Ouvrir une parenthèse `(` sans la fermer `)` ou une accolade `{` sans la fermer `}` génère un message d'erreur. L'un des exemples les plus fréquents consiste à omettre de fermer la parenthèse comme dans l'instruction suivante :

```
if ( isset($test)
```

Il manque la parenthèse à la fin de cette instruction. Cette erreur est plus difficile à repérer lorsque vous avez imbriqué des blocs dans des blocs de blocs, comme dans l'exemple suivant :

```
while ( $test < 3 )
{
if ( $test2 != "oui" )
{
if ( $test3 > 4 )
{
echo "go";
}
}
```

Notez qu'il y a trois accolades ouvertes, mais seulement deux accolades fermées. Imaginez des blocs imbriqués sur une centaine de lignes ! Cette erreur sera difficile à repérer, notamment si vous pensez qu'il manque une accolade de fermeture à la fin de la boucle `while` et que PHP considère qu'il manque une accolade à la fin de la boucle `for` de `$test2` ! Plus loin dans le script, PHP peut interpréter une accolade de fermeture comme étant celle qui ferme la boucle `while`. Ce type d'erreur est réellement très difficile à repérer dans un grand script.

Indenter les blocs vous facilitera la tâche. Dans l'exemple suivant, les blocs sont indentés et accompagnés de commentaires :

```
while ( $test < 3 )
{
 if ( $test2 != "oui" )
 {
  if ( $test3 > 4 )
  {
   echo "go";
  } # ferme le bloc if de $test3
 }  # ferme le bloc if de $test2
}   # ferme le bloc while
```

Confondre parenthèses et accolades

Je me demande souvent si je suis la seule personne à faire ce type d'erreur. Même si PHP n'a aucun problème pour différencier les parenthèses des accolades, mes yeux, eux, ne sont pas aussi fiables, en particulier après 10 heures passées devant un écran ! Confondre parenthèses `(` et accolades `{` génère un message d'erreur.

Chapitre 16

Dix ressources PHP indispensables

Dans ce chapitre :

- Où trouver des articles et des didacticiels.
- Où trouver des bibliothèques de code.

PHP présente l'immense avantage d'appartenir à une communauté en constante augmentation. De plus en plus de personnes l'utilisent et aident la communauté PHP. Une foule de ressources est disponible en ligne. Dans ce chapitre, je vous présente les plus utiles. Eh oui, vous n'êtes pas seul au monde !

Le site Web de PHP

Site officiel de PHP, vous y trouverez les nouvelles versions de PHP à télécharger, ainsi que le manuel en ligne.

```
www.php.net
```

NdT : Le pendant français du site officiel de PHP est Nexen :

```
www.nexen.net
```

Vous trouverez également en français le manuel en ligne de PHP sur :

```
http://fr2.php.net/manual/fr
```

Listes PHP

Si cela fait des jours que vous travaillez sur du code qui s'acharne à ne pas s'exécuter, envoyez-le sur des listes. Des centaines de développeurs PHP fréquentent assidûment ces listes. Postez une question dans une liste PHP et vous obtiendrez une réponse immédiatement après avoir cliqué sur le bouton Envoi ! Il existe différentes listes qui abordent différents sujets PHP : php-general, php-db, php-install, php-windows, etc. Abonnez-vous à ces listes sur le site Web PHP.

Ces listes sont très fréquentées. Vous pouvez facilement recevoir plus de 100 messages électroniques par jour. Toutefois, si vous êtes débutant, lisez attentivement les messages des autres abonnés et les solutions qu'on leur a envoyées. Vous apprendrez énormément sur PHP. Inscrivez-vous au moins à la liste des annonces pour être informé sur les nouvelles versions et mises à jour importantes. Cette liste d'annonces n'enverra pas un déluge de messages dans votre courrier électronique.

```
www.php.net/mailing-lists.php
```

Zend

Le moteur Zend est le cœur du moteur de PHP. Ce site Web abonde en informations sur PHP. Vous trouverez des didacticiels, articles, lettres de diffusion, séminaires en ligne, et même une rubrique Emploi.

```
http://zend.com
```

PHP Builder

Le site PHP Builder contient une variété de ressources pour les développeurs PHP. Vous trouverez des news et une liste d'articles très intéressants. En outre, PHP Builder offre une bibliothèque de codes d'où vous pouvez récupérer des extraits de code ou de fonctions. Recherchez le code dans les catégories base de données (database), calendriers (calendars), cartes de crédit (shopping cards), jeux (games), images (graphics), etc.

```
www.phpbuilder.com
```

Black Beans

Si vous ne deviez retenir qu'une seule ressource, gravez dans votre mémoire le site Web Black Beans. Il fournit des listes de ressources et des liens vers des articles, forums, groupes d'utilisateurs, outils, etc.

```
www.black-beans.com.br/php_home_eng.htm
```

PHP Beginners

PHP Beginners est composé d'un ensemble d'articles sur PHP et des sujets apparentés. Les articles sont destinés spécifiquement aux débutants.

```
www.phpbeginner.com
```

PHP Dev Center

PHP Dev Center est le dépositaire d'articles et de didacticiels sur PHP de très bonne qualité qui s'adressent aussi bien aux débutants qu'aux développeurs confirmés.

```
www.onlamp.com/php
```

PHPMac.com

Ce site Web comporte des articles et instructions sur l'installation et l'utilisation de PHP sur Mac. Ces informations ne s'appliquent pas à Windows et Unix/ Linux.

```
www.phpmac.com
```

PHP Editors

Ce site Web fournit la liste de tous les éditeurs et EDI (environnements de développement intégré) que vous pouvez utiliser pour écrire des scripts PHP. Au moment de la rédaction de ce livre, il y avait 105 ressources listées. La liste comprend des commentaires d'utilisateurs.

http://phpeditors.linuxbackup.co.uk

SourceForge.net

SourceForge.net est le plus important centre de ressources de code open source et d'applications disponibles sur Internet. Vous trouverez des logiciels de toutes sortes sur ce site. Pour rechercher des logiciels écrits en PHP, effectuez les étapes suivantes :

1. **Cliquez sur l'onglet Software Map.**
2. **Cliquez sur Programming language dans la colonne de droite.**
3. **Cliquez sur PHP dans la colonne qui liste les langages de programmation par ordre alphabétique.**

SourceForge.net dénombre quelque 7 000 projets PHP.

www.sourceforge.net

Free PHP Hosting Directory

Ce site liste les hébergeurs Web gratuits qui proposent PHP. Les meilleurs hébergeurs ont cinq étoiles.

www.oinko.net/freephp

Mon site Web

Je vous donne l'adresse de mon site Web sur lequel je poste les scripts de ce livre et le code à télécharger, ainsi qu'une liste de corrections. J'ai également mis en ligne l'actualité de PHP et des liens vers les sites les plus importants dédiés à PHP.

http://janet.valade.com

NdT : Vous trouverez la version française des scripts présentés dans ce livre sur le site des éditions First Interactive à l'adresse www.efirst.com, rubrique téléchargement.

Sixième partie

Annexes

"Oui, Unicenter a une fonction d'aide automatisée. Mais pourquoi ?"

Dans cette partie...

Vous trouverez ici les instructions d'installation de PHP, ainsi qu'une référence complète des principales fonctions PHP. Dans l'Annexe B, vous trouverez en un clin d'œil la fonction de vos rêves, même celles dont je n'ai pas eu la place de parler dans ce livre.

Annexe A

Installer PHP

Dans cette annexe, je vous explique comment installer des versions Web et ligne de commande (CLI) de PHP sur les plates-formes Unix/Linux, Windows et Mac. PHP peut tourner sur plusieurs serveurs Web, mais les instructions sont ici orientées vers Apache et IIS, car ces derniers couvrent près de 90 % des sites Web. Vous trouverez des instructions concernant d'autres systèmes d'exploitation à l'URL `http://www.php.net`.

Installer PHP sur Linux/Unix

Vous pouvez installer PHP en tant que module d'Apache ou en tant qu'interpréteur autonome. Si vous souhaitez utiliser PHP pour des sites Web et en tant que programme autonome, il vous faudra l'installer avec Apache et PHP CLI séparément.

Avant d'installer PHP, il faut naturellement télécharger les fichiers source et les compiler, puis installer les programmes résultant de cette compilation. Ce processus n'est pas aussi technique et intimidant qu'on pourrait le craindre. Dans les sections qui suivent, nous verrons point par point les étapes à parcourir. Commencez par lire l'ensemble des étapes avant de démarrer le processus d'installation.

TRUC

Pour les utilisateurs de Linux seulement : PHP pour Linux existe tant sous forme de RPM que de fichiers source. Sous forme de RPM, il se trouve peut-être sur l'un des CD de votre distribution Linux. Cependant, ce mode d'installation ne vous permet pas de contrôler les options avec lesquelles PHP a été compilé. Par exemple, vous allez avoir besoin d'installer un PHP assurant la prise en charge de MySQL, ce qui ne sera peut-être pas le cas pour votre RPM. Comme MySQL est très populaire, c'est toutefois généralement le cas. Mais peut-être y aura-t-il d'autres options dont vous n'avez nul besoin. En conséquence, la manière la plus simple et la plus efficace d'installer PHP est de partir des fichiers source. Si vous connaissez bien les RPM, vous pouvez vous risquer à installer celui de PHP. Mais vous ne trouverez pas ici d'instructions dans ce but.

Avant de commencer

Si vous souhaitez installer PHP pour votre site Web, vous devez installer Apache au préalable. La plupart des systèmes Unix/Linux installent Apache par défaut lors de leur propre installation. Cependant, vérifiez les points suivants avant d'aller plus loin :

- **La version d'Apache doit être la version 1.3.0 ou une version plus récente**. Pour vérifier la version, tapez la ligne de commande suivante :

```
httpd --v
```

Vous devez vous trouver dans le répertoire où se situe `httpd` avant d'entrer cette ligne de commande.

N'OUBLIEZ PAS

En raison des failles de sécurité rencontrées par Apache, il est plus prudent d'utiliser la version 1.3.27 d'Apache.

N'OUBLIEZ PAS

PHP et Apache 2 forment un couple encore expérimental. Pour une utilisation en production de site Web, mieux vaux utiliser la version 1.3 d'Apache.

- **Le module Apache mod_so est-il installé ?** C'est généralement le cas. Pour afficher la liste des modules, entrez la commande suivante :

```
httpd -l.
```

Vous devrez peut-être vous trouver dans le répertoire où est situé `httpd` pour que cette commande fonctionne. La sortie liste généralement une longue suite de modules. Le seul qui vous intéresse pour PHP est `mod_so`. S'il n'est pas installé, réinstallez Apache.

- **L'utilitaire apxs est installé (ou apxs2 avec Apache 2).** Normalement, il est installé en même temps qu'Apache. Vous devriez trouver un fichier appelé `apxs`. Mais si Apache a été installé au moyen d'un RPM, ce n'est peut-être pas le cas. Certains RPM ne contiennent, en effet, que deux modules : un pour le serveur de base Apache et l'autre pour les outils de développement Apache. Peut-être faut-il installer ce dernier, car c'est lui qui contient apxs.

Installer PHP sur Unix/Linux

Pour installer PHP sous Linux/Unix, effectuez les étapes suivantes :

1. **Affichez dans votre navigateur la page située à l'URL** `http://www.php.net`.

2. **Cliquez sur Downloads.**

3. **Sélectionnez la version la plus récente du code source de PHP. Actuellement, il s'agit de la 5.0.0.**

   Une boîte de dialogue apparaît.

4. **Choisissez l'option vous permettant de sauvegarder le fichier. Un champ de saisie vous permet d'indiquer le répertoire dans lequel vous voulez sauvegarder le fichier.**

5. **Sélectionnez le répertoire (par exemple,** `/usr/src`**). Cliquez sur Save.**

6. **Une fois le téléchargement terminé, placez-vous dans le répertoire où se trouvent les fichiers source (par exemple, avec la commande** `cd-/usr/src`**). Vous verrez un fichier nommé** `php-` **suivi du nom de la version et de** `tar.gz`**. On appelle ce fichier un** ***tarball*****.**

7. **Décompressez le tarball. Pour la version 5.0.0, exécutez la commande :**

```
gunzip -c php-5.0.0.tar.gz | tar -xf -
```

   Un nouveau répertoire, appelé `php-5.0.0`, est créé. Il contient plusieurs sous-répertoires.

8. **Placez-vous dans le nouveau répertoire créé lors de la décompression. Par exemple :**

```
cd php-5.0.0
```

9. **Entrez la commande** `configure`.

   La syntaxe de la commande `configure` est `./configure` suivi des options nécessaires. Si vous utilisez PHP avec Apache, exécutez la commande `configure` comme suit :

```
./configure --with-apxs
```

   Vous allez voir apparaître plusieurs lignes. Attendez que la configuration soit terminée. Cela peut prendre plusieurs minutes.

   Si l'utilitaire `apxs` n'est pas installé là où il le devrait, un message d'erreur s'affichera, signalant qu'il n'a pas pu être trouvé. Dans ce cas, recherchez l'emplacement où est installé `apxs` (`find / -name apxs`) et incluez son chemin d'accès dans l'option `with-apxs` de la commande `configure` : `--with-apxs=/usr/sbin/apxs`.

   Si vous décidez d'utiliser Apache 2, vous devrez utiliser `apxs2`.

   Vous allez sans doute ajouter d'autres options (pour les bases de données, par exemple). Les options `configure` sont présentées en détail dans la section "Options d'installation pour Unix/Linux/Mac", plus loin dans cette annexe.

10. **Tapez make.**

    Vous allez voir apparaître plusieurs lignes. Attendez que ces sorties soient terminées. Cela peut prendre plusieurs minutes.

11. **Tapez make install.**

Autre méthode d'installation

Dans certains cas, vous ne pourrez pas installer PHP avec `apxs`. Dans cette section, nous verrons une autre méthode d'installation. Mais, en général, la méthode précédente est plus facile et marche mieux. Voici les étapes à suivre :

1. **Affichez dans votre navigateur la page située à l'URL** `http://www.php.net`.

2. **Cliquez sur Downloads.**

3. **Sélectionnez la plus récente version du code source de PHP. Au moment de la rédaction de ce livre, il s'agit de la 5.0.0. Une boîte de dialogue s'ouvre.**

4. **Choisissez l'option vous permettant de sauvegarder le fichier. Un champ de saisie vous permet d'indiquer le répertoire dans lequel vous voulez sauvegarder le fichier.**

5. **Sélectionnez le répertoire (par exemple,** `/usr/src/php`**). Cliquez sur Save.**

6. **Une fois le téléchargement terminé, placez-vous dans le répertoire où se trouvent les fichiers source (par exemple, avec la commande** `cd-/usr/src/php`**). Vous voyez un fichier nommé** `php-` **suivi du nom de la version et de** `tar.gz`**. On appelle ce fichier un *tarball*.**

7. **Décompressez le tarball. Pour la version 5.0.0, exécutez la commande :**

```
gunzip -c php-5.0.0.tar.gz | tar -xf -
```

   Un nouveau répertoire, appelé `php-5.0.0`, est créé. Il contient plusieurs sous-répertoires.

8. **Répétez les étapes 1 à 5, mais cette fois téléchargez le code source d'Apache dans le répertoire où a été décompressé le code source de PHP. Le code source d'Apache se trouve à l'URL http://httpd.apache.org. Dans la suite de cet exemple, j'utiliserai la version 1.3.27. Au moment où vous lirez ces lignes, une version plus récente sera peut-être disponible.**

9. **Décompressez le tarball Apache. Pour la version courante, la commande est :**

```
gunzip -c apache_1.3.27.tar.gz | tar -xf -
```

   Il y a maintenant deux répertoires : `php-5.0.0` et `apache_1.3.27`, chacun doté de plusieurs sous-répertoires.

10. **Tapez cd apache_1.3.27.**

11. **Tapez ./configure.**

Inutile de faire figurer des options dans cette commande. Il s'agit d'une préconfiguration pour configurer ultérieurement PHP. Vous procéderez plus tard à une vraie configuration d'Apache avec les options appropriées. Attendez que la configuration soit achevée, ce qui peut demander plusieurs minutes.

12. **Tapez cd ../php-5.0.0.**

13. **Tapez la commande :**

```
./configure --with-apache=../apache_1.3.27
```

Vous pouvez taper cette commande sur une seule ligne. Si vous la tapez sur deux lignes, ajoutez \ à la fin de la première ligne.

14. **Tapez make.**

Plusieurs lignes s'affichent. Un message vous informera de la fin de l'opération qui peut demander plusieurs minutes.

15. **Tapez install.**

Cette commande met peu de temps pour s'exécuter.

16. **Tapez cd ../apache_1.3.27 pour revenir dans le répertoire dans lequel se trouve Apache.**

17. **Tapez la commande suivante pour reconfigurer Apache :**

```
./configure --prefix=/www
    --activate-module=src/modules/php5/libphp5.a
```

Vous pouvez taper cette commande sur une seule ligne. Si vous la tapez sur deux lignes, ajoutez \ à la fin de la première ligne.

18. **Tapez make.**

Plusieurs lignes s'affichent. Un message vous informera de la fin de l'opération qui peut demander plusieurs minutes.

19. **L'étape finale n'est pas la même si Apache est déjà installé ou s'il s'agit de sa première installation.**

Pour une première installation, tapez `make install`.

a. **Fermez Apache.**

   Pour cela, vous pouvez utiliser un script qui a été installé sur votre système au cours du processus d'installation. Il est généralement appelé `apachectl`. Il peut se trouver dans le répertoire `bin` du répertoire où Apache a été installé (par exemple, `/usr/local/apache/bin` ou `/sbin` ou `/usr/sbin`). Vous pouvez aussi le trouver dans le répertoire de votre système où sont placés les scripts de démarrage (par exemple, `/etc/rc.d/init.d`). Vous pouvez arrêter le serveur en tapant `apachectl stop`. Il se peut que vous deviez pour cela vous trouver dans le répertoire où est le script.

b. **Recherchez le nouveau fichier httpd que vous venez de créer.**

   Ce fichier peut se trouver quelque part dans l'arborescence d'Apache que vous venez de créer, par exemple dans `/usr/src/php/apache_1.3.27/bin/httpd`.

c. **Recherchez le fichier *existant* nommé httpd.**

   Ce fichier peut se trouver quelque part sur votre disque, par exemple dans `/usr/local/apache/bin` ou `/sbin` ou `/usr/sbin`.

d. **Recopiez le *nouveau* fichier httpd à la place de l'ancien, autrement dit, remplacez l'ancien par le nouveau.**

   Il n'est peut-être pas inutile de faire une copie de sauvegarde de l'ancien fichier avant de l'écraser.

Installer PHP sous Mac OS X

Avec PHP 4.3, vous pouvez installer PHP sur Mac OS X aussi simplement que sous Unix/Linux. Vous pouvez installer PHP en tant que module d'Apache ou en tant qu'interpréteur autonome. Si vous souhaitez utiliser PHP pour des sites Web et en tant que programme autonome, il vous faudra l'installer avec Apache et PHP CLI séparément.

Avant d'installer PHP, il faut naturellement télécharger les fichiers source, les compiler et installer les programmes résultant de cette compilation. Ce processus n'est pas aussi technique et intimidant qu'on pourrait le craindre. Dans les sections qui suivent, je vous présente point par point les étapes à parcourir. Commencez par lire l'ensemble des étapes avant de démarrer le processus d'installation.

Avant de commencer

Si vous souhaitez installer PHP pour votre site Web, vous devez installer Apache au préalable. La plupart des systèmes Mac OS X installent Apache par défaut lors de leur propre installation. Cependant, vérifiez les points suivants avant d'aller plus loin :

- **La version d'Apache doit être la version 1.3.0 ou une version plus récente.** Pour vérifier la version, tapez la ligne de commande suivante :

```
httpd --v
```

Vous devez vous trouver dans le répertoire où se situe `httpd` avant d'entrer cette ligne de commande.

En raison des failles de sécurité rencontrées par Apache, il est plus prudent d'utiliser la version 1.3.27 d'Apache.

PHP et Apache 2 forment un couple encore expérimental. Pour une utilisation en production de site Web, mieux vaux utiliser la version 1.3 d'Apache.

- **Le module Apache mod_so est-il installé ?** C'est généralement le cas. Pour afficher la liste de tous les modules, tapez la commande suivante :

```
httpd -l.
```

Il se peut qu'il soit nécessaire que vous vous trouviez dans le répertoire où est situé `httpd` pour que cette commande fonctionne. La sortie liste généralement une longue suite de modules. Le seul qui vous intéresse pour PHP est `mod_so`. S'il n'est pas installé, réinstallez Apache.

- **L'utilitaire apxs est installé.** Normalement, il est installé en même temps qu'Apache. Pour vérifier si c'est bien le cas, recherchez un fichier nommé `apxs` situé généralement dans le répertoire `/usr/sbin/apxs`.

- .**Les fichiers du CD Developer's Tools.** Si vous ne possédez pas ce CD, vous pouvez le télécharger sur le site d'Apple `developer.apple.com/tools/macosxtools.html`.

Installer PHP sur le Mac

Pour installer PHP sous Mac, effectuez les étapes suivantes :

1. **Affichez dans votre navigateur la page située à l'URL** `http://www.php.net`.
2. **Cliquez sur Downloads.**
3. **Sélectionnez la version la plus récente du code source de PHP. Actuellement, il s'agit de la 5.0.0.**

   Une boîte de dialogue s'ouvre.
4. **Choisissez l'option vous permettant de sauvegarder le fichier. Une boîte de saisie vous permet d'indiquer le répertoire dans lequel vous voulez sauvegarder le fichier.**
5. **Sélectionnez le répertoire choisi (par exemple,** `/usr/src`**). Cliquez sur Save.**
6. **Une fois le téléchargement terminé, placez-vous dans le répertoire où se trouvent les fichiers source (par exemple, avec la commande** `cd-/usr/src`**). Vous voyez un fichier nommé** `php-` **suivi du nom de la version et de** `tar.gz`**. On appelle ce fichier *tarball.***

   Ce fichier devrait être décompressé automatiquement par Stuffit Expander. Dans cas, passez à l'étape 8.
7. **Décompressez le tarball. Pour la version 5.0.0, exécutez la commande :**

```
tar xvfz php-5.0.0.tar.gz
```

   Un nouveau répertoire, nommé php-5.0.0, est créé avec plusieurs sous-répertoires.
8. **Placez-vous dans le nouveau répertoire créé lors de la décompression. Par exemple :**

```
cd php-5.0.0
```

9. **Tapez la commande** `configure` **:**

   La syntaxe de la commande `configure` est `./configure` suivi des options nécessaires. Les options minimales sont les suivantes :

   - **Options de localisation :**

```
    --prefix=/usr
    --sysconfdir=/etc
    --localstatedir=/var
    --mandir=/usr/share/man
```

   - **Option zlib :** `--with-zlib`.

   - **Option Apache :** Si vous utilisez PHP avec Apache, activez l'option `--with-apxs`.

   Cependant, la ligne de commande suivante suffira pour la plupart des installations :

```
./configure --prefix=/usr --sysconfdir=/etc
    --localstatedir=/var --mandir=/usr/share/man
     --with-apxs -with-zlib
```

   Vous allez voir apparaître plusieurs lignes. Attendez que la configuration soit terminée. Cela peut prendre plusieurs minutes.

   Si l'utilitaire `apxs` n'est pas installé là où il le devrait, vous verrez apparaître un message d'erreur signalant qu'il n'a pas pu être trouvé. Dans ce cas, recherchez l'endroit où est installé `apxs` (`find / -name apxs`) et incluez son chemin d'accès dans l'option `with-apxs` de la commande `configure` : `--with-apxs=/usr/sbin/apxs`.

   Si vous décidez d'utiliser Apache 2, vous devrez utiliser `apxs2`.

   Vous allez sans doute ajouter d'autres options (pour les bases de données, par exemple). Les options `configure` sont présentées en détail dans la section suivante, "Options d'installation pour Unix/Linux/Mac".

10. Tapez make. Vous allez voir apparaître plusieurs lignes. Attendez que ces sorties soient terminées. Cela peut prendre plusieurs minutes.

Par défaut, les versions CLI et CGI de PHP sont placées dans le répertoire en cours ou éventuellement dans le sous-répertoire `sapi`. La version CGI est nommée php-cgi et la version CLI php.

11. Tapez sudo make install.

Options d'installation pour Unix/Linux/Mac

Les sections précédentes vous ont présenté les étapes que vous devez effectuer pour installer rapidement PHP avec les options nécessaires pour exécuter les applications de ce livre. Cependant, vous pouvez installer PHP autrement : par exemple, tous les programmes PHP et les fichiers installés dans leur emplacement par défaut et PHP ailleurs.

Ou bien, vous avez peut-être l'intention d'utiliser des logiciels complémentaires. Si vous souhaitez configurer PHP pour des besoins spécifiques, vous pouvez ajouter des options dans la commande `configure` de l'étape 13 de la section précédente. En général, l'ordre de ces options est indifférent. Le Tableau A.1 présente les options les plus courantes pour PHP. Pour en connaître la liste complète, tapez : `configure -help`.

Tableau A.1 : Options de configuration.

Option	Rôle
`prefix=PREFIX`	Définit le répertoire principal de PHP comme étant `PREFIX`. Par défaut, c'est `/usr/local`.
`infodir=DIR`	Installe de la documentation dans `DIR`. Par défaut, c'est `PREFIX/info`.
`mandir=DIR`	Installe les fichiers *man* dans `DIR`. Par défaut, c'est `PREFIX/man`.
`with-config-file-path=DIR`	Recherche le fichier de configuration `php.ini` dans `DIR`. Sans cette option, PHP le cherchera dans son emplacement par défaut, généralement `/usr/local/lib`.
`enable-debugger`	Active la prise en charge du debogueur interne.
`enable-ftp`	Active la prise en charge de FTP.

Tableau A.1 : Options de configuration. (*suite*)

Option	Rôle
enable-magic-quotes	Active l'échappement automatique des guillemets et apostrophes par une barre oblique inversée (\).
enable-url-includes	Permet à la fonction `include()` d'aller chercher les fichiers à inclure à distance via des protocoles HTTP ou FTP aussi bien que dans un répertoire local.
with-msql=DIR	Active la prise en charge des bases de données mSQL. Par défaut, le répertoire de mSQL est `is /usr/local/Hughes`.
with-mysql=DIR	Active la prise en charge des bases de données MySQL 4.0 ou antérieur. Par défaut, le répertoire de MySQL est `/usr/local`.
with-mysqli=DIR	Active la prise en charge des bases de données MySQL 4.1 ou supérieur. Ne pas activer mysql et mysqli ensemble.
with-openssl=DIR	Active la prise en charge de OpenSSL pour un serveur sécurisé. Demande la version `0.9.5` ou plus récente de OpenSSL.
with-oracle=DIR	Active la prise en charge d'Oracle. Par défaut, `DIR` se trouve dans la variable d'environnement `ORACLE_HOME`.
with-pgsql=DIR	Active la prise en charge des bases de données PostgreSQL. Par défaut, `DIR` vaut `/usr/local/pgsql`.
with-servlet=DIR	Inclut la prise en charge des *servlets*. `DIR` est le répertoire d'installation de base du JSDK. L'extension Java doit être construite sous forme de *shared dl*.
with-xml	Active la prise en charge de XML.

Configuration sur Unix/Linux/Mac

Les paramètres de configuration de PHP vous permettent de changer certains de ses aspects. Ces paramètres sont lus par PHP au démarrage depuis un fichier nommé `php.ini`. Par défaut, le fichier `php.ini` est situé dans le répertoire `/usr/local/lib/`. Vous pouvez cependant modifier ce répertoire via les options d'installation. Si PHP ne trouve pas le fichier `php.ini` dans le répertoire par défaut, les paramètres par défaut sont utilisés.

Sur le Mac, vous aurez peut-être besoin de copier le fichier php.ini dans le répertoire correct. Copiez-le en utilisant la commande suivante :

```
sudo cp php.ini-dist /usr/local/lib/php.ini
```

Vous pouvez éditer php.ini pour modifier les paramètres de PHP, mais en général les paramètres par défaut sont bien adaptés. Les paramètres de PHP sont abordés tout au long de ce livre lorsque le paramétrage entre en ligne de compte. Par exemple, nous pouvons modifier les paramètres de php.ini pour contrôler la manière dont PHP gère et affiche les messages d'erreur (pour la gestion des messages d'erreur, reportez-vous au Chapitre 4).

Vous devez configurer Apache pour qu'il reconnaisse les fichiers PHP comme le fait PHP lui-même. Pour cela, exécutez les étapes suivantes :

1. **Un fichier de configuration Apache appelé** httpd.conf **existe sur votre système. Il peut se trouver dans** /etc **ou dans** /usr/local/apache/conf. **Vous devez éditer ce fichier pour que PHP fonctionne correctement.**

2. **Vous devez indiquer à Apache de charger le module programme.**

   Dans la liste des instructions, recherchez celle qui se présente ainsi :

```
LoadModule php5_module libexec/libphp5.so
```

   Si vous ne la trouvez pas, ajoutez-la. Si elle existe mais avec un caractère dièse (#) en tête, supprimez ce dernier.

3. **Vous devez indiquer à Apache quels sont les fichiers pouvant contenir du code PHP.**

   Recherchez la section descriptive de AddType. Vous pouvez trouver une ou plusieurs lignes de ce type. Pour PHP, c'est :

```
AddType application/x-httpd-php .php
```

   Cette ligne signale à Apache que les scripts PHP ont pour extension .php. Si vous ne la trouvez pas, ajoutez-la. Si elle existe mais avec un caractère dièse (#) en-tête, supprimez ce dernier.

4. ***(Uniquement pour Mac)*** **Si vous avez déjà exécuté la version de PHP installée avec le Mac, supprimez les commentaires des lignes suivantes :**

```
LoadModule hfs_apple_module
libexec/httpd/mod_hfs_apple.so
AddModule mod_hfs_apple.c
```

5. **Lancez (s'il ne tourne pas) ou relancez (si vous l'aviez arrêté) le serveur Apache** `httpd`**.**

   Pour cela, il existe un script appelé `apachectl` ou `httpd.apache`. Il peut se trouver dans le répertoire `/bin` du répertoire où Apache a été installé (par exemple, `/usr/local/apache/bin`). Vous pouvez lancer le serveur en tapant `apachectl start`, le relancer en tapant `apachectl restart` ou l'arrêter en tapant `apachectl stop`. Sur Mac, tapez `sudo apachectl restart`. Vous devrez peut-être arrêter le serveur avant de pouvoir le relancer. En outre, votre machine est probablement configurée pour lancer automatiquement Apache à son démarrage. Alors une autre solution consiste à l'arrêter, puis à la réamorcer.

   Quoi que vous changiez dans `php.ini`, vous relancez Apache pour que les modifications prennent effet.

Installer PHP sur Windows

PHP fonctionne sous Windows 98/Me (bien que cela ne soit pas recommandé) et sous Windows NT/2000/XP. Vous pouvez installer PHP pour les sites Web (PHP CGI) ou PHP en tant que langage indépendant (PHP CLI). Ces deux installations nécessitent deux fichiers exécutables différents. Vous pouvez installer l'un ou l'autre ou les deux.

Vous pouvez installer PHP en utilisant Windows Installer, le programme d'installation Windows, ou manuellement depuis un fichier `.zip`. Le choix d'installer l'un ou l'autre dépend de ce que vous projetez de faire avec PHP. Suivez les conseils ci-dessous pour choisir l'une de ces deux méthodes :

- **Windows Installer :** Installe uniquement PHP CGI. Cette installation inclut la prise en charge d'ODBC qui permet l'emploi de bases de données telles que MS Access et SQLite (reportez-vous au Chapitre 12 pour de plus amples informations sur l'emploi des bases de données avec PHP). Un support pour XML, FTP et COM est également fourni. PHP CLI n'est pas installé par cette méthode.

Vous pouvez utiliser cette méthode rapide et simple, si vous remplissez les critères suivants :

- Vous utilisez PHP avec votre site Web et n'avez pas besoin de CLI.
- Vous utilisez PHP pour générer du HTML simple ou pour traiter des formulaires.
- Vous n'avez pas besoin d'utiliser des bases de données ou bien l'accès ODBC est suffisant.
- Vous utilisez uniquement les fonctions intégrées.

✔ **Installation manuelle :** Tous les fichiers nécessaires sont fournis dans un seul fichier .zip. Décompressez ce fichier et placez-le dans le répertoire qui convient.

La version de PHP installée ainsi possède plus de fonctionnalités. Aussi, si vous avez besoin d'utiliser PHP CLI ou si vous souhaitez interagir avec une base de données autre qu'ODBC, devez-vous effectuer cette installation manuellement. Cette version inclut également les extensions de PHP, extensions présentées en détail au Chapitre 14.

Installer CGI avec le programme d'installation PHP

Les étapes suivantes vous permettent d'installer PHP sous Windows afin d'employer ce dernier avec un site Web mais sans installer PHP CLI :

1. **Affichez dans votre navigateur la page située à l'URL** `http://www.php.net.`
2. **Cliquez sur Downloads.**
3. **Rendez-vous à la section Windows Binaries. Cliquez sur le lien de téléchargement du programme d'installation correspondant à la version la plus récente de PHP (la 5.0.0 au moment où ces lignes sont écrites). Une boîte de dialogue s'ouvre.**
4. **Cliquez sur le lien du site miroir qui vous convient.**

Une boîte de dialogue apparaît.

5. **Cliquez sur le bouton Save pour sauvegarder le fichier.**

   Une boîte de dialogue vous permet de choisir le répertoire de téléchargement.

6. **Choisissez la destination du fichier puis cliquez sur Save.**

   Une fois le téléchargement terminé, vous trouvez dans ce répertoire le fichier nécessaire qui s'appelle `php` suivi de son numéro de version (sans les points) et de `-installer.exe`. Le nom de la version courante est `php500-installer.exe`.

7. **Si votre serveur n'est ni IIS ni PWS et qu'il est actif, arrêtez-le.**

8. **Placez-vous dans le répertoire où vous avez téléchargé PHP et double-cliquez sur** `php500-installer.exe`**.**

   Le logiciel d'installation démarre et affiche la fenêtre reproduite Figure A.1.

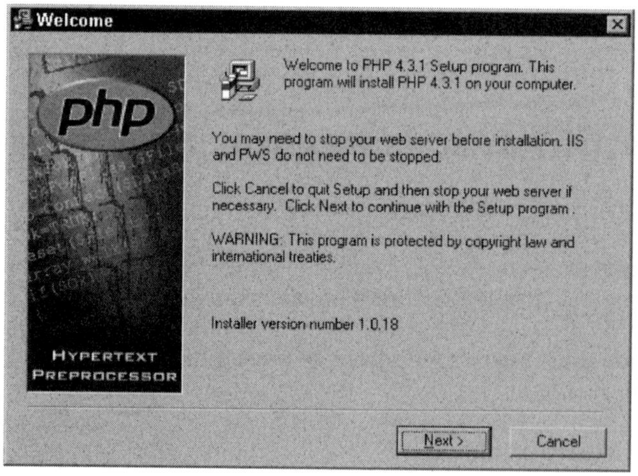

Figure A.1 L'écran d'ouverture du programme d'installation.

9. **Cliquez sur Next. La licence d'utilisation s'affiche.**

10. **Cliquez sur I Agree pour continuer. Un écran apparaît vous proposant différents types d'installation.**

11. **Choisissez Standard et cliquez sur Next. Un écran apparaît affichant le répertoire dans lequel PHP va être installé.**

12. **Si vous voulez installer PHP dans le répertoire par défaut,** `c:\php`**, cliquez sur Next. Si vous voulez l'installer dans un autre répertoire, cliquez sur Browse, choisissez un répertoire et cliquez sur OK. Terminez en cliquant sur Next. Un petit écran de configuration s'affiche.**

13. **Un écran, composé de deux champs concernant l'envoi de message électronique, apparaît. Si vous envisagez d'envoyer des messages életcroniques et que vous connaissez l'adresse de votre serveur SMTP ou l'adresse expéditeur que vous souhaitez utiliser, entrez ici ces informations.**

    Si vous le souhaitez, vous pourrez toujours modifier vos choix en éditant le fichier de configuration de PHP.

14. **Cliquez sur Next.**

    L'écran reproduit Figure A.2 indique une liste de serveurs Web pouvant prendre en charge PHP.

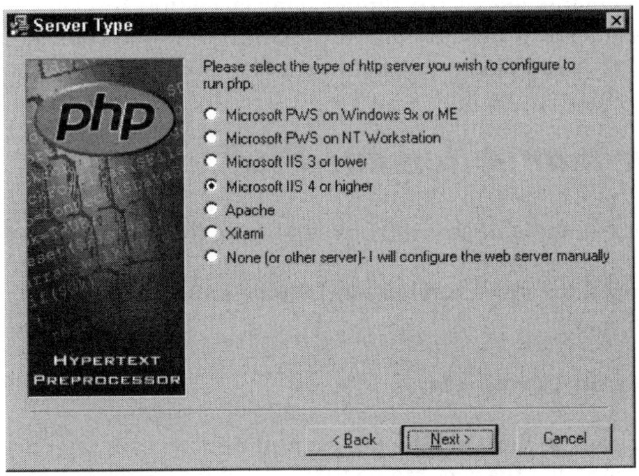

Figure A.2 L'écran permettant de sélectionner le serveur dans le programme d'installation PHP.

15. **Choisissez le serveur que vous utilisez. S'il n'apparaît pas dans la liste, choisissez None (aucun).**

16. **Cliquez sur Next.**

L'écran suivant vous indique que le programme d'installation est fin prêt.

17. **Cliquez sur Next pour lancer l'installation.**

Un message de confirmation vous informe que l'installation est achevée. Toutes les informations dont vous pouvez avoir besoin sont alors affichées. Par exemple, si vous devez ou non réamorcer votre ordinateur ou simplement relancer le serveur. Par exemple, si vous choisissez Apache, vous verrez apparaître la boîte de dialogue représentée Figure A.3.

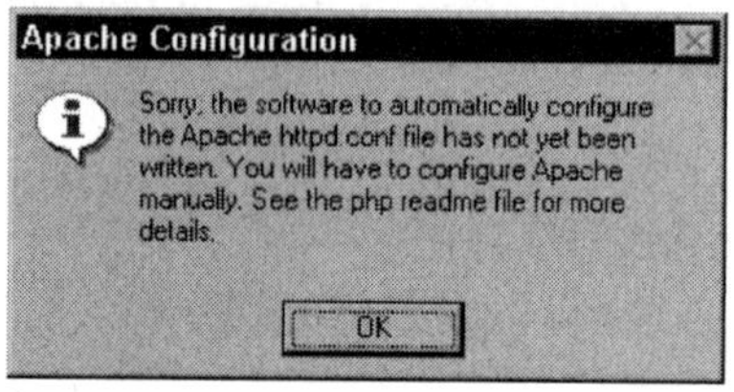

Figure A.3 Message du programmation d'installation concernant Apache.

Ce message ne signifie pas qu'Apache n'a pas été installé, mais qu'il n'a pas été automatiquement configuré. Vous devez donc le faire vous-même, comme je vais l'expliquer dans la section suivante. Peut-être cette configuration sera-t-elle automatique lorsque vous installerez PHP, vous épargnant ainsi tout travail supplémentaire.

Installer manuellement PHP

Pour installer manuellement PHP sous Windows, procédez comme suit :

1. **Affichez dans votre navigateur la page située à l'URL** `http://www.php.net`.

2. **Cliquez sur Downloads.**

3. **Cliquez sur le lien de téléchargement de l'archive zip correspondant à la version la plus récente de PHP (la 5.0.0 au moment de la rédaction de ce livre).**

TRUC

Si vous connaissez le format de fichier `.bz` et savez comment le décompresser, sélectionnez ce format. Il est plus rapide à télécharger.

4. **Cliquez sur le lien du site miroir qui vous convient.**

Une boîte de dialogue apparaît.

5. **Cliquez sur le bouton Save pour sauvegarder le fichier.**

   Une boîte de dialogue vous permet de choisir le répertoire de téléchargement.

6. **Choisissez la destination du fichier, puis cliquez sur Save.**

   Une fois le téléchargement terminé, vous devez voir un fichier contenant tous les fichiers nécessaires. Le fichier est nommé `php`, suivi d'un numéro de version et de `-win32.zip`. La version actuelle est `php5.0.0-win32.zip`.

7. **Décompressez les fichiers depuis le fichier archive `.zip` dans le répertoire où vous souhaitez installer PHP ; par exemple `c:\php`.**

   Si vous double-cliquez sur le fichier `.zip`, ce dernier est ouvert par votre logiciel de décompression comme Winzip, PKzip... Sélectionnez le menu de compression et choisissez le répertoire de destination.

   Il est préférable que PHP soit installé dans un chemin ne contenant pas d'espace. En effet, certains chemins, tels que "Mes Programmes/PHP", peuvent parfois causés des problèmes.

8. **Copiez le fichier `php5ts.dll` depuis le répertoire où est installé PHP vers le répertoire système, comme suit :**

   - **Pour 98/Me :** `windows/system`
   - **Pour NT/2000 :** `winnt/system32`
   - **Pour XP :** windows/system32

9. **Copiez PHP CLI dans le répertoire où vous allez l'utiliser.**

Configurer PHP et votre serveur Web sous Windows

Les paramètres de configuration PHP vous permettent de changer certains de ses aspects. En outre, si vous utilisez PHP avec votre serveur, il vous faudra configurer ce dernier.

Configurer PHP sous Windows

Si vous utilisez Windows Installer, un fichier php.ini sera installé par défaut. Si vous installez manuellement PHP, vous devez vous-même procéder à l'installation du fichier php.ini. Par défaut, le fichier php.ini-dist est situé dans le répertoire d'installation de PHP. Copiez ce fichier dans l'un des répertoires suivants en le renommant php.ini :

- **Windows 98/Me/XP** : windows
- **Windows NT/2000** : winnt

Si vous utilisez PHP avec le serveur Web IIS, vous devez modifier l'un des paramètres par défaut. Ouvrez le fichier php.ini dans le répertoire windows ou winnt et recherchez la ligne suivante :

```
; cgi.force_redirect = 1
```

Ce paramètre doit être passé à 0. N'oubliez pas de supprimer le point-virgule en début de ligne. La ligne sera donc pour IIS :

```
cgi.force_redirect = 0
```

Vous pouvez éditer php.ini pour modifier les paramètres de PHP, mais en général les paramètres par défaut sont bien adaptés. Les paramètres de PHP sont abordés tout au long de ce livre. Par exemple, vous pouvez modifier les paramètres de php.ini pour contrôler la manière dont PHP gère et affiche les messages d'erreur (voir Chapitre 4).

Configurer votre serveur Web pour PHP

Votre serveur Web doit être reconfiguré pour reconnaître les fichiers PHP, ainsi que l'interpréteur PHP lui-même. Si votre serveur est IIS ou PWS, il a été automatiquement configuré durant le processus d'installation (à l'exception de IIS 6). Si c'est Apache, il est nécessaire de faire cette configuration manuellement. Pour cela, suivez les étapes ci-après :

1. **Editez le fichier** httpd.conf**.**

   Rendez-vous pour cela dans Démarrer/Tous les Programmes/Apache HTTP Server/Configure Apache Server/Edit Configuration.

Si `Edit Configuration` ne figure pas dans votre menu Démarrer, recherchez le fichier `httpd.conf` sur votre disque dur. Il est généralement dans le répertoire où Apache a été installé, plus précisément dans un sous-répertoire appelé `conf` (par exemple, `c:\program files\Apache group\Apache\conf`). Ouvrez ce fichier dans un éditeur tel que le Bloc-notes ou WordPad.

2. **Pour qu'Apache envoie le code programme à l'interpréteur PHP,** `httpd.conf` **doit subir deux modifications :**

   - **ScriptAlias :** Une instruction `ScriptAlias` sert à définir le nom du répertoire dans lequel Apache a été installé. Recherchez une de ces instructions dans `httpd.conf`. Vous pourrez en trouver pour d'autres logiciels. Si vous n'en trouvez pas pour PHP, ajoutez la suivante :

```
ScriptAlias /php/ "c:/php/"
```

     Le premier argument est un nom et le second traduit ce qu'il représente. Ainsi, `/php/` désigne `c:/php/`.

   - **Action :** Cette instruction indique où se trouve PHP. Si vous ne trouvez aucune instruction PHP, ajoutez la ligne suivante :

```
Action application/x-httpd-php /php/php-cgi.exe
```

     Notez que cette instruction reprend le nom défini dans l'instruction `ScriptAlias`. Si vous modifiez cette dernière instruction en, disons, `c:/php27/`, l'instruction `Action` recherchera `php.exe` en `c:/php27`.

Vous pouvez utiliser des barres obliques (/) ou des barres obliques inversées (\), Apache comprend les deux.

3. **Vous devez indiquer à Apache quels sont les fichiers contenant du code PHP.**

   Recherchez dans `httpd.conf` une section contenant des instructions `AddType`. Elle peut déjà en contenir quelques-unes pour d'autres logiciels. Celle qui concerne PHP s'écrit :

```
AddType application/x-httpd-php .php
```

Recherchez cette ligne. Si elle est précédée d'un caractère dièse (#), supprimez-le. Si elle n'existe pas, créez-la. Elle indique à Apache que le code PHP se trouve dans tous les fichiers ayant une extension `.php`. Vous pouvez spécifier n'importe quelle extension ou suite d'extensions.

4. **Lancez ou relancez Apache.**

   Vous pouvez le lancer en tant que service sous Windows NT/2000/XP en cliquant sur Démarrer/Tous les programmes/Apache HTTP Server/Control Apache Server.

   Sous Windows 95/98/ME, il faut le lancer en cliquant sur Démarrer/Programmes/Apache Web Server/Management.

   Dans certains cas, relancer Apache n'est pas suffisant. Vous devez l'arrêter, et ensuite le relancer. En outre, votre machine est probablement configurée pour lancer automatiquement Apache à son démarrage. Une autre solution consiste alors à l'arrêter, puis à la réamorcer.

Configurer IIS manuellement

Si vous installez PHP avec Windows Installer et utilisez au préalable IIS 5, IIS sera automatiquement installé. Cependant, si vous installez PHP manuellement, vous devez configurer IIS. De plus, si vous installez PHP avec Windows Installer et utilisez déjà IIS 6/Windows Server 2003, IIS ne sera pas totalement configuré. Vous effectuerez donc les étapes suivantes pour achever sa configuration.

Pour configurer IIS pour PHP, effectuez ces étapes :

1. **Ouvrez la console de gestion IIS.**

   Pour cela, sélectionnez Démarrer/Tous les programmes/Outils d'administration/Services Internet ou Démarrer/Panneau de configuration/Outils d'administration/Services Internet.

2. **Cliquez du bouton droit sur Sites Web (comme Site Web par défaut).**

3. **Sélectionnez Propriétés.**

4. **Cliquez sur l'onglet Répertoire de base.**

5. **Cliquez sur le bouton Configuration.**

6. **Sélectionnez l'onglet Mappages.**

7. **Cliquez sur Ajouter.**

8. **Dans le champ Exécutable, entrez le chemin vers le répertoire où est installé PHP ; par exemple,** `c:\php`**.**

9. **Dans le champ extension, entrez** `.php`**.**

   Cette extension sera associée aux scripts PHP.

10. **Cochez l'option Moteur de Script.**

11. **Cliquez sur OK.**

    Répétez les étapes 6 à 10 si vous souhaitez ajouter des extensions supplémentaires `.php` que traitera PHP, comme `.phtml`.

Annexe B

Référence des fonctions PHP

PHP doit sans doute sa puissance à ces très nombreuses fonctions. Cette annexe référence les plus utiles d'entres elles.

Si une fonction décrite ci-dessous a déjà été présentée dans ce livre, vous trouverez dans sa définition le renvoi au chapitre dans lequel sa description est plus détaillée.

Fonctions de tableau

Cette section présente les fonctions qui manipulent des tableaux.

array

Crée un nouveau tableau. (Voir le Chapitre 6.)

Format : `$tableau = array(clef=>valeur,clef=>valeur,clef=>valeur,...);`

array_count_values

Crée un tableau dont les clés proviennent des valeurs du tableau passé en argument et pour lequel les valeurs correspondent à la fréquence.

Format : `$tableau_final = array_count_values($tableau_original);`

Ainsi, par exemple, supposez que `$tableau_original` contienne ce qui suit :

```
$tableau_original[a] = Pierre
$tableau_original [b] = Geneviève
$tableau_original [c] = Pierre
$tableau_original [d] = Stéphane
```

Le tableau `$tableau_final` contiendra :

```
$tableau_final[Pierre] = 2
$tableau_final[Geneviève} = 1
$tableau_final[Stéphane] = 1
```

array_diff

Retourne un tableau `$tableau_final` correspondant aux éléments issus du *`$tableau1`* qui ne sont pas présents dans les autres tableaux passés en argument (*`$tableau2`*, *`$tableau3`*, et ainsi de suite). (Voir le Chapitre 6.)

Format : `$array_out = array_diff(`*`$tableau1,$tableau2,$tableau3 . . .`*`);`

array_intersect

Crée un tableau contenant les éléments communs de deux ou plusieurs tableaux. (Voir le Chapitre 6.)

Format : `$tableau_final = array_intersect`*`($tableau1,$tableau2, . . .`*`);`

array_keys

Crée un tableau qui contient toutes les clés du tableau `$tableau_original`. Si l'option `chaine_de_recherche` est spécifiée, seules les clés correspondantes seront retournées.

Format : `$tableau_final = array_keys($tableau_original,"chaine_de_ recherche");`

Par exemple, supposez que `$tableau_original` contienne ce qui suit :

```
$tableau_original[a] = FR
$tableau_original[b] = IT
$tableau_original[c] = UK
```

le tableau `$tableau_final` contiendra :

```
$tableau_final[0] = a
$tableau_final[1] = b
$tableau_final[2] = c
```

Supposez que la clé de recherche soit `IT` :

```
$tableau_final=array_keys($tableau_original,"IT");
```

le tableau `$tableau_final` contiendra :

```
$tableau_final[0] = b
```

array_merge

Fusionne deux ou plusieurs tableaux. Si une clé non numérique existe en plusieurs exemplaires, seule la dernière des valeurs associées à la clé sera ajoutée au tableau final. (Voir le Chapitre 6.)

Format : `$grand_tableau = array_merge(`*`$tableau1,$tableau2, . . .`*`);`

array_merge_recursive

Fusionne deux tableaux ou plus. Chaque fois qu'une clé non numérique est trouvée en double, toutes les valeurs qu'elle contient sont copiées dans le tableau final. (Voir le Chapitre 6.)

Format : `$grand_talbeau = array_merge(`*`$tableau1,$tableau2, . . .`*`);`

array_pop

Retourne et supprime le dernier élément d'un tableau.

Format : `$element = array_pop($tableau_original);`

array_push

Ajoute le ou les éléments spécifiés à la fin d'un tableau et retourne la nouvelle taille du tableau.

Format : `$nouvelle_taille = array_push($tableau_original,"`*`el1`*`","`*`el2`*`","`*`el3`*`");`

array_reverse

Inverse l'ordre des éléments contenus dans `$tableau_original`.

Format : `$tableau_final = array_reverse($tableau_original);`

array_search

Recherche une valeur dans un tableau. Si *valeur* est trouvée, une clé est retournée.

Format : `$clef = $array_search("`*`valeur`*`",$tableau_original);`

array_slice

Crée un nouveau tableau qui contient une partie d'un tableau existant. (Voir le Chapitre 6.)

Format : `$sous_tableau = array_slice($tableau_ original,`*`$debut`*`,`*`$longueur`*`);`

array_sum

Somme les valeurs contenues dans un tableau. (Voir le Chapitre 6.)

Format : `$somme = array_sum($tableau_original);`

array_unique

Supprime les doublons d'un tableau. (Voir le Chapitre 6.)

Format : `$tableau_final = array_unique($tableau_original);`

arsort

Trie un tableau par valeur selon l'ordre décroissant. (Voir le Chapitre 6.)

Format : `arsort($orig_array);`

compact

Crée un tableau à partir de variables spécifiées (`$var1`, `$var2`, etc.). Les variables peuvent être des chaînes ou des tableaux.

Format : `$tableau_final=compact($var1, $var2, . . .);`

count

Retourne le nombre d'éléments contenus dans un tableau. (Voir le Chapitre 6.)

Format : `$taille = count($tableau_original);`

current

Retourne la valeur de l'élément associé à la position du pointeur. (Voir le Chapitre 6.)

Format : `$value = current($tableau);`

end

Déplace le pointeur à la fin du tableau et renvoie la valeur correspondante. (Voir le Chapitre 6.)

Format : `$valeur = end($tableau);`

explode

Crée un tableau contenant des parties de chaîne de caractères. Le séparateur spécifié `sep`, qui est généralement une virgule, un point ou un espace, divise une chaîne en sous-chaînes. (Voir le Chapitre 6.)

Format : `$tableau_final = explode("sep",$chaine);`

extract

Crée un ensemble de variables, une par élément du tableau. Les clés des éléments sont employées pour définir les noms des variables. (Voir le Chapitre 6.)

Format : `extract($tableau);`

Implode

Construit une chaîne contenant les valeurs de tous les éléments d'un tableau, séparées par un séparateur spécifique. (Voir le Chapitre 6.)

Format : `$chaine = implode($tableau,"sep");`

in_array

Indique si une valeur appartient à un tableau. Retourne `TRUE` ou `FALSE`.

Format : `$bool = tableau_original("valeur",$tableau);`

key

Retourne l'index de la clé courante.

Format : `$clef = key($tableau);`

key_exists

Parcourt un tableau à la recherche d'une clé spécifiée. Retourne `TRUE` ou `FALSE`.

Format : `$bool = key_exists("clé",$tableau);`

ksort, krsort

Trient un tableau par clefs. `ksort` trie selon l'ordre croissant, krsort selon l'ordre décroissant. (Voir le Chapitre 6.)

Format : `ksort($array); krsort($array);`

natsort, natcasesort

Trient un tableau par valeur selon l'"ordre naturel". L'ordre résultant est n1, n2, n12, n25 et non n1, n12, n2, n25 des tris classiques. La fonction `natcasesort` est similaire, à ceci près qu'elle tient compte de la casse.

Format : `natsort($tableau); natcasesort($tableau);`

next

Déplace le pointeur sur le prochain élément. (Voir le Chapitre 6.)

Format : `next($tableau);`

prev

Déplace le pointeur sur l'élément précédent. (Voir le Chapitre 6.)

Format : `prev($tableau);`

Range

Retourne un tableau contenant tous les entiers contenus entre le début et la fin.

Format : `$tableau_final = range(debut,fin);`

reset

Déplace le pointeur sur le premier élément d'un tableau. (Voir le Chapitre 6.)

Format : `reset($tableau);`

sizeof

Retourne le nombre d'éléments d'un tableau. (Voir le Chapitre 6.)

Format : `$size = sizeof($tableau);`

sort, rsort

Trient un tableau par valeur. `sort` trie selon l'ordre croissant, `rsort` selon l'ordre décroissant. (Voir le Chapitre 6.)

Format : `sort($tableau); rsort($tableau);`

Fonctions de date et d'heure

checkdate

Vérifie si une date est valide. Retourne `TRUE` ou `FALSE`.

Format : `checkdate(mois,jour,annee);`

date, gmdate

Formatent une date/heure locale. La fonction `gmdate` formate une date/heure GMT. (Voir le Chapitre 5.)

Format : `$date_formatee = date("format",$timestamp);`

getdate

Retourne un tableau associatif contenant les informations de date et d'heure de l'horodatage telles que les secondes, les minutes, les mois, etc.

Format : `$date_tableau = getdate($timestamp);`

localtime

Retourne un tableau contenant les informations relatives à l'heure locale telles que les secondes, les minutes, le jour du mois, etc.

Format : `$date_tableau = localtime($timestamp);`

microtime

Retourne l'hordatage d'Unix actuel en secondes et microsecondes depuis le 1er janvier 1970.

Format : `$time_out = microtime();`

mktime, gmmktime

Retournent l'horodatage d'une date. `gmmktime` retourne l'horodatage d'une date GMT. (Voir le Chapitre 5.)

Format : `$timestamp=mktime("hrs","min","sec","mo","da","yr");`

time

Retourne l'horodatage d'Unix actuel. (Voir le Chapitre 5.)

Format : `$timestamp = time();`

Fonctions système de fichiers

basename

Prend en paramètre le chemin complet d'un fichier et en extrait le nom. (Voir le Chapitre 13.)

Format : `$nomfichier = basename("chemin");`

chdir

Change le répertoire courant. (Voir le Chapitre 13.)

Format : `chdir("chemin");`

chgrp

Change le groupe du fichier.

Format : `chgrp("`*`cheminfichier`*`","`*`groupe`*`");`

chmod

Change le mode du fichier.

Format : `chmod("`*`cheminfichier `*`","`*`valeuroctal`*`");`

chown

Change le propriétaire du fichier.

Format : `chown("`*`cheminfichier `*`","nouveauproprietaire");`

closedir

Ferme le répertoire désigné par le handle `$dh` de répertoire. (Voir le Chapitre13.)

Format : `closedir($dh);`

copy

Copie un fichier. (Voir le Chapitre13.)

Format : `copy("`*`ancienfichier`*`","`*`nouveaufichier`*`");`

dirname

Renvoie le nom du dossier. (Voir le Chapitre13.)

Format : `$nom_repertoire = dirname("chemin");`

dis_total_space

Retourne le nombre d'octets occupant l'espace total du disque.

Format : `$space = disk_total_space("`*`chemin`*`");`

disk_free_space

Retourne le nombre d'octets libres dans un dossier.

Format : `$libre = disk_free_space("`*`cheminrepertoire`*`");`

fclose

Ferme un fichier ouvert pointé par le handle `$fh` de fichier. (Voir le Chapitre 12.)

Format : `fclose($fh);`

feof

Renvoie `TRUE` lorsque le pointeur atteint la fin du fichier. (Voir le Chapitre 12.)

Format : `feof($fh);`

fgetc

Renvoie le caractère pointé par le pointeur de fichier et déplace le pointeur sur le caractère suivant.

Format : `$char = fgetc($fh);`

file

Lit un fichier et renvoie le résultat dans un tableau. (Voir le Chapitre 12.)

Format : `$tableau_lignes = file($fh);`

file_exists

Vérifie si un fichier existe. Renvoie `TRUE` ou `FALSE`. (Voir le Chapitre 13.)

Format : `$bool = file_exists("`*`cheminfichier`*`");`

fileatime

Renvoie la date du dernier accès au fichier. (Voir le Chapitre 13.)

Format : $timestamp = fileatime("*cheminfichier*");

filectime

Renvoie la date de création d'un fichier. (Voir le Chapitre 13.)

Format : `$timestamp = filectime("`*`cheminfichier`*`");`

filemtime

Renvoie la dernière date de modification d'un fichier. (Voir le Chapitre 13.)

Format : `$timestamp = filemtime("cheminfichier");`

fileowner

Renvoie le nom du propriétaire du fichier. (Voir le Chapitre 13.)

Format : `$userID = fileowner("nomfichier");`

fileperms

Renvoie les permissions du fichier.

Format : `$perms = fileperms("nomfichier");`

filesize

Renvoie la taille du fichier. (Voir le Chapitre 13.)

Format : `$size = filesize("cheminfichier");`

filetype

Retourne le type de fichier. (Voir le Chapitre 13.)

Format : `$type = filetype("cheminfichier");`

flock

Verrouille un fichier de manière que personne n'y accède jusqu'à ce qu'il soit déverrouillé. (Voir le Chapitre 12.)

Format : `flock($fh,mode);`

fopen

Ouvre un fichier et renvoie un pointeur sur ce dernier. (Voir le Chapitre 12.)

Format : `$fh = fopen("cheminfichier","mode");`

fputs

Ecrit un texte dans un fichier. Alias de `fwrite`, cette fonction renvoie le nombre d'octets écrits ou `FALSE` en cas d'échec. (Voir le Chapitre 12.)

Format : `$result = fputs($fh,"text",longueur);`

fread

Lit le *nombre* d'octets. La lecture s'arrête lorsque le *nombre* d'octets a été lu ou que l'on a atteint la fin du fichier. (Voir le Chapitre 13.)

Format : `$contenu_fichier = fread($fh,nombre);`

fscanf

Lit un texte depuis un fichier et renvoie une chaîne formatée. (Voir le format et la syntaxe de `sprintf` au Chapitre 13.)

Format : `$chaine = fscanf($fh,"format",$v1,$v2, . . .);`

fwrite

Ecrit le contenu de *texte* dans le fichier indiqué par `$fh`. Si la *longueur* est fournie, l'écriture s'arrêtera après *longueur* octets. (Voir le Chapitre 12.)

Format : `$bytes_written = fputs($fh,"text",longueur);`

getcwd

Renvoie le chemin du répertoire courant.

Format : `$repertoire_courant = getcwd();`

getlastmod

Retourne la date de dernière modification du script courant.

Format : `$timestamp = getlastmod();`

is_dir

Vérifie si le chemin spécifié correspond à un répertoire. (Voir le Chapitre 13.)

Format : `$bool = is_dir("cheminrepertoire");`

is_file

Vérifie si le fichier spécifié est valide. (Voir le Chapitre 13.)

Format : `$bool = is_file("cheminfichier");`

is_readable

Vérifie si le fichier spécifié est lisible. (Voir le Chapitre 13.)

Format : `$bool = is_readable("cheminfichier");`

is_uploaded_file

Indique si le fichier a été téléchargé par un formulaire Web.

Format : `$bool = is_uploaded_file("cheminfichier");`

is_writable

Indique si un fichier est autorisé en écriture. (Voir le Chapitre 13.)

Format : `$bool = is_writable("cheminfichier");`

link

Crée un lien.

Format : `link("chemin","nouveauchemin");`

mkdir

Crée un nouveau répertoire. *mode* contient la permission sous forme octale.

Format : `mkdir("cheminrepertoire",mode);`

move_uploaded_file

Déplace un fichier téléchargé. (Voir le Chapitre 11.)

Format : `move_uploaded_file("nomfichier","chemindestination");`

opendir

Ouvre un répertoire et renvoie un pointeur sur ce dernier. (Voir le Chapitre 13.)

Format : `$dh = opendir("cheminrepertoire");`

passthru

Exécute une commande système et affiche le résultat. (Voir le Chapitre 13.)

Format : `passthru("commandesyteme");`

pathinfo

Retourne des informations sur un chemin système. Les éléments suivants sont retournés : `dirname`, `basename` et `extension`.

Format : `$tableau_repertoire = pathinfo("cheminrepertoire");`

readdir

Lit un nom de fichier dans un répertoire ouvert. (Voir le Chapitre 13.)

Format : `$nomfichier = readdir($dh);`

readfile

Lit un fichier et affiche son contenu.

Format : `$nombreoctetlu=  readfile("cheminfichier");`

rename

Renomme un fichier. (Voir le Chapitre 13.)

Format : `rename("anciennom","nouveaunom");`

rewind

Positionne le pointeur de fichier au début du fichier désigné par `$fh`.

Format : `rewind($fh);`

rmdir

Supprime un répertoire. (Voir le Chapitre 13.)

Format : `rmdir("cheminrepertoire");`

tempnam

Crée un fichier temporaire unique dans le dossier *cheminrepertoire*.

Format : `$nomfichier = tempnam("cheminrepertoire","prefix");`

tmpfile

Crée un fichier temporaire avec un nom unique, ouvert en écriture, et retourne un pointeur de fichier.

Format : `$fh = tmpfile();`

touch

Affecte une nouvelle date de modification à un fichier. Si *heure* n'est pas spécifiée, l'heure courante est utilisée. Si le fichier n'existe pas, il est créé.

Format : `$bool = touch("cheminfichier",heure);`

umask

Configure les permissions par défaut avec *mask* et retourne l'ancien mask. Le mask reprend sa valeur à la fin de chaque script.

Format : `$ancien_mask = umask(mask);`

unlink

Détruit un fichier. (Voir le Chapitre 13.)

Format : `unlink("cheminfichier");`

Fonctions HTTP et Mail

get_browser

Renvoie un objet contenant les informations du navigateur de l'utilisateur ou d'un navigateur spécifié.

Format : `$chaine = get_browser("nom");`

header

Envoie un en-tête HTTP à un serveur Web. (Voir le Chapitre 10.)

Format : `header("HTTPformattedheader");`

parse_url

Analyse une URL et retourne ses composants.

Format : `$tableau_url = parse_url("url");`

setcookie

Crée un cookie. (Voir le Chapitre 10.)

Format : `setcookie("nom","valeur",exp,"chemin","domaine",is_secure);`

mail

Envoi un message électronique depuis un script PHP. (Voir le Chapitre 13.)

Format : `$success = mail("to","subj","message","headers");`

Fonctions de calcul

abs

Renvoie la valeur absolue de *nombre*.

Format : `$absolute = abs(nombre);`

bindec

Convertit de binaire en décimal.

Format : `$nombre_decimal = bindec(binaire);`

exp

Renvoie la valeur élevée à la puissance *exp*.

Format : `$nombre = exp(exp);`

floor

Arrondit à l'entier inférieur.

Format : `$int = floor(float);`

hexdec

Convertit de hexadécimal en décimal.

Format : `$nombre_decimal = hexdec(`*`hex`*`);`

log

Renvoie le logarithme naturel de *nombre*.

Format : `$log = log(`*`nombre`*`);`

log10

Logarithme en base 10 de *nombre*.

Format : `$log10 = log10(`*`nombre`*`);`

max

Renvoie la plus grande valeur numérique parmi les valeurs passées en paramètres.

Format : `$num_large = max($array); or $num_large = max(`*`num1,num2`*`, . . .);`

min

Renvoie la plus petite valeur numérique parmi les valeurs passées en paramètres.

Format : `$num_min = min($array); or $num_min = min(`*`num1,num2`*`, . . .);`

octdec

Convertit d'octal en décimal.

Format : `$nombre_decimal = octdec(`*`octal`*`);`

pow

Renvoie le nombre *nombre* élevé à la puissance *puissance*.

Format : `$resultat = pow(`*`nombre,puissance`*`);`

rand

Génère une valeur aléatoire entre *min* et *max*.

Format : `$nombre_rand = rand(min,max);`

round

Arrondit *nombre* à la valeur la plus proche.

Format : `$resultat= round(nombre,dec);`

sqrt

Renvoie la racine carrée de *nombre*.

Format : `$racine_carrée = sqrt(nombre);`

srand

Initialise le générateur de nombres aléatoires avec la valeur *seed*.

Format : `srand(seed);`

Fonctions Options et Information PHP

getenv

Renvoie la valeur de la variable d'environnement.

Format : `$environment = getenv("envvarname");`

getlastmod

Renvoie la date de dernière modification du script.

Format : `$timestamp = getlastmod();`

ini_get

Retrouve la valeur d'une option de configuration.

Format : `$string = ini_get("option");`

ini_set

Affecte la valeur d'une option de configuration. (Voir le Chapitre 4.)

Format : `ini_set("option","setting");`

phpinfo

Affiche les informations concernant PHP et son paramétrage. (Voir le Chapitre 2.)

Format : `phpinfo();`

phpversion

Renvoie la version courante de PHP.

Format : `$version = phpversion();`

putenv

Affecte la valeur d'une variable d'environnement.

Format : `putenv("setting");`

Fonctions de chaîne de caractères

addslashes

Ajoute une barre oblique devant tous les caractères spéciaux.

Format : `$chaine = addslashes("chaine");`

chop

Enlève les espaces de fin de chaîne.

Format : `$chaine = chop("chaine");`

chr

Retourne le caractère *ascii* du code ASCII.

Format : `$char = chr(ascii)`

echo

Affiche une ou plusieurs chaînes. (Voir le Chapitre 3.)

Format : `echo` *`element1,element2,element3, . . .`*

ereg, eregi

Recherche *motif* dans une chaîne. La fonction `eregi` est similaire, mais ne tient pas compte de la casse. (Voir le Chapitre 7.)

Format : `$bool = ereg("motif",$chaine);`

ereg_replace, eregi_replace

Recherchent *motif* dans une chaîne et le remplacent par *nouveauchars*. `eregi_replace` (Voir le Chapitre 7)

Format : `$nouvellechaine = ereg_replace("motif","nouveau-chars",$chaine);`

explode

Scinde une chaîne en tableaux, en se basant sur le délimiteur *sep*.

Format : `$tableau_final = explode("sep",$chaine);`

htmlentities

Convertit les entités HTML en caractères spéciaux dans une chaîne.

Format : `$chaine = htmlentities($orig_string);`

htmlspecialchars

Convertit tous les caractères spéciaux en entités HTML.

Format : `$chaine=htmlspecialchars($chaine);`

implode

Regroupe tous les éléments d'un tableau dans une chaîne, avec une chaîne de jointure *sep*.

Format : `$chaine =implode ($tableau,"sep");`

nl2br

Insère un `<br />` avant chaque nouvelle ligne de caractères dans `$chaine`.

Format : `$chaine =implode($chaine);`

ord

Retourne la valeur ASCII du premier caractère de la chaîne.

Format : `$entier = ord("chaine");`

parse_url

Crée un tableau associatif contenant les éléments d'une URL.

Format : `$tableau = parse_url($url);`

print

Affiche *element*, *element* pouvant être une chaîne, un nombre ou une variable.

Format : `print element;`

printf

Affiche une chaîne formatée. (Voir le Chapitre 5.)

Format : `printf("format",arg1,arg2,arg3, . . .);`

sprintf

Affiche une chaîne formatée. (Voir le Chapitre 5.)

Format : `$string = sprintf("format",arg1,arg2,arg3 . . .);`

str_pad

Complète une chaîne avec une autre.

Format : `$chaine = str_pad($chaine,longueur,"pad");`

str_repeat

Répète une chaîne $chaine *nombre* de fois.

Format : `$chaine = str_repeat($chaine,nombre);`

str_replace

Remplace toutes les occurrences d'une chaîne par une autre.

Format : `$chaine = str_replace("ancientext","nouveautext",$chaine)`

strchr, strrchar

La fonction `strchr` retourne une partie de la chaîne *char* à la fin de `$chaine`, et `strrchar` retourne `$chaine` de *char* au début de la chaîne.

Format : `$string_part = strchr($string,"char");`

strcmp, strcasecmp

Comparent deux chaînes par ordre alphabétique ou numérique. Retournent `< 0` si *str1* est plus petit que *str2*, `> 0` si *str1* est plus grand que *str2* et `0` s'ils sont égaux.

Format : `strcasecmp($str1,$str2);`

strcspn

Renvoie la position de la première occurrence de *char* dans `$chaine`.

Format : `$int = strcspn($chaine,"char");`

strip_tags

Enlève les balises HTML et PHP d'une chaîne. La valeur *allowed* est optionnelle et spécifie les balises qui ne doivent pas être supprimées. (Voir le Chapitre 10.)

Format : `$chaine_strip= strinp_tags($chaine,"allowed");`

strlen

Renvoie le nombre de caractères contenus dans `$chaine`. (Voir le Chapitre 7.)

Format : `$longueur = strlen($chaine);`

strpos, strrpos

Recherchent la première occurrence d'un caractère dans une chaîne.

Format : `$entier = strpos($chaine,"`*`char`*`"); $entier = strrpos($chaine,"`*`char`*`");`

strspn

Retourne la longueur du premier segment qui correspond à la chaîne recherchée.

Format : `$longueur = strspn($chaine,"`*`texte`*`");`

strstr, stristr

Renvoient la partie de `$chaine` allant de la première occurrence de *char* jusqu'à la fin de `$chaine`. `strstr` tient compte de la casse.

Format : `$chaine_part = strstr($chaine,"`*`char`*`"); $chaine_part = strstr($chaine,"`*`char`*`");`

strtolower, strtoupper

Passent tous les caractères en minuscules ou en majuscules.

Format : `$chaine_maj = strtolower($chaine);`

strtr

Remplace toutes les occurrences d'un caractère par un autre.

Format : `$chaine_finale = strtr($chaine,"`*`de`*`","`*`pour`*`");`

substr

Retourne une partie de chaîne en commençant à *debut* et en lisant *nombre caractères*.

Format : `$souschaine = substr($chaine,`*`debut`*`,`*`nombre`*`);`

trim, ltrim, rtrim

Enlèvent les espaces d'une chaîne `$chaine`. La fonction `trim` enlève les espaces de début et de fin de chaîne, `ltrim` les espaces en début de chaîne et `rtrim` les espaces en fin de chaîne.

Format : `$chaine = trim($chaine);`

ucfirst

Passe le premier caractère d'une chaîne en majuscule.

Format : `$chaine = ucfirst($chaine);`

ucwords

Passe le premier caractère de chacun des mots contenus dans une chaîne en majuscule.

Format : `$chaine = ucwords($chaine);`

Wordwrap

Ajoute une césure (`\r\n`) à une chaîne tous les *n* caractères.

Format : `$chaine = wordwrap($chaine,`*`longueur`*`);`

Fonctions de variable

empty

Détermine si une variable est affectée. (Voir le Chapitre 7.)

Format : `$bool = empty($nomvariable);`

get_defined_constants

Crée un tableau associatif de toutes les constantes.

Format : `$tableau_constantes = get_defined_constants();`

Get_defined_classes

Crée un tableau contenant les noms de toutes les classes du script et des éventuels fichiers inclus.

Format : `$tableau_classes = get_defined_classes();`

get_defined_functions

Crée un tableau contenant les noms de toutes les fonctions.

Format : `$tableau_fonctions = get_defined_functions();`

get_defined_vars

Crée un tableau contenant la liste de toutes les variables.

Format : `$tableau_vars = get_defined_vars();`

isset

Détermine si une variable est affectée. (Voir le Chapitre 7.)

Format : `$bool = isset($nomvariable);`

print_r

Affiche les informations disponibles sur une variable. (Voir le Chapitre 4.)

Format : `print_r($nomvariable);`

serialize

Convertit les données sous forme de chaîne contenant les données binaires. Cette fonction est utilisée pour stocker les informations dans un fichier ou une base de données.

Format : `$chaine_ser = serialize($variable);`

unserialize

Reconvertit les données sérialisées dans leur format original.

Format : `$variable = unserialize($string_ser);`

unset

Détruit une variable. (Voir le Chapitre 4.)

Format : `unset($nomvariable);`

var_dump

Efface les informations d'une variable. (Voir le Chapitre 4.)

Format : var_dump($nomvariable);

Index

E

F

H

I

J

L

M

N

O

P

R

S

T

U

V

W

" ENFIN DES LIVRES QUI VOUS RESSEMBLENT ! "

Titre	Auteur	ISBN	Code
3ds max 5 pour les Nuls	S. Mortier, phD	2-84427-454-4	653603 1
Access 2000 pour les Nuls	J. Kaufeld	2-84427-238-X	65 3077 8
Access 2002 pour les Nuls	J. Kaufeld	2-84427-969-4	65 3234 5
Access 2003 Pour les Nuls	J. Kaufield	2-84427-506-0	65 3642 9
Apprendre à programmer pour les Nuls 3e éd.	Wallace Wang	2-84427-577-6	65 3775 7
ASP.NET pour les Nuls	B. Hatfield	2-84427-331-9	65 3381 4
AutoCAD 2004 Pour les Nuls	M. Middlebrook	2-84427-512-5	65 3648 6
C# pour les Nuls	S. R. Davis	2-84427-259-2	65 3303 8
C++ pour les Nuls	S. R. Davis	2-84427-896-5	65 3159 4
Créer des pages Web pour les Nuls 6e éd.	B. Smith, A. Bebak	2-84427-261-4	65 3305 3
Créer un réseau domestique Pour les Nuls	K. Ivens	2-84427-624-5	65 4072 8
Créer un réseau sans fil pour les Nuls	Danny Briere, Walter R. Bruce III, Pat Hurley	2-84427-457-9	65 3606 4
Créer un site Web pour les Nuls 4e éd.	D. & R. Crowder	2-84427-262-2	65 3306 1
Dépanner et optimiser Windows pour les Nuls	D. Gookin	2-84427-452-8	65 3601 5
Design web pour les Nuls	L. Lopuck	2-84427-932-5	65 3168 5
Devenir Webmaster pour les Nuls	B. Kienan, D. A. Tauber	2-84427-930-9	65 3166 9
Dreamweaver MX 2004 pour les Nuls	J. Warner, S. Gardner	2-84427-553-2	65 3769 0
eCommerce pour les Nuls	G. Holden	2-84427-240-1	65 3079 4
Excel 2000 pour les Nuls	G. Harvey	2-84427-237-1	65 3076 0
Excel 2002 pour les Nuls	G. Harvey	2-84427-947-3	65 3194 1
Excel 2003 pour les Nuls	G. Harvey	2-84427-456-0	65 3605 6
Final Cut Express 2 Pour les Nuls	H. Kobler	2-84427-625-3	65 4073 6
Fireworks 4 pour les Nuls	D. Sahlin	2-84427-888-4	65 3151 1
Flash MX 2004 pour les Nuls	G. Leete, E. Finkelstein	2-84427-555-9	65 3771 6
FrontPage 2002 pour les Nuls	A. Dornfest	2-84427-973-2	65 3227 9
GoLive 5 pour les Nuls	B. Sanders	2-84427-885-X	65 3113 1
Gravure des CD et DVD pour les Nuls 3e éd.	M. L. Chambers	2-84427-549-4	65 3764 8
HTML 4 pour les Nuls 3e éd.	E. Tittel, N. Pitts, C. Valentine	2-84427-890-6	65 3153 7
Illustrator 9 pour les Nuls	T. Alspach, M. LeClair	2-84427-935-X	65 3184 2
iMac pour les Nuls 3e éd.	D. Pogue	2-84427-258-4	65 3302 0
Internet Explorer 5.5 pour les Nuls	D. Lowe	2-84427-244-4	65 3083 6
Internet Explorer 6 pour les Nuls	D. Lowe	2-84427-251-6	65 3295 6
Internet pour les Nuls 10e éd.	J. R. Levine, C. Baroudi, M. Levine Young	2-84427-550-8	65 3766 6
Java 2 pour les Nuls	B. Burd	2-84427-940-6	65 3192 5
JavaScript pour les Nuls	E. Van der Veer	2-84427-887-6	65 3115 6
Le Mac pour les Nuls 8e éd.	D. Pogue	2-84427-260-6	65 3304 6
Les réseaux pour les Nuls	D. Lowe	2-84427-886-8	65 3114 9
Linux pour les Nuls 5e éd.	Dee-Ann LeBlanc	2-84427-589-3	65 3786 4
Mac et iMac		2-84427-557-5	65 3772 4
Mac OS/X Pour les Nuls	B. Levitus	2-84427-892-2	65 3155 2
Mac OSX v 10.2 pour les Nuls	B. Levitus	2-84427-390-4	65 3499 4
Mac OS X Panther Pour les Nuls	B. LeVitus	2-84427-552-4	65 3768 2
Money 2003 pour les Nuls	P. Weverka	2-84427-388-2	65 3497 8
Office 2000 pour les Nuls	W. Wang, R. C. Parker	2-84427-235-5	65 3074 5
Office 2003 pour les Nuls	Wallace Wang	2-84427-505-2	65 3641 1
Office v. X Mac pour les Nuls	T. Negrino	2-84427-311-4	65 3340 0
Office XP pour les Nuls	W. Wang	2-84427-967-8	65 3232 9
Outlook 2002 pour les Nuls	B. Dyszel	2-84427-974-0	65 3228 7
Outlook 2003 Pour les Nuls	B. Dyszel	2-84427-509-5	65 3645 2
PC pour les Nuls 10e éd.	D. Gookin	2-84427-551-6	65 3767 4
Photographie numérique pour les Nuls 5e éd.	Julie Adair King	284427-579-6	65 3777 3
Photoshop 7 pour les Nuls	D. McClelland	2-84427-344-0	65 3404 4
Photoshop CS Pour les Nuls	D. McClelland, Ph. Davis	2-84427-511-7	65 3647 8

" ENFIN DES LIVRES QUI VOUS RESSEMBLENT ! "

Egalement disponibles dans la même collection !

Titre	Auteur	ISBN	Code
Photoshop Elements 2 pour les Nuls	D. McClelland, G. Fott	2-84427-387-4	65 3496 0
PHP 5 Pour les Nuls	Janet Valade	2-84427-607-5	65 4055 3
PHP et MySQL pour les Nuls 2e éd.	Janet Valade	2-84427-590-7	65 3787 2
PowerPoint 2003 Pour les Nuls	Doug Lowe	2-84427-510-9	65 3646 0
Les réseaux pour les Nuls 6e éd.	D. Lowe	2-84427-389-0	65 3498 6
Retouche Photo pour les Nuls	Julie Adair King	2-84427-353-X	65 3413 5
Sécurité des réseaux pour les Nuls	Chey Cobb	2-84427-420-x	65 3546 2
Sécurité sur Internet pour les Nuls	J.R. levine, R. Everett-Church, G. Stebben	2-84427-352-1	65 3412 7
SQL pour les Nuls	A. G. Taylor	2-84427-931-7	65 3167 7
TCP/IP pour les Nuls	C. Leiden, M. Wilensky	2-84427-241-X	65 3080 2
UNIX pour les Nuls 4e éd.	J.R. Levine, M. Levine Young	2-84427-250-9	65 3294 9
VBA pour les Nuls 4e éd.	John Paul Mueller	2-84427-534-6	65 3719 5
Vidéo numérique pour les Nuls 4e éd.	M. Doucette	2-84427-580-X	65 3778 1
Visual Basic .NET pour les Nuls	W. Wang	2-84427-970-8	65 3235 2
Windows 2000 Professionnel pour les Nuls	A. Rathbone	2-84427-882-5	65 3110 7
Windows 2000 Server pour les Nuls	E. Tittel	2-84427-881-4	65 3109 9
Windows 98 pour les Nuls	A. Rathbone	2-84427-234-7	65 3073 7
Windows Me pour les Nuls	A. Rathbone	2-84427-239-8	65 3078 6
Windows XP pour les Nuls 3e éd.	A. Rathbone	2-84427-596-6	65 4053 8
Word 2000 pour les Nuls	D. Gookin	2-84427-236-3	65 3075 2
Word 2002 pour les Nuls	D. Gookin	2-84427-946-5	65 3193 3
Word 2003 pour les Nuls	D. Gookin	2-84427-455-2	65 3604 9

PHP 5 pour les Nuls

Mon opinion sur ce livre :

❒ Excellent ❒ Moyen
❒ Satisfaisant ❒ Insuffisant

Ce que j'aime dans ce livre :

____
____
____
____
____
____
____
____

Mes suggestions pour l'améliorer :

____
____
____
____
____
____
____
____

En informatique, je me considère comme :

❒ Débutant ❒ Expérimenté
❒ Initié ❒ Professionnel

Mon équipement :

- Matériel : ______________________
- Système d'exploitation : ______________________

J'utilise mon ordinateur :

❒ Au bureau ❒ À l'école
❒ À la maison ❒ Autre : __________

Lieu d'achat du livre :

- Pays : ______________________
- Ville : ______________________

❒ Grande librairie ❒ Petite librairie
❒ Grande surface ❒ Hypermarché
❒ Magasin spécialisé ❒ Autre : __________

Mon adresse :

Nom : ______________________
Prénom : ______________________
Adresse : ______________________
____
Code postal : ______________________
Ville : ______________________
Pays : ______________________

J'ai vraiment adoré ce livre !

Vous pouvez citer mon témoignage dans vos documents promotionnels. Voici mon numéro de téléphone en journée :

Fiche lecteur à découper ou à photocopier, et à nous retourner à :

FIRST
Interactive
27, rue Cassette
F-75006 Paris - France
Tél. : 01 45 49 60 00 – Fax : 01 45 49 60 01

Achevé d'imprimer par Corlet, Imprimeur, S.A. - 14110 Condé-sur-Noireau
N° d'Imprimeur : 77809 - Dépôt légal : mai 2004 - *Imprimé en France*